노장으로 읽는
선어록 (하)

노장으로 읽는
선어록

하

이은윤 — 저

민족사

들어가는 말

선(禪)과 노장은 '무용지용(無用之用)'을 통해 새로운 가치창조(value orientation)를 이끈다. 선가의 해탈과 노장의 초월은 실용적 측면에서는 별 쓸모가 없는 것 같지만 그 '쓸모 없음의 큰 쓸모'가 정신적 양식이 된다.

나이 70이 훨씬 넘어 한가로움을 얻어 젊은 날 읽고 싶었던 『노자』・『장자』를 숙독했다. 덕분에 오랜 종교기자 경력에서 소경 벽 더듬은 식으로 익혔던 '산은 산이요, 물은 물이로다' 같은 선구들을 새삼 이해할 수 있었다. 그리고 선과 노장이 아주 가깝게 이웃하고 있음도 확인했다.

이 책은 본격적인 학문적 천착이 아니라 선어록을 『노자』・『장자』와 함께 읽은 독후감 같은 것이다. 어리석은 소견으로는 선공부를 하는 데 선어록이나 불교 경전 밖의 『노자』・『장자』 같은 외전(外典)들도 숙독할 필요가 있다는 생각이다.

이 책은 선림의 몇 개 중요 화두를 노장사상과 연결해 읽어보는 시도를 해 본 것이다. 오늘의 시대정신에 유용한 측면을 찾아보려는 욕심으로 여러 이야기를 중언부언했다. 그러다 보니 종교적 중심부에 주변부로 인문 교양·문화예술 분야·경제 문제 등에도 참고할 만한 측면을 덧붙이게 됐다. 선과 노장의 핵심인 직관과 간이(簡易) 철학은 책의 주변부에도 활용될 만한 측면이 없지 않을까 싶은 생각이 들었다.

출세 지향의 현실 종속과 내면적 정신 독립이라는 이중성 속에서 헤매다가 그만 떠나야 할 시간을 맞았다. 이제 평상심으로 돌아가 삶의 행로에서 부지불식 간에 쌓인 격물치지(格物致知)의 소양으로 책이나 좀 읽다가 '거상대기진(居常待其盡)'해야 할 것 같다. 누가 굳이 묘지명을 남기라고 하면 "잠이나 실컷 자겠다"고 할까 한다. 원래 잠보니까.

책의 출판에 육필 원고를 정리하는 등 많은 노고를 해 준 민족사 윤창화 사장님과 사기순 주간, 그리고 직원 여러분께 감사한다.

2019년 7월
저자 씀

하권 · 차례

들어가는 말 · 4

제5장_ 선가 3경 · 11
(禪家三境)

제1경 낙엽만 가득 쌓인 텅 빈 산,
어디서 발자국을 찾으랴 · 14
- 설니홍조(雪泥鴻爪) · 26

제2경 텅 빈 산 사람 없는데 물 흐르고 꽃피네 · 30
- 계곡물 소리와 산빛(溪聲山色) · 36
- 답화귀래마제향(踏花歸來馬蹄香) · 48
- 영운도화(靈雲桃花) · 50
- 향엄격죽(香嚴擊竹) · 53

제3경 만고의 허공 속 하루아침의 풍월 · 57
- 호피족의 시간 · 58
- 불생불멸의 찰나 · 61
- 혼돈의 이목구비를 만들다(混沌七竅) · 65
- 산 고요하고 해가 긴 경계(山深日長) · 66
- 하루살이의 일생 · 70
- 시간의 초월 – 득도의 7단계 · 72
- 뫼비우스의 띠 – 순간과 영원의 통일 · 73
- 0.01초 · 75
- 지문연화(智門蓮花) · 76
- 마삼근(麻三斤) · 82

제6장_ 경계·의상·의경 · 87
(境界·意象·意境)

  1. 경계   ·90
     – 경계   ·97

  2. 의상(意象)   ·100
     – 의상(意象)   ·101

  3. 의경(意境)   ·109
     – 의경설의 기원   ·127
     – 의경의 정의   ·129
     – 의경의 구성과 특징   ·134

제7장_ 구지 선사의 한 손가락선 · 137
(俱胝一指禪)

  1. 천지는 손가락 하나일 뿐이다   ·141
     – 도는 통하여 하나가 된다(道通爲一)   ·145
     – 다시 도를 통하여 하나가 된다(復通爲一)   ·147

  2. 하나가 왜 중요한가?   ·154
     – 일(一)   ·157

3. 도와 불성의 본질은 하나다 · 166
- 선문답의 전형 · 168
- 대법(對法) · 179
- 출몰즉리양변(出沒卽離兩邊) · 183
- 촉배관(觸背關) · 192
- 덕산방·임제할(德山棒 臨濟喝) · 195

4. 신체 언어와 침묵의 웅변 · 212
- 염화미소 · 221
- 예수와 구지 선사 · 228
- 깨달음이란 무엇인가? · 231

5. 추사(秋史)의 불이선란(不二禪蘭) · 253
- 예술적 감상 · 255
- 정치적 감상 · 261

6. 노자의 포일사상과 혜능의 무상(無相) · 268
- 체용일여 · 275
- 무상(無相) · 280
- 도생일 일생이…(道生一 一生二…) · 283
- 만법귀일(萬法歸一) 화두 · 288
- 석도의 일화론 · 296
- 좌망(坐忘) · 301
- 덕산성오(德山省悟) · 304

제8장_ 불립문자 · 313
(不立文字)

1. 불립문자의 연원 · 317
   - 마음공부 · 320

2. 노장의 언의론(言意論) · 324
   - 장자의 언의론 · 331

3. 선의 불립문자 · 342
   - 문자를 빌리지 않는다(不假文字) · 342
   - 무사승(無事僧) · 349

4. 『주역』「계사전」의 불립문자 · 360

5. 도연명의 불립문자 · 369
   - 왕유 · 376

6. 선과 시(서정시)의 공통점 · 381
   - 선과 시는 어떻게 같은가 · 383

7. 선과 노장의 유사점과 상이점 · 405
   - 선과 노장의 유사점 · 408
   - 선과 노장의 상이점 · 412

제5장

선가 3경
(禪家三境)

　선가(禪家)에서는 만고의 유구한 허공을 하루아침의 풍경으로 보는 관점을 오묘한 최고의 경계라고 한다. 깨달은 사람의 생각은 오래 전의 태고까지 거슬러 올라간다. 산에 올라 밝은 달을 보며 태고의 허공을 생각하고 수많은 사람이 이 산을 올라 달을 바라보았지만 달은 여전히 이전의 달이요, 산 또한 여전히 그 산이다. 이 때 만고의 시간과 지금 이 시각, 허공과 여기가 하나로 교차하면서 새끼줄처럼 짜여 진다. 그리고 그는 일시적인 것과 영원한 것이 끊임없이 순환하는 가운데에 시간과 공간이 숨어들고 있음을 보면서 현재의 순간들을 즐긴다.

　여기, 이 순간이 곧 영원이다. 허공 속의 하루아침 달은 잠시 떴다가 지지만 한 달 후면 그 모습 그대로 똑같이 다시 나타난다. 그래서 그는 하루아침 그 달을 즐기면서 변함없는 허공의 영원을 느끼고 '순간 속의 영원'을 노래한다. 깨친 사람의 생명은 이처럼 영원과 순간이 일치하는 곳을 포착해 체험하고 즐긴다.

　영원과 불멸은 인간이 추구하는 가장 근원적인 욕망 중의 하나이며 모든 종교가 추구하는 종착점이기도 하다. 그 간절함은 오늘의 한국 기독교에 영생교라는 이름의 교단까지 등장한 데서도 쉽게 읽을 수 있다. 그 '불멸'이라는 불가능의 가능성을 선과 노장은 영생에 얽매이지 않는 '한 순간의 영원'과 기꺼이 한 통속이 됨으로써 가능할 수 있다는 방편을 제시한다. 바로 선가 3경의 하나인 "만고장공 일조풍월(萬古長空 一朝風月)"이 그러한 방편이다.

선가는 선취(禪趣)를 아주 멋지게 드러난 3개의 시구를 제시해 '선가 3경'이라 한다. 선림이 손꼽는 3대 명구는 세간(속인)과 출세간(승려)을 통틀어 뽑아낸 것이다. 선가 3대 경계는 ①낙엽만공산 하처심행적(落葉滿空山 何處尋行跡) ②공산무인 수류화개(空山無人 水流花開) ③만고장공 일조풍월(萬古長空 一朝風月)이다.

위의 '선가 3대 경계(境界)'는 1999년 출간된 장절말의 『禪宗美學』에 보인다. 그 선정 경위나 유래한 역사는 저자 역시 언급하지 않았고 3개의 경계를 간략하게 제시한 정도다. 필자는 지금까지 읽어본 선어록이나 선학서에서 '선가 3경'을 접해 본 적이 없다. 그러나 장절말의 '선가 3경'은 창의적인 개념 제시든, 기존의 개념 계승이든 간에 아주 참신한 느낌과 관심을 갖게 한다.

제1경 낙엽만 가득 쌓인 텅 빈 산, 어디서 발자국을 찾으랴

(落葉滿空山 何處尋行跡)

당 위응물의 시 〈전초산 스님에게 보내다(寄 全椒山中道人)〉에 나오는 시구다. 승속 간에 널리 회자되어 오고 있는 절창구다.

위응물(737~789)은 신심 돈독한 불자였다. 매일 분향 재계하고 좌선을 했으며 시승 교연과도 우의가 돈독했다. 그의 시풍(詩風)은 한담간원(閑談簡遠)하고 기운생동(氣韻生動)했으며 도연명과 유사하다 해서 세칭 '도위(陶韋)'라고 했다.

선적(禪的) 경계를 잘 드러낸 3대 명구에는 하나같이 '공(空)'자가 들어 있다. 이는 반야공관과 직관이 즉시적으로 융합해 만들어내는 절묘한 깨달음의 경계임을 암시한다. 직관과 공관의 융합은 선학과 미학에서 중요한 명제다. 이는 후일의 담론 기회에서 살피기로 하고 대략의 개론적 이해로 그치고자 한다.

텅 빈 산길. 낙엽이 덮였거나 나무가 빽빽이 둘러차고 있어 길이 보이질 않는다. 또는 선학적으로는 본래부터 아예 길이 없었을 수도 있는 본래무일물(本來無一物)의 경지다. 산이 텅 비었음을 본 직관 속에는 사람도 없다. 사람이 없으면 부처도 없다. 왜냐하면 '중생이 곧 부처(衆生是佛)'이기 때문이다. 사람도 부처도 없는 경계에서는 집착할 주체도 대상도 없다. 적정 무심한 세계만이 존재한다.

선계무욕(禪界無欲)의 세계는 어떠한 흔적도 남기지 않는 '무종적(無踪跡)'을 강조한다. 깨달은 사람은 자신의 행적을 겉으로 드러내려 하지 않는다. 새나 물고기·바람과 같은 삶을 산다.

새는 하늘을 날지만 자국을 남기지 않고, 물고기는 물속을 헤엄치지만 자취를 남기지 않고, 바람은 만물에 부딪치며 지나가지만 흔적을 남기지 않는다. 인위가 전혀 섞이지 않은 대자연의 순수한 모습이다. 이는 무위고 무심이고 무욕의 상징이다.

소동파는 위응물의 이 시구를 차운한 시에서 "암자 사는 사람에게 전하노니, 허공을 날아가면 본래 자취가 없다오(寄語庵中人 飛空本無跡)"라고 읊조렸다.

이쯤에서 위응물의 시구가 뜻하는 바를 정리해 보면 무종적·무심·무위·무집착 등이요, 한마디로 요약하면 '선계무욕'이다. 낙엽 가득 쌓인 산 속의 발자국에 그 뜻을 멋지게 기탁한 시구다.

영수상망(影水相忘: 그림자와 물의 무심)·수월상망(水月相忘: 물과 달의 무심)의 무심을 노래한 게송을 보자.

기러기 창공을 나르니(雁過長空)
차가운 물속에 그림자 잠기네.(影沈寒水)

> 기러기 그림자 남기려는 뜻 없고(雁無遺踪之意)
> 물 기러기 그림자 붙들려는 마음 없네.(水無留影之心)
> 진실로 이와 같이 할 수 있다면(苟能如是)
> 참으로 여러 군생과 같이 하는 법을 아는 것일세.(方解異類中行)

송(宋) 운문종의 천의의회 선사(992~1014)의 게송이다. 선종 5가 7종 중 운문종과 조동종의 스님들은 시재(詩才)가 뛰어났다. 모든 종파 선승들이 기본적인 시재를 갖추고 있었지만 특히 운문종 스님들은 '수월상망'의 경계를 중시했다.

천의 선사의 선시[偈頌]는 방외(方外)의 '무위시'로 무위자연의 도를 따르는 무위법[禪法]을 시적으로 잘 설파하고 있다. 이 시에는 '이류중행(異類中行)' 외엔 전문 선학 용어가 없어 세속 시인의 시처럼 느껴진다. 천의 선사의 게송은 무심·무욕을 가을날 허공을 나는 기러기 그림자가 잠시 차가운 물속에 잠기는 현상에 '선계무욕' 의지를 기탁해 드러내 보인 '무위시(無爲詩)'다. 시의 요체를 드러낸 시구는 제3·4구이고 구안(句眼)은 '안무(雁無)…의(意)'와 '수무(水無)…심(心)'의 무의와 무심이다.

무의와 무심은 같은 의미다. 선은 집착을 금기시한다. '집착은 분별심에 따른 취 선택에서 출발해 욕망을 낳고 집착으로 이어져 번뇌를 만든다. 선과 노장은 이러한 집착을 제거하는 방편으로 자취[行蹟]를 남겨 자랑하고 연연하지 않는 '무종적(無踪跡)'을 거듭 강조한다. 혜능선의 종지인 부주(不住)와 무상(無相)도 바로 이런 집착을 없애려는 간곡한 법문이고 노장의 '도'가 만물제동(萬物齊同)의 일체 평등을 설파해 분별심을 제거하려는 것 또한 집착과 욕망을 절제하라는 메시지다. 선과 노장의 '평등심'은 무심과 무위를 통해 실현된다.

노장의 무위는 곧 선의 무심이다. 창공을 나는 기러기 물속에 그림자 남기려는 뜻이 전혀 없는 무심이다. 기러기는 그냥 지나갈 뿐이다. 강물이나 연못 또한 물속에 들어온 기러기 그림자를 붙들어두려는 마음 추호도 없다. 그림자와 물은 자연의 운행을 따르는 무위[無心]를 행할 뿐 어떠한 집착도 미련도 없다. 물은 그림자가 들어오면 기꺼이 받아주고 기러기와 함께 지나가면 어떤 미련도 없이 보내준다. 이것이 그림자와 물이 서로 무심한 '영수상망(影水相忘)'이다.

새가 하늘을 날 듯 어떠한 자취도 없는 '몰(沒)종적(沒〈無〉踪跡)'은 선에서 범부와 성인의 분별을 없앤 절대 평등의 경지를 의미한다. 즉 무종적은 허공과 같은 범성일여(凡聖一如)의 경계를 상징한다.

> 네가 이제 가면 몸을 감추는 곳에는 종적이 없어야 하고 종적이 없는 곳에는 몸을 숨기지 말지니라. 유에도 머물지 말며 공에도 집착하지 말라.(直須藏身處 沒踪跡 沒踪跡處 莫藏身 不住於空有)

덕성선자 화상이 상좌인 협산선회 선화에게 법을 전하면서 준 부촉 게송이다. 앞 구는 '범입성(凡入聖: 깨달아 성인이 됨)'이고 뒷구는 '성입범(聖入凡: 깨친 자가 세속에서 화광동진함)'이다. 성인은 자신의 종적(명예·공덕)을 남겨도 무심하기 때문에 어떠한 집착도 없다.

법명 미상의 한 선승은 덕성 화상의 게송을 다음과 같이 염송(拈頌)했다.

가는 안개 이슬에 젖어 가을빛을 적신다.(淡煙和露濕秋光)

이슬에 젖은 엷은 안개가 가을빛 속에 스며들어 분별할 수 없으나 가을 풍경은 이런 물상(物象)을 통해 나타나는 것과 같다는 아주 시적인 해설이다. 이것이 감추어 자취 없고 감춤도 없으니 온통 의지함이 없는 경계다. 참으로 깨달아 분별심과 집착이 없는 사람은 '무종적'의 삶을 산다. 위응물의 시구는 허공을 나는 새처럼 텅 빈 산 두텁게 쌓인 낙엽을 밟고 걸어도 발자국이 전혀 남지 않은 무종적의 삶을 사는 도인의 경계를 연상케 하는 심원한 의경(意境)을 담고 있다.

노자는 무종적의 삶을 다음과 같이 설파했다.

> 훌륭한 행적은 흔적을 남기지 않는다….
> 이를 일러 본래의 밝음(자연의 원리)을 잇는다고 한다.
> (善行無轍迹…是謂襲明)
>
> — 『노자』 27장

왕필은 선행(善行)을 "자연에 순응해서 실행하고 인위적으로 조작하거나 시작하지 않는 것"이라고 주석했다. 그러니까 무위로 행하는 것보다 더 나은 게 없다는 얘기다. 연못과 기러기 그림자가 바로 이런 '무위'를 잘 설명해 준다. 『노자』 37장과 48장은 "도는 언제나 인위가 없지만 모든 일을 다한다(道常無爲而無不爲)"고 설파, 무위에 이르면 못하는 일이 없음을 일깨웠다. 무위는 아무것도 하지 않고 앉아 있는 것이 아니라 어떤 것에도 집착하지 않고 인위적 조작 없이 자연 대도를 따르는 '무심'을 말한다. 선가에서는 무심이 곧 선심(禪心)이고 불심이고 도다.

감산 대사는 『노자』 27장을 다음과 같이 주석했다.

> "성인은 세상을 빈 배처럼 소요함으로 외물(外物)과 부딪치지 않고 자연의 흐름에 내맡긴다. 이것[有]과 저것[無]을 함께 놓아버리면 바로 이를 '잘 간다[善行]'고 일컫는다. 이에 자취가 없는 것이다. 자연의 원리, 즉 유와 무를 대립항으로 보지 않고 통합적으로 동시에 수용하는 태도를 일러 '습명'이라 했다."

감산은 선행을 선법문에서 '중도(中道)가 곧 부처'라고 하는 그 중도로 해석하고 그런 중도를 잘 지켜나가는 것을 밝음을 잇는 '습명'이라고 했다. 습명의 '명(明)'은 자신의 관점으로만 세상을 보지 않는 것, 즉 아집(我執)·법집(法執) 같은 모든 집착을 떨어버린 무심한 경계를 말한다. 지혜의 계승을 뜻하는 습명을 다시 한 번 풀이하면 분별심을 버리고 사물의 본성 그대로를 보고 수용하는 자세와 자연 운행의 원리를 삶의 모델로 삼는 것을 말한다.

이류중행(異類中行). '이(異)'는 다름[別]·차별을, '류'는 같음[同]·평등을 뜻하고, '중'은 곧 중용인데 차별에 동조하지도 않고 평등을 등지지도 않는 것이 그 하나의 의미고, 다른 하나는 선림 화두로서의 의미다. 여기서는 응당 화두 '이류중행'을 가리킨 것이다. 선장(禪匠)이 중생교화를 위해 사람을 다른 부류의 동물과 비유하거나 또는 자신의 각종 상(相)을 지어보이며 법문하는 것을 말한다. 이류중행 법문은 사람과 부류가 다른 동물들과 평등하게 같이 살면서 그들이 주는 교훈을 본받는 것이다. 이때 가장 많이 등장하는 동물이 소다. 소의 무주상(無住相) 보시는 사람이 본받아야 할 만한 '큰 법문'이다.

남전보원 선사는 소를 법당으로 끌고 들어와 빙빙 도는 것으로 법문을 대신했고 죽어서는 "아랫마을의 한 마리 농우"가 되겠다고 했다. 그의 조카상좌인 위산영우 선사도 그와 같은 내용의 법문을 했다. 남전 화상은 "여여(如如)라고 해도 벌써 변했다. 그러니 요새 사람들은 모름지기 이류(異類) 속에서 행해야 하느니라"라고 법문하고는 수좌 조주 스님과 한바탕의 법거량을 한 바 있다.

소는 우마차를 끌고 논 갈고 밭 가는 일을 온 힘을 다해 평생 하고도 품삯을 받는 일이 없다. 죽어서는 살은 물론 뼈까지 사람들에게 아낌없이 돈 한 푼 안 받고 보시한다. 쇠고기를 돈으로 사고파는 것은 인간들의 행위일 뿐, 소는 그 돈과 전혀 관계가 없다. 이것이 바로 소의 '무주상보시'다.

선이 추구하는 '무종적'을 읊조린 유명한 게송 하나를 더 감상해 보자.

대나무 그림자 뜨락을 쓸어도 먼지가 일지 않고
둥근 달 바퀴 바다를 뚫고 들어가도
물에 전혀 흔적이 없다.
대나무 숲 아무리 빽빽해도 흐르는 물 방해할 수 없고

산 아무리 높아도 떠가는 흰구름 막을 수 없네.

(竹影掃階塵不動 月輪穿海水無痕 竹密不妨流水過 山高豈碍白雲飛)

임제종 황룡파 도솔종렬 선사(1044~1099)의 게송이다. 구름 따라 물 따라 이 산 저 산 만행하는 운수선심(雲水禪心)의 몰종적과 자연 대도의 운행법칙을 관조한 자득(自得)의 경계다. 문학적인 찬사를 아끼지 않는다면 전혀 종적이 없는 절창의 '일운무적(逸韻無跡)'이고 천연스런 달필 같은 '득필천연(得筆天然)'의 게송이다.

종렬 선사는 송나라 상국(相國: 영의정) 장상영(법명: 無盡 居士)을 깨달음으로 이끌어 유발상좌로 삼은 당시 선림의 대선지식이었다. 우선 종렬 선사의 게송에는 불교용어가 한 글자도 없다. 이것부터가 자취 없는 무종적(불교의 흔적이 없음)이고 한 글자도 쓰지 않고 풍류를 다한(선지를 다 드러낸) '신운(神韻)'이다. 시어(詩語)도 일상에서 흔히 보는 전혀 낯설지 않은 용어이고 사물들이다. 그러나 시의 의경은 아득히 멀면서도 가깝고 얕은 것 같으면서 깊은 언외지의(言外之意)·운외지미(韻外之味)로 한없이 끌고 간다.

달은 바다를 뚫고 들어갔지만 바닷물에 어떠한 흔적도 남기지 않았다. 대나무 그림자 바람에 흔들리며 뜨락을 쓸었지만 먼지 하나 일지 않았으니 무종적이다. 참으로 깨친 자는 어떠한 공적에도 집착하지 않으면서 아상(我相)을 던져버린 몰종적의 삶을 산다.

노자는 "공을 이루었으면 물러나는 것이 하늘과 땅[自然]의 이치(功遂身退 天地道也)"라고 했다.(『노자』 9장)

"사람은 땅을 본받고 땅은 하늘을 본받아야 한다(人法地 地法

天)"(『노자』 25장)고 했으니 사람은 마땅히 땅과 하늘의 도리를 따라야 한다. 노자의 설법은 이와 같이 앞과 뒤가 논리정연하면서 일치한다. 장자 또한 "인간 세상을 절연하기는 쉽지만 세상을 걸어가면서 형적이 없기는 어렵다(絕跡易 無行地難)"면서 무종적의 삶을 간곡히 당부했다.(『장자』「인간세」)

속인의 상식으로는 역설로 들리지만 삶에 흔적(공적·명예)을 남기고 그에 집착하면 권력 투쟁이나 시기에 걸려 몸이 위태롭고 자칫 잘못되면 목숨까지 잃는다. 중국 춘추전국 시대와 한국의 조선조 당쟁 역사를 상기하면 이해가 될 듯하다. 노자는 그래서 "자신의 흔적과 자취를 없애면 위태롭지 않다(沒身不殆)"고 했다.(『노자』 16장)

> 성당(盛唐) 시기의 시인들은 오직 흥취에 주력하여 그들의 시는 영양이 뿔을 나무에 걸어 자취를 남기지 않는 것처럼 그 자취를 찾을 수 없었다.(盛唐詩人 惟在興趣 羚羊挂角 無迹可求)
>
> — 『창랑시화』〈시변〉

『창랑시화』의 저자 엄우는 선과 시는 다 같이 '오묘한 깨달음'을 요체로 한다는 '묘오론(妙悟論)'과 선을 시에 비유한 이선유시(以禪喻詩)의 시론을 제시했다. 선불교는 원래 논리를 따지지 않고 말의 그물에 걸리지 않는 신묘한 깨달음을 뜻하는 화두로 〈영양괘각〉을 제시했다. 엄우는 선가의 이 화두를 빌어 언어의 한계를 넘어선 무궁무진한 의미를 지니는 시의 세계를 나타냈다.

『전등록』 권16에 나오는 설봉의존 선사의 화두 〈영양괘각〉은 영양(산양)이 밤에 긴 뿔을 나뭇가지에 걸고 잠으로써 사냥꾼들이 추적할 수 있는 발자국을 남기지 않는다는 데서 유래했다. 선은 영양처럼 어떠한 자취도 남기지 않는 무종적을 지향하면서 그 가운데서 무궁무진한 지혜를 전등(傳燈)하고 언외의 심원한 선지(禪旨)를 깨닫고자 한다. 자성은 우연하게 흰구름처럼 형상을 드러내기도 하지만 실제로는 종적이 없다. 흰구름은 떠가면 그만일 뿐 푸른 허공에 어떠한 자취도 남기지 않는다.

천의 선사의 게송은 불교 용어가 하나도 없는 일반 풍물시, 산수시 같지만 짙은 선취(禪趣)를 물씬 풍긴다. 굳이 불교 용어를 동원하지 않고도 이처럼 선의 향기를 뿜어대는 시를 '선시'라 한다. 선시는 넓은 의미로는 철리시(哲理詩)지만 일반시 이상의 미감과 미학적 심미(審美) 이상을 추구한다. 선시를 정의하기는 매우 어렵고 현재까지도 딱 부러지는 정의가 없다. 다만 선리(禪理)의 향기가 묻어나야 한다는 점은 분명하다.

내친 김에 천의 선사의 시를 원용한 것이라고도 하는 소동파의 시 한 수를 더 보고 가자.

> 인생의 한 평생 무엇과 같은지 아는가?
> 날아가는 기러기 잔설 위에 남긴 발자국과 같지.
> 진흙 위에 우연히 발자국 남긴다 해도
> 기러기 날아가면 그 간 곳을 구태여 가릴 필요 있겠는가.
> 노선사는 이미 세상 떠나 부도탑 세워졌고
> 허물어진 벽에선 내가 썼던 옛 시를 찾을 수 없구나!

지난날의 험하고 고달팠던 길 기억하는가?

길은 먼데 사람은 지쳐 있고 당나귀는 울어댔었지.

(人生到處知何似 應似飛鴻踏雪泥 泥上偶然留指爪 鴻飛那復計東西 老僧已死成新塔 壞壁無有見舊題 往日崎嶇還記否 路長人困蹇驢嘶)

노장사상이 짙게 풍기는 소동파의 〈(동생)자유에게 화답하는 민지에서의 옛 일 회고(和子由澠池懷舊)〉라는 시다. 동파가 26살 때 봉상부 첨판에 부임차 5년 전 동생과 함께 과거 보러가다가 묵었던 민지를 지나면서 동생의 시에 화답한 시다. 동파는 마침 계절의 절기가 추석 때라 서로 멀리 떨어져 있는 형제간의 정이 몹시 그리웠던 듯하다.

"동파는 19세 때 흉중에 있는 생각을 표현할 수 없었는데, 『장자』를 읽고 그 안에 그윽이 담겨 있었다"고 동생의 『소철문집』에 전한다. 소동파는 벼슬길에 나서는 출세를 목매어 추구하지 않았다. 그가 60세에 읊조린 〈진량도(眞良圖)〉라는 시에서 "내가 벼슬살이에 나선 건 본래 입 때문(我生涉世本爲口)"이라 했다.

시론가 사신행(1570~1628)은 "소식의 시 〈민지희구〉는 송나라 초 천의의회 선사의 시를 원용한 것"이라고 했다. 시의 의경이 같다는 얘기다.

소동파가 〈민지희구〉에서 전하는 소식은 인생의 우연성에 대한 감탄이다. 인생은 날아가는 기러기와 같다는 수련(首聯: 제 1·2구)은 그가 인생은 본래 '공(空)'하다는 이치를 깨우쳤음을 보여준다. 선불교 거사이기도 했던 그는 선을 깊이 익히기 전부터도 노장을 깊이

탐독해 이미 선기(禪機)를 체득했던 것 같다. 그래서 그는 후일 몸은 조정에 있으면서도 마음은 늘 깊은 선심(禪心)과 위진남북조의 현묘한 현학 사유에 침잠하곤 했다. 그래서 그에게는 철저한 해탈을 요구하는, 세상을 떠나고자 하는 심경이 깊숙이 감추어져 있었다. 일종의 독특한 동파의 인생 태도다.

하늘의 구름과 새의 노랫소리는 울 때는 지극히 아름답지만 가고 나면 찾을 길이 없다. 그래서 오면 기꺼이 받아들이고 가고 나면 더 이상 생각하지 않는다. 이것이 바로 사물을 사물로서 대할 뿐 집착해 사물의 노예가 되지 않는 것이며 몸 밖의 사물에 얽매이지 않는 것이다. 모이고 흩어짐은 정해진 것이니 사물에 잠시 의탁할 뿐, 머무르지 않는다. 바로 선객(禪客)의 외물에 대한 태도이고 소동파의 달관한 인생 태도이다. 이는 나의 주관이나 선입관을 개입시켜 사물을 바라보는 '이아관물(以我觀物)'의 태도가 아니고 사물을 사물 그대로 관조하는 '이물관물(以物觀物)'의 관법이다. 선과 노장은 전자의 관법을 금기시 하고 후자를 적극 장려한다.

시의 함련(頷聯: 제3·4구)은 잔설이 금시 녹아버리면 진흙 밭의 기러기 발자국은 흔적도 없이 사라지고 날아간 기러기의 향방조차 묘연하다. 인생살이 또한 이런 것 아닌가.

인간이 세상에 남기려고 발버둥치는 명예·재산 등과 같은 공명(功名)의 발자취는 『금강경』이 말하는 물거품·아침 이슬·번개와 같은 것일 뿐이다. 우연히 우주 속에 일시 존재하다가 사라지는 인간들 거의가 이를 깨닫지 못하고 명예·벼슬·재산에 연연하면서 늦은 봄 잔설 위에 남긴 기러기 발자국처럼 금세 눈 녹아 없어질 것에 매

달려 번뇌한다. 인간의 공명이 아무리 위대하다 해도 무한한 시간과 드넓은 우주 공간에서 보면 잔설 위의 기러기 발자국에 불과하다는 비유다.

단순한 허무주의가 아니다. 이 세상에 태어남과 공명을 하나의 우연으로 여기고 집착하지 말라는 선과 노장의 일깨움을 되새기며 해탈을 갈망하는 소동파[蘇東坡: 1036~1101, 중국 북송의 문인, 이름은 소식(蘇軾), 자는 자첨(子瞻)]의 간절한 마음 속 발원이다. 일생 동안 온갖 풍파를 겪으면서도 호구지책의 벼슬자리를 버리지는 못했지만 정신적으로는 선불교적인 초월과 해탈을 무한 동경했던 독특한 인생 태도이다.

경련(제 5·6구)과 미련(제 7·8구)은 소동파의 생사관과 인생관이 담겨 있긴 하지만 과거를 회고한 것으로 보고 끝내자. 소동파의 시에서 생긴 사자성어 '설니홍조(雪泥鴻爪)'를 사족으로 붙여 둔다.

설니홍조(雪泥鴻爪)

|

소동파의 시 〈민지회구〉에서 비롯된 성어다. 선사들은 이 한마디로 선의 무종적을 설파한다. 봄날 잔설 위를 열심히 걸어간 기러기가 자기 발자국이 남아 있으리라는 생각으로 뒤를 돌아다본다. 그러나 금세 눈이 녹아버려 발자국은 그 흔적도 없다. 진정으로 깨친 사람의 삶은 눈에 녹아 없어진 기러기 발자국처럼 무종적이어야 한다.

한 노승이 칠순 문집을 내면서 문집의 제목을 고민하기에 필자가 '설니홍조'를 추천했더니 쾌히 받아들여 그 이름으로 출간한 일이 있다.

천의 선사의 게송은 덕성선자 선사의 게송 〈천척사륜(千尺絲綸)〉과 함께 오늘의 한국 선림에서도 선을 공부한 스님들이 붓글씨로 족자·휘호 등에 많이 쓰는 절창의 선시들이다.

> 한생각 공하면 모든 경계 공하니(一念空時萬境空)
> 겹겹이 막혔던 관문 활짝 열리네.(重重關隔豁然通)
> 동서남북 어디에도 자취 없으니(東西南北了無跡)
> 이처럼 텅 비고 현묘해야 참 진리다.(只此虛玄合正宗)

일본 일산 국사의 〈십우도송(十牛圖頌)〉 중의 제8송이다. 숲 속에서 소를 찾아낸 후 소도 잊고 사람도 잊으니 어떤 흔적도 형상도 찾을 수 없다. 선은 주관과 객관, 아집과 법집(法執)을 모두 잊은 무종적의 순수한 노지(露地)를 존재의 본래면목으로 귀중하게 여긴다. 소로 상징되던 본래면목을 찾았으면 찾으려던 나(주체)도 소(객체)도 다 잊고 아무런 종적이 없는 주객 합일의 '절대무'인 세계로 진입해야 한다. 이것이 깨달음이다. 그 후에는 깨달음을 보임하고 회향하면 된다.

장자는 들어갈 안도 없고 더 나갈 밖도 없는 통달한 지인(깨달은 사람)의 경지를 어떠한 것에도 집착함이 없는 거울에 비유한다. 거울은 곧 무심의 상징이다. 무심은 어떠한 사물에도 장애를 받지 않고 사물을 넘어서 있으며 어떠한 흔적도 남기지 않는다. 장자는 총 10만여 자에 이르는 설법을 다음과 같이 요약했다.

> 다함이 없는 도를 체득하여 '흔적'이 없는 무위자연의 세계에서 노닐어라. 하늘이 준 자연의 본성을 지키며 행하되 그 본성을 드러내 과시하지 말고 스스로 얻었다는 생각도 하지 말아야 한다. 오로지 마음을 비울 따름이다. 마음을 비우는 것이 곧 지인의 경지다. 지인의 마음은 마치 거울과 같다. 사물을 보내지도 맞이하지도 않는다. 비치면 비춰주고 사라지면 그만이다. 이처럼 응하되 무엇 하나 간직하거나 탐하지 않는다. 그러므로 거울은 온갖 사물을 다 비추면서도 전혀 다치지 않는다.
> (體盡無窮 而遊於無朕 盡其所受乎天 而無見得 亦虛而已! 至人之用心若鏡 不將不迎 應而不藏 故能勝物而不傷)
>
> — 『장자』「응제왕」

무짐(無朕)의 '짐'은 흔적·자취를 말한다. 무짐은 명예·돈 같은 속된 흔적을 남기지 말라는 얘기다. 낙엽만 쌓여 있는 텅 빈 산, 아무리 밟고 누벼도 찾을 수 없는 발자국처럼 아무 흔적이 없는 무위의 삶을 살라는 것이다. 『장자』 10여 만 자의 설법은 이렇게 결론을 맺는다. 『장자』「내편」의 끝에서 두 번째 단락이다. 맨 끝 단락은 '혼돈 칠규(混沌七竅)'라는 무위자연을 강조하는 우화다. 「내편」·「외편」·「잡편」 등 세 편으로 나누어져 있는 『장자』의 핵심 사상은 「내편」만이 장자의 직접 설법이고 나머지는 후학들이 추가한 본편의 해설로 보는 게 정설이다.

감산 대사는 무짐의 '짐(朕)'을 "한 물건도 없는 본래의 자리에서 노닐며 한 생각 일어나지 않는 곳에서 마음을 편안히 해야 함을 말한다"고 주석했다. 이 같은 무심(무위·무종적)이 선과 노장이 다 같이 추구하는 해탈 경계이고 도다.

제2경 텅 빈 산 사람 없는데 물 흐르고 꽃피네
(空山無人 水流花開)

　선객들은 물 흐르고 꽃 피는 계곡에 희열하고 여름날 길게 천천히 지는 저녁노을에서 경외감을 느낀다. 소리 없이 왔다가 자취 없이 가는 게 자연의 이법, 곧 천기(天機)이다. 선객들은 이 '천기'를 마시며 우주 자연의 대도를 빌어 불법 진리를 노래하고 설파한다. 선가 3대 경계 중 제2경이 전하고자 하는 소식은 바로 이것이다. 불교를 믿든 안 믿든 이 경계는 누구나 한 번쯤 소요해 볼 만한 훌륭한 등산로이다.
　『무문관(無門關)』의 저자 무문혜개 선사(1183~1260)는 책의 제19칙 남전보원 선사의 '평상심시도(平常心是道)'를 다음과 같이 염송(拈頌)했다.

　　봄엔 백화 만발하고 가을엔 달 밝고(春有百花秋有月)

여름엔 바람 서늘하고 겨울엔 눈이 희다.(夏有凉風冬有雪)
만약 한가함조차도 마음에 두지 않으면(若無閑事挂心頭)
이것이 곧 인간의 호시절이다.(便是人間好時節)

사람이 깨쳤다고 겨울의 꽃, 여름의 눈으로 변하는 게 아니다. 범부와 똑같이 봄엔 꽃을 보고 여름엔 시원한 바람을 원한다. 그러나 깨친 자의 꽃과 바람은 깨치기 전의 그것과 다르다. 자연 대도와 하나 된 물아일체의 우주정신으로 꽃을 즐기고 서늘한 바람에 만족한다. 다시 말해 깨친 자는 마음이 허심탄회하다. 빈 주전자라야 물이 들어가지 꽉 차 있는 주전자에는 물을 부으면 흘러넘친다.

깨달은 사람은 한 물건도 마음속에 남겨두지 않는다. 바꿔 말하면 모든 집착으로부터 해방되어 있다. 아무런 집착도 없으면 울긋불긋한 야생화와 밝은 가을 달이 바로 부처다.

우리는 인생에서 만나는 슬픔과 기쁨, 만남과 이별을 떠가는 구름과 흘러가는 물처럼 따라야 한다. 하늘을 떠가는 구름과 계곡을 흐르는 물 또한 그 무엇을 위해 떠가고 흐르는 것이 아니다. 단지 가지 않으면 안 되기에 가고, 흐르지 않으면 안 되기에 흐르는 것이니 이것이야말로 가장 순진하면서도 자연스러운 것이다. 자연의 일부인 사람의 본성은 순진하고 자연스럽다.

'공산무인(空山無人)'은 소동파의 시 〈18대아라한송〉에 나오는 시구이고 '수류화개(水流花開)'는 사공도의 『이십사시품(二十四詩品)』〈진밀〉에 나오는 시구이다. 제2경은 바로 이 두 속인의 시에서 한 구씩을 뽑아다 보탠 것이다.

'텅 빈 산 사람이 없음'은 산도 사람도 부처도 없는 세계다. 원시 본연의 자연이다. 여기서는 부처를 찾을 필요가 없다. '물 흐르고 꽃 피어 있는 자연 세계가 있을 뿐이다.

'수류화개'를 직면한 생동적인 직관은 무욕의 비인간적인 경계로 현존하면서 이러한 경계를 관조하는 자를 깨달음으로 이끈다. 그림자에 불과한 육체적 자아(아집·我相)와 부처에 대한 집착[法執]을 다 버리고 실존하는 자신이 곧 부처임을 깨닫는 경계가 바로 '공산무인 수류화개'다.

제2경계는 불이(不二)의 경계로 진입해 들어가는 단계다. 텅 빈 산에 사람이 없다. 사람은 어디로 갔을까? 사람과 경계[산]가 깊숙이 하나가 되어 사람이 경계 속으로 사라져 버린 것이다. 사람의 의식이 사라지니 무언가를 소유하고픈 욕망도 사라지고 무언가를 추구하려는 생각도 없어졌다. 바로 생각의 공(空)이다. 또한 생명의 한 조각으로서도 공이다.

아무데도 매인 데 없는 이 생명의 세계에서 물이 흐르고 꽃이 피니 일체가 자재롭게 일어나 산은 산이고 물은 물이 된다. 생명의 자물쇠가 열려 아무런 방해와 장애가 없는 세계가 된 것이다.

> 깊고 먼 계곡물 가 사람 없고(泉壑窅無人)
> 물레방아 빈 산을 찧네.(水碓舂空山)
> 나락 껍질 다 벗겨져도 물 속 바위 알지 못하고(米熟礁不知)
> 계곡물 온 종일 졸졸 흐르네.(溪流日潺潺)

명말 청초의 화승(畵僧) 팔대산인(속명: 주답)의 매화 그림에 붙인 제화시 〈제매화(題梅花)〉다.

방아를 다 찧어도 계곡물은 계속해 흐르고 바람이 불어와도 바위는 알지 못한다. 장자가 묘사한 '모두가 스스로 선택하는 세계'가 바로 여기에 있다. 내가 무심하니 세계가 무심하고 무심한 세계 속에서 개울물 졸졸 흐르고 온갖 꽃이 흐드러지게 피었다. 주답이 매화 그림에 붙인 제화시도 바로 '공산무인 수류화개'의 경계다. 어떠한 것에도 매인 데 없는 생명의 세계에서 물 흐르고 꽃 피니 일체가 생겨났다 스러지는 자연의 섭리가 여여(如如)하다. 시의 '미숙(米熟: 나락 껍질이 다 벗겨졌음)'은 매화의 개화를 비유한 것으로 곧 '수류화개'의 경계다.

앞의 제1경에서 소개한 도솔종열 선사의 게송 "대나무 숲 아무리 빽빽해도 흐르는 물 막지 못하고, 산이 아무리 높아도 떠가는 구름에 장애가 될 수 없다(竹密不妨流水過 山高豈碍白雲飛)"도 대나무 숲과 높은 산도 흐르는 물과 떠가는 구름의 자재로운 생명의 자유에 장애가 될 수 없다는 것이다. 생명의 자유가 가지고 있는 위대한 힘을 잘 드러내 보여준 시구다. 그리고 온 우주 생명들은 서로의 자유를 침해하지 않고 매화는 자기 생명을 마음껏 누리고 흐르는 계곡물 또한 자기대로의 갈 길을 따라 흘러간다. 여기가 바로 극락세계다.

제2경은 계곡물 흐르고 꽃이 피어 있는 천연 대도가 펼쳐져 있는 화장세계다. 도가 충만한 무위자연의 세계는 이처럼 바로 깊은 산속 계곡에 여여하게 나타나 있다. '공산무인(空山無人)'은 텅 빈 마음을, '수류화개(水流花開)'는 진여실상을 각각 나타낸 것이다. 그래서 제2경은 텅 빈 마음속에 비친 진여실상을 설파한 법문이고 절창(絶唱)이다.

일산 국사의 〈십우도송〉 제9수는 "개울물 쪽빛처럼 푸르고 산꽃 비단처럼 붉게 피었네(澗水湛如藍色碧 山花開似錦機紅)"라고 읊었다. 일산의 '간수담여람'과 '산화개사금'은 송대 대룡지홍 선사의 화두 〈대룡법신〉에 나오는 게송구를 그대로 옮긴 것인데 불생불멸의 '견고법신'의 경계를 말한 것이다. 찬란한 화장세계를 펼치고 있는 푸른 계곡물과 비단 빛 산꽃이 바로 영생불멸의 법신(法身: 불성의 본체)이라는 법문이다.

'공산무인 수류화개'는 참으로 깨달은 다음의 최후 경계를 문학적으로 표현한 선시다. 도는 없는 곳이 없다는 '도무소부재론(道無所不在論)은 노장과 선불교가 다 같이 강조하는 종지(宗旨)이고 철학이다. 일산의 〈십우도송〉 제9수도 깨친 후의 황홀한 경계를 내보인 게송이다.

설악산 천 겹 뫼가 온통 하얀데(雪岳千重白)
찬 계곡물 한 굽이 울며 흐르네.(寒泉一曲鳴)
너무도 분명한 소리와 빛깔(明明聲與色)
진작부터 무생을 말하고 있구나.(早已說無生)

조선조 선승 월봉무주 선사(1623~?)의 〈문상인에게 보이다(示文上人)〉라는 게송[禪詩]이다. '상인'은 선림에서 큰스님을 일컫는 말이다.

산꼭대기는 눈이 내려 하얗지만 아직 아래는 단풍이 남아 있다. 울며 흐르는 계곡물 소리와 아직도 붉은 단풍잎의 뜨거운 생명을 듣고 보지 못하였소? 어찌자고 무와 공을 자꾸 말하시오? 계곡물 소리와 단풍잎이 바로 부처의 법문인데 왜 거기서 눈과 귀를 떼라 하시는가! 흰 산 빛에 눈을 씻고 차가운 물소리에 귀를 씻어낸다. 바로 저 빛깔과 소리가 내게는 무생의 설법을 들려준다. 태어나지 않으니 사라지는 법도 없음을 증명할 순 없지만 바로 눈앞에 현존하네 그려.

월봉무주 선사의 게송은 말은 다했어도 암송하면 할수록 끝없는 여운이 남는다. 말과 글로는 똑 떨어지게 설명할 수 없는 보일 듯 말 듯한 그 여운이 마음 속 깊이 파고들면서 우주의 신비·인간의 생멸 같은 심오한 문제들을 생각하게 하기도 한다.

이슬에 젖은 엷은 안개가 가을빛 속에 스며들어 분별할 수 없으나 가을 풍경은 이런 물상(物象)을 통해 나타나는 것과 같다. 엄우가 『창랑시화』에서 말한 "말은 끝났어도 뜻은 무궁한 여운을 남긴다(言有盡而意無窮)"와 노장이 말하는 언외지의(言外之意)·상외지상(象外之象)이 바로 이런 것 아니겠는가!

색(色)에서 공(空)을 읽어내고 '현상'에서 본체를 읽어야 선객의 안목을 바르게 갖추었다고 할 수 있다. 입으로만 '공'이나 생사일여를 말하는 것은 '구두선(口頭禪)'에 불과할 뿐이다.

월봉 선사는 문(文)이라는 큰스님에게 '일할(一喝)'했다.

나고 죽는 법 없는 저 산 빛과 계곡 물 소리
만고에 변함이 없지 않은가!

선객들은 길가의 보잘 것 없는 냉이 꽃 한 송이에서 우주의 신비를 읽고 환호하며 '날마다 좋은 날'을 살아간다. 참으로 깨치고 나면 세상은 마냥 즐겁다.

계성산색(溪聲山色)에 개오한 소동파의 오도시를 보자.

계곡물 소리와 산빛(溪聲山色)

필자는 1996년 봄 중국 선불교 고찰을 답사하는 취재 여정에서 호남성 형산 복엄사를 찾았다. 복엄사 산문 앞마당에 차를 대고 내리니 마당가 암벽이 시야에 가득 들어왔다. 몇 천 년을 두고 바위에 새겨온 시인 묵객들의 시구와 글씨가 그 수를 헤아릴 수 없을 정도였다.

계성산색(溪聲山色) 소동파의 오도시(悟道詩) 제목이다.

계곡물 소리가 부처님 설법인데(溪聲便是廣長舌)
산빛인들 어찌 청정법신이 아니랴(山色豈非淸淨身)
여래의 8만4천 법문을(夜來八萬四千偈)
다른 날 어떻게 사람들한테 이처럼 드러내 보일까(他日如何擧似人)

글자도 제일 크려니와 위치도 단연 꼭대기, 덩치도 제일 큰 바위에 '왕 중 왕'으로 자리를 잡았다. "개 눈에는 똥만 보인다"는 속담처

중국 호남성 남악 형산 복엄사 앞마당 가의 바위에 각자돼 있는 소동파 거사의 오도송 제목 '溪聲山色'

럼 선불교를 답사한답시고 나선지라 기자의 시선은 선림의 유명한 화두인 이 네 글자에 꽉 붙들렸다.

글씨 밑에는 청대 한 승려의 각서(刻書)임이 명기되어 있다. 이 화두는 당·송 8대가의 한 사람인 소동파 거사(1036~1101)의 개오시 (開悟詩)에서 비롯됐다. 방온 거사와 함께 중국 선림의 양대 거사인 소동파는 선불교에 심취, 호북성 여산 동림사의 동림상총(東林常聰) 선사를 참문하고 바위나 산천초목도 설법을 한다는 '무정설법(無情 說法)' 화두를 받았다. 자칭 "전생에 중이었다"고 말하기도 한 소동 파는 말을 타고 폭포수 소리 요란한 여산의 깊은 계곡 소로를 내려

오면서 화두 '무정설법'을 골똘히 참구했다. 태고의 정적을 깨는 여산 폭포의 비류(飛流) 소리가 귓전을 때리는 순간 이태백의 〈망여산폭포(望廬山瀑布)〉라는 시가 소동파의 머리를 스쳤다.

> 향로봉 햇빛에 자색 연기 서리고(日照香爐生紫煙)
> 중턱엔 폭포수 걸려 쏟아지네.(遙看瀑布掛前川)
> 나르는 듯 3천 길을 떨어지니(飛流直下三千尺)
> 은하수 하늘에서 떨어지는가?(疑是銀河落九天)

동파는 이백의 이 7언 절구를 떠올리면서 여산 폭포를 눈으로 보고 귀로 듣는 찰나 자신도 모르게 "아, 이거구나!" 하는 탄성을 터트렸다. 바로 저 폭포수 소리가 존재의 근원을 밝힌 부처의 법문 아닌가. 그는 여기서 활연대오하고 '계성산색'이라는 오도송을 읊었다. 복엄사 마당가 바위에 음각된 '계성산색'은 붉은 페인트칠을 해놓아 검푸른 바위, 푸른 초목, 홍색 글자가 그림처럼 어우러진 한 폭의 '공안화(公案畵)'였다. 여기서 동파의 화두에 새삼 매료돼 며칠 뒤 여산에 올랐을 때 백거이 초당의 서예가에게 '계성산색'을 써달라고 부탁, 답사 기념으로 가져왔다.

'무정설법'은 하남성 향엄사의 남양혜충 선사가 설한 화두로 조동종 개산조 동산양개 선사와 소동파 거사가 이 화두를 타파, 돈오한 동산·동파의 개오 화두로도 유명하다. 소동파는 말한다.

"나는 지금 계곡물 흐르는 소리와 산색의 순수함에서 심금을 울리는 우주의 노래를 듣는다. 하지만 이를 말로는 설명할 수 없다.

그것은 실존적인 체험이었을 뿐 언어를 초월한다. 그에 대해 말하려 해도 비슷하게나마 설명하기 어렵고, 옳지도 않다. 오직 '침묵'만이 그 실존적 체험을 전할 수 있을 것이다."

우주의 근본 질서에서는 모든 빛깔, 모든 소리가 부처님의 빛깔이요, 소리다. 이런 논리는 선정(禪定)에 들어 자기를 완전히 비우고 그 비운 자리에 산천초목이 들어와 앉을 때에만 가능해진다.

그렇다고 이를 만유에 신이 내재한다는 범신론과 동일시해서는 결코 안 된다. 선가의 좌선과 합장 모습은 천지가 무너져도 움직이지 않는 자세이며 어떠한 권위로도 쉽게 접근할 수 없는 위력을 갖는다. 합장은 평화의 상징이다. 두 손을 모은 사람을 때리거나 합장하고 서 있는 사람에게 싸움을 걸 수는 없다. 그래서 사람의 자세 중 가장 겸손하고, 자비롭고, 굳센 좌선과 합장만이 산천초목의 설법을 들을 수 있는 자세라고 한다.

남의 집 잔치 얘기가 너무 길었다.

복엄사는 흔히 '7조 도량'이라 불린다. 6조의 제자로 남악법계를 형성한 남악회양 선사(677~744)의 주석도량이다. 눈을 돌려 산문을 보니 '천하법원(天下法院)'이라는 가로 편액이 걸려 있다. 양쪽 기둥에는 '칠조도량(七祖道場)' '육조고찰(六朝古刹)'이라고 새겨 놓았다.

송나라 태백산 보명 선사의 〈목우도송[十牛圖頌]〉의 마지막 제10수에 "들꽃과 향기로운 풀 스스로 무성하다(野花芳草自叢叢)"는 시구가 나온다. 이 시구는 광(光: 주체·마음)과 경(境: 객체·대상) 둘 다를 던져버리고 난 후 나타난 현상계는 진여실상의 두두물물이 그대로 존재 의미를 가지고 있는 부처의 법신임을 밝힌 것이다. 쉽게 말해 깨닫고 나면 들꽃과 방초가 그대로 부처라는 얘기다. 보명 선사의 〈십우도송〉 제10수는 다음과 같다.

> 사람도 소도 보이지 않고 아득히 흔적도 없네.(人牛不見杳無蹤)
> 차디찬 달빛 아래 만상이 텅 비었네.(明月光寒萬象空)
> 만약 누가 그 뜻을 묻는다면(若問其中端的意)
> 들꽃과 방초 스스로 무성하다 하리라.(野花芳草自叢叢)

이 시에는 둘 다를 잊는다(없앤다)는 뜻의 '쌍민(雙泯)'이라는 시의 제목이 붙어 있다. 그림에는 하나의 둥근 원만 그려져 있다. 참된 깨달음의 경지는 무불무성(無佛無聖)이다. 이 원상은 불위(佛位)의 단계도 초월한 무위(無位)의 경계에 도달하였음을 상징한다. 여기가 바로 임제 선사가 설파한 '무위진인(無位眞人)'이 자리하는 곳이다. 이와 같은 해탈의 경계에서는 우주 안의 모든 존재가 긍정되고 현존하는 모습 그대로 수용된다. 이러한 우주의 대긍정이 바로 깨달음이다.

> 오뚝이 일 없이 앉았으니, 봄이 오면 풀들이 저절로 푸르다.
> (兀然無事坐 春來草自靑)
> － 『전등록』 권30 〈남악나찬화강가〉

남악나찬 화상의 〈낙도가〉는 제왕(帝王)의 부귀와 권력으로도 불가능한 '소요'의 세계를 밝힌 불후의 명작이다. 선림의 '디오게네스'로 일컬어지기도 하는 선승이다. 당 현종 황제가 그의 높은 도와 인격을 흠모, 칙사를 보내 입내(入內) 설법을 청했다. 칙사가 도착해 보니 그는 초암 마당가에서 쇠똥으로 지핀 불에 고구마를 구워 콧물을 흘리며 맛있게 먹고 있었다. 그 모습에 감격한 칙사가 "필요한 게 있으면 무엇이든 말해 주세요"라고 했다. 묵묵히 칙사를 쳐다보고 있던 나찬 화상의 한마디.

"그렇다면 당신이 서 있는 그 자리에서 비켜주시오. 아까부터 햇볕이 들지 않아 추웠소이다."

고대 그리스 철인 시노페의 디오게네스가 알렉산더 대왕의 방문을 받았을 때 햇볕을 쬐게 비켜달라고 했던 고사를 연상케 한다.

나찬 화상은 무심의 경지에서 봄이 오면 풀이 스스로 푸르른 자연 대도와 합일을 이룬 우주정신으로 무한한 정신적 자유를 누리고 있었던 것이다. 선사들은 울긋불긋한 들꽃과 방초가 보여주는 자연 대도의 운행법칙을 읽고 환호한다. 그리고 수행자들은 여기서 도를 깨닫기도 한다.

선에 대한 관심이 세속에 대한 절망이나 위안의 심화와 연결돼 있음도 부인할 수만은 없다. 그러나 단순한 도피와 은둔, 또는 절망을 달래고자 하는 소극적인 은둔주의나 위안과는 궤를 달리한다.

선승과 사대부들은 산속에 유거(幽居)하면서 자연을 관조하는 임운자재(任運自在)한 삶의 즐거움과 초야에 묻혀 무소유의 삶을 사는 탈속적인 낙천성을 즐겨 노래했다. 중국 선림의 낙도가는 인도 불교의 낙도가와 전혀 다른 특징을 가지고 있다. 양자는 우선 세속을 비판하는 견해가 다르며 이를 뒷받침하는 사상에도 차이가 있다.

동아시아 선승과 문인들의 낙도가는 선의 본질과 관련이 깊다.

선불교의 매력은 한편에서는 엄격한 자기 부정의 윤리성으로 지탱되면서도 다른 한편에선 탈속적인 낙천성을 갖는다는 점이다. 동아시아 선사상의 특징은 ▲개성주의 ▲현실주의 ▲인간중심주의 ▲자연주의 ▲지방분권주의 ▲창의력 존중 등으로 요약될 수 있다.

조사선의 선사상은 도덕적 행위와 종교적 행위를 둘이 아닌 하나로 통일시킨다. 선사들은 옷 입고 밥 먹는 것이 종교적 행위임과 동시에 생리적·생물적·사회적 행위이듯이 도덕과 종교는 모순되지 않는다고 본다. 양자 간의 모순이나 충돌은 옷 입고 밥 먹는 일을 우선하면서도 그 가운데 함축된 배고플 때 밥 먹는 자연 대도가 갖는 종교적 의미를 매몰시켜 버릴 때 생긴다. 그러나 선사들은 특별히 밥 먹고 옷 입는 일의 종교적 의미를 말하지 않는다. 다만 배고프면 밥을 먹고 추우면 옷을 껴입는다면 그것만으로 매우 좋다. 이것이 바로 자연스럽게 순리를 따르는 가운데 우주 섭리와 합일을 이루는 엄격한 도덕성 위에 서 있는 낙천주의다.

개인은 개인으로서 살아가지 않으면 안 된다. 그렇기에 보살은 번뇌를 완전히 소멸시키지 않고 번뇌가 곧 보리가 되도록 살려서 쓴다. 이것이 대승의 '번뇌 즉 보리(煩惱即菩提)'이다. 개인의 행위는 자유에 바탕을 두고 있으며 '창조성'을 갖추고 있다. 여기에 인간의 위엄과 존귀함이 있다. 다만 모든 개인 행위는 마음을 한 곳에 모은 '삼매(三昧)'가 전제돼야 한다. 그리고 모든 행위는 '무공용(無功用)' 속에서 이루어져야 한다. 현실 속에서 반드시 해야 할 일은 최선을 다해 성취하지만 그 일을 할 뿐 일과 관련한 공명(功名)이나 이해득실에 집착해서는 안 된다. 이것이 바로 선과 노장이 전하는 간곡한 소식이다.

〈산중(山中)〉

형계의 물 줄어 흰 돌 드러나고(荊溪白石出)
날씨 추워 단풍잎 드문드문(天寒紅葉稀)
산길 비온 바 없는데(山路元無雨)
허공의 푸르름이 옷을 적시네.(空翠濕人衣)

— 왕유(701~761)

소동파가 "왕유의 시 속에는 그림이 있고 그의 그림 속에는 시가 있다(詩中有畵 畵中有詩)"는 유명한 시평을 한 시다. 소동파의 시평은 이 시를 문화 예술적·미학적 측면에서 평한 것이지만 시가 풍기는 선취(禪趣) 또한 대단하다. 두 사람 다 선을 익힌 거사들이었기에 시의 선취에도 공감했을 법하다.

가을날 해질녘 호젓한 산길에서 푸르스름하고 흐릿한 석양빛에 반사되는 이내가 마치 옷을 적시는 듯 느낀다. 문학적·미학적으로는 멋진 '감정이입(感情移入)'이고 선학적으로는 주체(작가)와 객체(이내)의 융합·통일을 나타낸다. 노장이 말하는 물아일체의 경계다. 감정이입이란 예술작품이나 대상 속에 자신의 상상이나 정신을 투사하여 자기와 대상과의 융합을 의식하는 심리 작용을 말한다. '이내'는 남기(嵐氣)라고도 하는데 깊은 계곡이나 먼 곳에 보이는 푸른 안개 같은 기운이다.

〈시골에서의 삶(村居)〉

붉은 단풍잎 마을길 밝히고(赤葉明村逕)
맑은 샘물 불쑥 솟은 돌 양치질한다.(淸泉漱石根)
외진 곳이라 드나드는 거마 없고(地偏車馬少)
산기운 저절로 황혼에 젖어든다.(山氣自黃昏)

— 도은 이숭인(1349~1392)

고려 말 문신 도은 이숭인의 시다. 자연 친화적인 한정(閑情)을 읊조렸다. 해질 무렵의 산촌 풍경을 묘사했지만 자연 대도를 따라 사는 삶을 한껏 자부하는 선의(禪意)가 흘러넘친다.

〈호젓한 산골 집(幽居)〉

꽃 나직해 그 향기 베개에 스미고(花底香襲枕)
산 가까워 비취빛 옷에 물드네.(山近翠生衣)

— 송익필(1534~1599)

조선조 유학자 송익필의 시 〈유거〉 중 함련(제3·4구)이다. 산골에 살면서 자연과 합일을 이룬 넉넉한 자부심이 엿보인다.

위의 세 사람의 시는 작자가 모두 스님이 아니고 속인이다. 그러나 그들의 시에는 선취(禪趣)가 물씬하다. 물론 불교 용어나 선림의 냄새를 풍기는 글자도 전혀 없다. 그러나 시를 음미할수록 달관의 선심(禪心)을 느끼게 한다.

이들 시는 모두 자연 친화적인 허(虛)와 한정(閑情)을 노래하는 가운데 우주자연의 대도가 전개하는 모습을 보여주는 선취 물씬한 절창이다. 시들의 마지막 구 '공취습인의'와 '산기자황혼' '산근취생의'는 하나같이 자연과 인간이 하나 된 통일체로서 느끼고 즐기는 미적(美的) 향유(享有)를 느끼게 하면서 무심·무욕의 선적(禪的) 경계를 일깨운다.

"정말 중요한 것은 눈에 보이지 않아. 마음으로 봐야 해."

생떽쥐베리의 『어린왕자』에 나오는 유명한 구절이다. 선가(禪家)는 눈에 보이지 않고 귀에 들리지 않는 신비한 대자연의 섭리를 마음으로 보고 듣는 것이 바로 불법 진리를 체득하는 것이라고 누누이 강조한다. 왕유·이숭인·송익필 등의 시인들도 귀에는 들리지 않는 '황혼의 소리', 눈으로는 볼 수 없는 비취빛, 이내의 옷 적심을 마음으로 듣고 본 것이 아닐까?

6조 혜능 대사는 "만약 수행을 하고자 한다면 집에서도 가능하다. 꼭 출가 입산해 절에 있어야만 할 이유는 없다(若欲修行 在家亦得)"고 했다.(『육조단경』 36절)

> 세간에서 불도를 닦는 수행을 해도 어느 것 하나 그 수행을 방해하는 것은 없다. 항상 자신의 허물을 스스로 알아 반성하면 그대로 도에 딱 들어맞는 것이다.
> 불법은 원래가 속세 속에 있나니, 세속 속에 있으면서 세속을

떠나야(초월해야) 한다. 그렇기 때문에 세간을 떠나 밖으로 나가 출세간을 구하려 하지 말아야 한다.

(世間若修道 一切盡不妨 常見自己過 與道卽相當 法元在世間 於世出世間 勿離世間上 外求出世間)

— 『육조단경』 36절

혜능의 재가 불교 제창은 불성 평등론을 기반으로 한 평등사상의 구현이었으며 세간과 출세간의 분별을 없애고 하나로 통일, 일상생활 속에서의 수행·성불을 성취하려는 것이었다. 후일 조사선에서는 이러한 혜능의 선사상이 '이 마음 그대로가 부처'라는 즉심즉불(卽心卽佛)로 구체화됐다.

위의 세 사람 중 왕유를 제외하고는 나머지 두 사람의 특별한 불교수행 기록은 찾아볼 수 없다. 그러나 도은·송익필의 촌거와 유거 자체가 하나의 자연스런 선수행일 수도 있었다고 볼 수도 있다. 어쨌든 필자는 세 사람의 시가 모두 '공산무인 수류화개(空山無人 水流花開)'의 경계에 근접했다는 생각을 가져본다.

〈천지조화의 비밀[天機]〉

꽃과 풀은 스스로 울긋불긋하고(花卉自靑紫)
짐승과 새는 스스로 달리고 난다.(毛羽自走飛)
〈중간 생략〉
바람 잦자 달 밝게 떠오르고(風餘月揚明)

비 멎자 풀 향기 더욱 짙어지네.(雨後草芳菲)

— 서경덕(1489~1546)

송도 3절(서경덕·황진이·박연 폭포)의 하나로 유명한 조선 초 도학자 서경덕의 시 〈천기〉 중의 일부다.

'천기'의 주어를 천(天)으로 볼 때 하늘이 만물을 낳고 기르는 생명과 사랑의 근원이라고 할 수 있다. 이는 『주역』과 유가·도가·선가가 공유하는 생각이기도 하다. '천[佛性·仁·道]'은 사람으로 하여금 지능을 발휘해서 더 나은 삶을 살도록 해 주었지만 우리는 하늘이 어떻게 사람에게 지능과 언어 능력을 심어주었는지, 인간이 그런 능력을 가졌는지조차 잘 모르고 있다. 이것이 바로 생명의 신비다.

서경덕은 〈천기〉에서 하늘로부터 생명을 품수한 우주 만물이 각기 자신의 성품과 존재 이유를 가지고 여법하게 운행되고 있음을 관조하고 있다. 선적 심령 상태는 조용하고 장엄한 관조와 비약하는 생명을 그 핵심 내용으로 한다. 서경덕의 시는 노장이 말하는 '무지의 지[無知之知]' 앞에 나타난 여여한 대자연의 실상[佛法 眞理]이다.

봄이 무르익으니 이슬 거듭 내리고(春濃露重)
땅이 따뜻해지니 새싹 돋아나네.(地煖艸生)
산 깊고 해 긴데(山深日長)
사람 고요하고 향기 투명하네.(人靜香透)

— 추사 김정희(1786~1856)

추사가 〈춘농로중(春濃露重)〉 그림에 붙인 제화시(題畵詩)다. 추사의 이 제화시는 자구(字句)와 물상을 간소화시킴으로써 배후의 '상상 공간'을 확대시켰고 사대부 문인화의 '간결'의 극치를 보여주었다. 추사의 제화시는 '소리 없이 왔다 자취 없이 가는 게 자연의 이법(理法), 곧 천기다'라는 말을 다시 한번 되새기게 한다.

그림의 간필법(簡筆法)에 대한 재미있는 풍류(風流)를 하나 보고 넘어가자.

서화에 조예가 깊어 '예술 황제'로 불렸던 송(宋) 휘종 황제가 화원 화가 선발 시험의 화제(畵題)를 직접 출제했다.

답화귀래마제향(踏花歸來馬蹄香)

꽃을 밟으며 돌아온 말발굽에 향기가 가득하다는 화제다. 이를 그림으로 그리라는 것이었다. 연환화(連環畵)로 그리면 풀밭-달리는 말-꽃을 밟는 것을 그릴 수 있고 돌아온 후의 땀에 젖은 말을 그릴 수도 있다. 그러나 이렇게 하면 '향기'를 그릴 수 없다.

수많은 응시자들의 그림 중 황제의 마음에 드는 그림이 딱 한 점 있었다. 아주 간단한 그림이었다.

나비 한 마리가 말 발자국 주위를 날고 있는 그림이었다. 이 그림은 매우 간단하지만(말·풀 밭·꽃 생략했지만) 꽃을 밟은 상황과 발굽에 묻은 꽃을 밟은 후의 여향(餘香)이 나비가 말 발자국 주위를 나는 마지막 부분에 응집돼 있다. 이만하면 '간결'의 극치라 할 만하다.

문 앞의 복사꽃 오얏꽃 일이 많아서
만 떨기마다 옛 부처의 마음 붉게 뿜어내는구나.

  근세 한국 선불교 중흥조인 경허 선사(1849~1912)의 선시 구절이다. 봄날 붉은 꽃들의 무정설법(無情說法)이 강렬한 원심(願心)을 드러내고 있다. 이 선시는 감각 존재의 정당성을 가지고 있는 우주 만법이 다 불법이라는 선리를 설파하고 있다.
  성색(聲色)에 기탁해 무정설법을 시적(詩的)으로 멋지게 드러낸 다음과 같은 시구도 있다.

붉은 살구꽃 가지는 봄날의 설레는 마음으로 시끄럽고
산 언덕의 꾀꼬리 소리는 꽃 아래서 만취해 미끄러져 나뒹구네.
(紅杏枝頭春意鬧 鶯聲繞岸花底滑)

  살구꽃이나 꾀꼬리 소리는 봄날 잠재해 있다가 사라지는 공(空)이고 희로애락 등의 갖가지 감정을 발산하는 인간의 마음과 같은 의식 작용이 없는 무정물이다. 그런데 이 시구를 읽고 음미하며 봄바람에 가슴 설레는 처녀들의 수다 같은 속삭임을 다닥다닥 붙여 만개한 살구꽃에서 듣는 듯하다. 봄날 살구꽃 처녀들의 수다도 깨달은 안목으로 보면 부처님 설법이다. 만개한 산 벚꽃 아래를 취한 듯 비틀거리며 미끄러져 내려가는 꾀꼬리의 노랫소리 또한 활발한 생명력의 흥겨운 모습이다.
  선과 노장이 설하는 바도 이와 다르지 않다. 선객과 시인 사대부들은 서로 교유하면서 시는 선을, 선은 시를 각각 자기들 영역에 들여와 시를 다듬고 선을 수놓았다.

매미 울어 숲 속은 더욱 고요하고(蟬噪林逾靜)
새 울어 산골짜기 새삼 적막하네.(鳥鳴山更幽)

남조 양나라 왕적의 시구다. 동(動)과 정(靜)이 하나로 통일된 동정일여·체용일여의 노장사상과 선리(禪理)를 잘 설파하고 있다.

앞의 두 시는 승려들의 시가 아니다. 속세의 시인들이 읊조린 시지만 그 시정(詩情)이 한껏 선적이고 노장적이다. 이들 시가에서도 '공산무인 수류화개'가 말하는 선취(禪趣)를 느낄 수 있다. 물론 세부적인 부분에선 각기 뜻하는 바가 나뉘지만 '자연 대도'라는 큰 틀에서는 동질성을 가지고 있다. 자연 대도와 모든 실존의 존재 의의를 관조해 깨닫는 것이 견성(見性)이다. '공산무인 수류화개'가 뜻하는 바도 바로 이것이다. 우주정신(universal mind)을 체득하는 것이 곧 선가의 해탈이고 노장의 초월적인 '소요유'다. 꽃과 소리 같은 성색에서 공을 보고 깨친 견성의 예를 하나씩 보자.

영운도화(靈雲桃花)

'영운도화'는 위산영우 화상(771~853)의 법사(法嗣)인 영운지근 선사가 복숭아꽃을 보고 깨친 데서 유래한 유명한 화두다. 영운은 위산을 모시고 노력했지만 깨닫지 못한 채 헤매다가 어느 날 위산을 따라 밖에 나갔다 흐드러지게 핀 복숭아꽃을 보고는 확연히 깨쳐 다음과 같은 오도송을 읊었다.

> 30년 동안이나 검객을 찾아 헤맸네.(三十年來尋劍客)
> 낙엽 지는 가을을 몇 번이나 보냈던가?(幾逢落葉又抽枝)
> 활짝 핀 복숭아 꽃 한 번 본 후로는(自從一見桃花後)
> 지금에 이르기까지 다시는 의심하지 않네.(直至如今更不疑)

'영운도화'는 범상한 일상의 복숭아꽃에서 생명의 새로운 경계를 체험한다. 깨닫기 전의 복숭아꽃은 예전과 다를 바 없이 먼지로 가려져 있어 그 진정한 기미(氣味)를 꿰뚫어 보지 못했다. 깨치고 난 뒤로는 복숭아꽃이 일시에 밝아져 도화의 진정한 본성이 뚜렷이 드러났다. 도화의 진정한 본성이란 무엇인가? 바로 작렬하는 '생명의 환희'다. 이 때의 복숭아꽃은 깨달음의 자극제가 되었다.

선은 순수 생명의 체험이다. 생명의 새로운 경계 체험은 호숫가 버드나무에서도 할 수 있다. 날마다 바라보는 호숫가의 버드나무는 내 눈 앞에 있는 버드나무가 아니다. 내가 창조적인 마음으로 다가가서 알아내기만 한다면 버드나무는 미풍에 흔들리면서, 담담한 달빛에 휩싸여서, 몽롱한 저녁노을 속에서, 촉촉이 내리는 보슬비 속에서, 또 다른 인연으로 만나는 심령 속에서 다른 감각으로 다가올 것이다. 진정한 아름다움의 감각은 영원히 새롭다. 우리는 버드나무를 '무위관조(無爲觀照)'할 때 버드나무의 모든 변화에 제대로 적응하면서 그 참 생명과 함께 호흡할 수 있다.

'무위란 가치론적 판단을 모두 걷어내고 세계를 있는 그대로 볼 수 있는 단계를 말한다. 어떤 이념이나 기준과 같은 관념의 구조물에 수동적으로 의존하지 않고 세계의 변화에 따라 자발적이고 유연하게 접촉하려는 시도가 곧 무위다. 유위적 태도는 세계를 자신의 기준에 따라 봐야 하는 대로 보게 되지만 무위적 태도는 어떤 기준의 지배도 받지 않기 때문에 세계를 보여 지는 대로 볼 수 있다.

세계를 보이는 대로 보고 반응하는 사람은 앞으로 나아가지만 선입견을 가지고 보고 싶은 대로 보는 사람은 과거에 묶여 있을 수밖에 없다. 무위의 태도를 지녀야만 변화하는 진실과 접촉할 수 있다. 변화에 제대로 적응하고 적절히 반응하면 어떤 일도 이루어지지 않을 리가 없다. 이것이 바로 무위의 결과로 나타는 "무위하면 이루어지지 않는 일이 없다"고 강조하는 노자의 "무위이무불위(無爲而無不爲)"다.(『노자』 37장)

영운지근 선사가 복숭아꽃을 보고 깨친 것도 과거와는 달리 그날에서야 복숭아꽃을 '무위관조'한 데서 얻은 직관이고 돈오였던 것이다. 세계를 '보고 싶은 대로'가 아닌 '보이는 대로' 보는 무위관조가 산은 산이고 물은 물인 깨달음의 경계이고, 활짝 핀 복숭아꽃에서 새 생명을 체험하고 깨달은 '영운도화'다.

향엄격죽(香嚴擊竹)

향엄지한 상좌(?~898)는 백장회해 화상의 막내 상좌로 있으면서 견성하지 못해 환속을 결심하고 떠나는 길에 백장 법맥의 장자인 사형(師兄) 위산영우 선사에게 들러 며칠을 묵었다. 위산에게 마지막으로 가르침을 청했더니 "부모에게서 태어나기 전의 네 본래면목을 알고 있느냐?"는 한마디 질문을 던질 뿐이었다. 하나를 가르쳐 주면 열을 안다는 영재 소리를 듣던 향엄은 밤새 온갖 책들을 뒤적이며 '부모미생전 본래면목(父母未生前 本來面目)'을 찾았으나 끝내 찾지 못했다. 그래서 사형인 위산 선사께 간곡히 사정을 해 보았지만 "내가 그것을 가르쳐 주면 후일 너는 나를 크게 욕할 것"이라며 단호히 거부했다.

향엄은 "난 아무래도 견성하긴 틀렸다"는 절망감 속에서 환속 결심을 더욱 굳힌 다음날 아침 대빗자루로 마당을 쓸던 중 기와조각이 쓸려나가면서 대나무에 부딪쳐 나는 소리를 듣는 순간 활연 대오하고는 오도송을 읊었다.

> 기와조각 대나무 치는 한 소리가
> 나의 일체 지해(知解)를 망각케 했네.(一擊忘所知)
> 다시 한 발짝 나가 알겠네.
> 가식적인 수행과 계율에만 매달려서는 안 됨을.(更不假修持)
> 나는 이제 얼굴 웃음 가득한 채
> 진리의 길을 달려가고 있네.(動容揚古道)

결코 추락하진 않지만 정적인 기경(機境)을 걱정하네.(不墜悄然機)
저 위대한 자성 처처에서 그 종적을 찾을 순 없지만(處處無踪跡)
다만 이 세상의 성색 밖에서는
그 무형의 위의가 도리어 분명하네.(聲色外威儀)
제방의 득도한 분들, 반드시 모두 말하리라.(諸方達道者)
이것이 바로 득도의 최상 경지임을.(咸言上上機)

과연 향엄이 오도했다는 내용은 무엇인가? 기와조각 대나무에 부딪치는 소리를 들은 것뿐인데 말이다. 깨달은 내용은 '무심'이다. 마음이 어떤 것에도 머물지 않는 돈오 남종선의 종지 '부주(不住)'를 체감한 것이다. 심부주우물(心不住于物)이 곧 무심이다.

기와조각이 대나무에 부딪쳐 나는 소리를 향엄이 듣는 순간은 듣는 자와 소리가 둘로 분리돼 있지 않고 하나가 됐던 것이다. 향엄과 대나무 소리의 합일은 향엄의 '무심' 때문에 가능했다. 여기서는 소리를 듣는 자와 성음이 명확히 분리되지 않는다. 향엄이 소리고 소리가 향엄이다. 오묘하고 신비한(?) 경지다. 향엄이 마당을 쓰는 순간은 그저 마당을 쓸 뿐 어떠한 잡념도 사념도 없는 백지의 마음 상태였던 것이다. 그래서 향엄 자신이 곧 대나무 소리가 됐던 것이다. 향엄은 여기서 곧바로 색(대나무 소리)에서 공(자신의 무심)을 볼 수 있었던 것이다. 이것이 보고자 해도 보이지 않으며 귀를 기울여도 들리지 않는 본래면목의 경계고 선의 순간적 '돈오'다. 자성은 본래가 청정한 것인데 어찌 어머니 뱃속에 있을 때와 나왔을 때의 구별이 있겠는가.

명나라 대 화가이며 미술사론가로 선종의 남종·북종에 비유한 회화의 '남·북 분종론'을 제기했던 동기창(1555~1636)이 '향엄격죽' 화두를 참구해 깨쳤다는 일화가 있다. 그는 청년 시절부터 선학을 공부했고 현학에도 정통했다. 그에게 선학을 전해 준 스승은 조동종의 숭산 소림사 자백진가 선사였다. 그는 자백 선사로부터 '향엄격죽' 화두를 받아 참구했다.

동기창은 30세 때인 1585년 "배를 타고 금릉에서 돌아오던 중 바람이 세게 불어 돛대가 뱃가에 부딪치는 소리를 듣고 돌연 화두의 선기(禪機)를 깨달았다"고 술회했다. 구체적인 깨친 바 내용에 대한 명백한 설명은 없다. 다만 그가 그해 가을에 썼던 수필에서 그 내용을 엿볼 수 있다.

그는 『화선실수필(畵禪室隨筆)』에서 "금릉으로부터 돌아오는 길에 홀연히 일념삼세(一念三世)의 경계가 나타나 이틀반 동안 의식 불명이었다. 의식이 회복되자 이내 『대학(大學)』이 말하는 '마음이 부재(不在)하면 살펴도 보이지 않고 귀를 기울여도 들리지 않나니 그것이 바로 올바른 깨달음이다'라는 구절이 떠올랐다"고 술회했다.

마음이 상대적인 양변(兩邊)을 버려 분별심을 없앤 '무심'의 상태일 때 물아합일(物我合一)의 우주정신에 도달할 수 있다는 것이다. 이러한 선사상과 동기창이 추구하는 예술 정신은 공명을 일으켜 대승 공종(空宗)의 허무주의 선학에 빠지지 않고 부주심외물(不住心外物: 마음 이외의 무엇에도 집착하지 않음)로 우뚝 서 있는 '초연(超然)'을 성취할 수 있었던 것이다.

'영운도화'와 '향엄격죽' 화두는 종교적·문학적·미학적 측면에서 여러 가지로 음미해 볼 수 있다. 영운·향엄·동기창이 깨달은 경계도 '공산무인 수류화개'의 선경(禪境)이 전해주는 소식에 다름 아니었다. 선어록들에는 이러한 깨침의 기연(機緣)이 많이 나온다. 모두 자연 대도가 펼쳐 보이는 진리를 새롭게 관조하라는 소식이다.

제3경 만고의 허공 속 하루아침의 풍월

(萬古長空 一朝風月)

만고장공 일조풍월.(萬古長空 一朝風月)

우두종(牛頭宗) 5세 우두지위 선사의 법사인 숭혜 선사(?~779)와 한 학인의 선문답에 나오는 유명한 선구(禪句)다. 숭혜 선사의 이 선구는 시간을 초월, 순간(일조풍월) 속에서 영원(만고장공)을 보는 오묘한 선가의 깨달음을 보여준다.

영원과 불멸은 인간이 추구하는 가장 근원적인 욕망 중의 하나다. 모든 종교가 추구하는 종착점이기도 하다. 그 불멸이라는 불가능성을 선과 노장은 영생에 얽매이지 않는 '한 순간의 영원'과 기꺼이 한 통속이 됨으로써 가능할 수 있다는 방편을 제시한다. 장자의 '득도(得道)'는 생과 사가 하나임을 터득하여 깨치는 것으로 생사 초월의 방편을 제시했다. 숭혜 선사의 선구 또한 생사일여관으로 시간을 돌파해 불생불멸의 삶을 사는 '초월[解脫]'을 촉구하고 있다.

호피족의 시간

|

미국 여류 인류학자 마거릿 미드(1901~1978)의 책 『The pattern of Culture』에 나오는 이야기다. 호피족이라는 인디언에게는 '시간'이라는 말이 없다고 한다.

따라서 그들에게 '몇 살이냐?'고 묻는 것은 난센스다. 시간이라는 말이 없어 시간에 대한 감각이나 인식이 없기 때문이다. 그저 '해가 떴구나, 해가 졌구나' 하는 것만 인식할 뿐 '장수했다', '요절했다' 하는 것도 모른다. 그들에게는 추우면 옷을 껴입고 더우면 옷을 벗는 것이 시간적인 계절 감각이다. 그들은 늙어 죽는다는 생리적인 시간이 주는 공포를 전혀 모른다. 그저 형편 닿는 대로 여유 있게 살아갈 뿐이다.

세상에서 가장 행복한 존재를 꼽으라면 호피족이라고 할 수 있다. 그 이유는 '시간을 초월'한 삶을 살고 있기 때문이다. 문명화되지 않은 '미개'라고 치부할지도 모르지만 결과론적으로는 시간을 초월한 성인(?)들이다. 시간의 초월은 곧 생사의 초월이다.

숭혜 선사와 한 학인의 선문답:

학인: 달마가 오기 전에도 중국에 불법이 있었습니까?
숭혜: 만고에 변함없는 유구한 허공이고 하루아침의 풍월이다.(萬古長空 一朝風月)

당나라 숭혜 선사는 "찰나가 바로 영원이니 지금 당장[當下]에 몰록 깨쳐야 한다"고 일침을 가했다. 불법의 영원성을 공연히 관념적으로 뇌까리지 말고 네가 당장에 하고자 하는 깨달음이나 성취하라는 힐난이다. 지금, 여기(Now and Here)의 실존하는 시간과 공간이 바로 '영원'이라는 얘기다. 선가는 하루아침의 풍월이 만고의 영원한 허공이라고 보는 관점을 오묘한 깨달음의 최고 경계라고 보고 이 선구를 거듭 참구해 오고 있다.

> 어려서 요절한 상자가 가장 장수했다.
> 태어나자마자 죽은 아이(상자)보다 오래 산 자가 없고
> 800세를 산 팽조는 일찍 요절했다.
> (莫壽於殤子 而彭祖爲夭)
>
> - 『장자』「제물론」

영원과 순간을 하나로 보는 유명한 장자의 불이법문(不二法門)이다. 선가의 3대 경계 중 가장 오묘한 경계는 불이법문으로 시간을 초월, 생사의 고통으로부터 벗어나는 것이다. 생사 초월의 불이법문은 찰나와 영원을 하나로 통일하는 변증법적 논리가 그 핵심이다. 불교가 말하는 찰나(刹那: kṣana)는 75분의 1초(0.013초), 영원을 뜻하는 겁(劫: kalpa)은 1겁이 4억 3천 2백만 년이다.

우선 장자의 말을 들어 보자. 도의 입장에서 보면 극소도 극대가 되고 순간도 영원이 되기 때문에 천하에 짐승의 털끝보다 더 큰 것이 없고 태산도 작은 것이 된다. 크고 작음은 사물의 고정된 속성

이 아니라 보는 관점에 따라 천양지차로 달라지는 상대적인 차별이고 분별일 뿐이다. 시간의 길고 짧음도 마찬가지다. 찰나의 관점에서 보면 어려서 죽은 아이보다 오래 산 자가 없고 영겁의 관점에서 보면 800년을 장수했다는 팽조도 요절한 것이다. 세상의 모든 기준과 만물이 내 마음에서 생겨난다는 점에서 세계와 나는 결코 분리돼 있는 둘이 아니고 하나다. 이는 절대적인 객관성을 지니는 별도의 세계가 독립적으로 존재하는 것이 아니라는 얘기다.

항상 변화하는 현상계와 한 순간도 움직임이 없는 본체계가 동전의 앞뒷면과 같은 체(體: 본체)와 용(用: 작용)의 관계로 얽혀 나타나고 있음을 인식하는 것이 중요하다. 변화와 불변이라는 대립적 구도에서 생명의 본질을 양자 중 어느 한쪽에 일방적으로 결부시키는 것은 적절치 않다.

> 문: 화상의 연세가 얼마나 되십니까?(和尙年 多少)
> 답: 가을 오면 누런 낙엽 떨어지고 봄이 되면 꽃이 핀다.(秋來黃葉落 春到便開花)
>
> – 『전등록』 권20 「광화선사」

광화 선사와 한 학인의 선문답이다. 선사는 나이가 몇 살이냐는 '시간'의 물음에 가을과 봄이라는 시간을 낙엽 지고 꽃피는 공간 속에 묻어버리고 나이[時間]를 따지지 않고 산다고 한다. 이는 시간에 대한 공포, 다시 말해 인생의 가장 중대한 일대사인 생사 문제를 초월해 있음을 알리는 엄청난 소식이다.

찰나가 곧 영원이라는 말은 상식적 논리로는 분명히 '모순 당착어'다. 머리가 좀 돌아간 사람의 주장 같다. 그러나 선학에서는 엄청난 철학적·종교적 의미를 갖는 시간 초월을 설파하는 법문이다. 선사들은 무(無)시간적 주체로서의 초월적 시간을 광화 선사처럼 공간화시켜 시간에 대한 공포를 자연 속에 묻어버린다.

불생불멸의 찰나

선불교의 순수 직관은 개념적으로 규정되지 않는다. 오직 '지금, 여기'의 찰나일 뿐이다. 이 찰나는 의식작용이 멈추는 지점에서 직관되기 때문에 흐르고 있는 진행형 속 한 점으로서의 시간이 아니라 '불생불멸'의 찰나다. 이 찰나는 실존철학자 키에르케고르가 말하는 순간과 같은 의미를 갖는다. 즉 시간적 계기 중의 한 점으로서의 찰나가 아니라 모든 시간의 흐름이 정지된 한 점으로서의 순간이다. 그래서 불생불멸의 찰나는 시간성의 부정이며 영원과 통하게 된다. 이 때 의식은 견문각지 활동을 멈추지만 그 자체가 반성적인 의식으로 존재하기 때문에 어떤 형상화도 거부하면서 동시에 모든 형상화에 길을 열어준다. 이것이 선이 말하는 직관이다.

선가의 '불립문자'는 이러한 직관이 개념적 규정을 떠나 있다는 사실을 말한 것이다. 그럼에도 다시 문자를 떠나지 않는다. '불리문자(不離文字)'를 주장하는 것은 이 직관이 언어로 표현될 수 있음을 의미한다. 이 때 순수 직관은 개념적 규정을 초월하기 때문에 의미론적 논리를 거부하는 모순과 역설로 나타난다. 이 같은 모순과 역설의 선어(禪語)는 시적 이미지로도 형상화된다.

'만고장공 일조풍월'은 대립되는 개념인 영원과 순간을 하나로 보는 모순과 역설을 통해 불교의 순수 직관을 변증법적인 '초논리의 논리'로 형상화한 것이다. 이것이 문자를 떠나지 않는 '선불교 언어'다. 선불교는 모든 자연현상을 마음속에서 내면화해 '심상(心象)'으로 형상화한다. 그 심상을 언어로 표현하면 훌륭한 시어가 되고 시가 된다.

〈새 우는 개울가(鳥鳴澗)〉

사람은 한가롭고 계수나무 꽃 떨어지는데(人閑桂花落)
밤은 고요하고 봄날의 산은 텅 비었네.(夜靜春山空)
달 떠오르자 산새들 놀라 잠 깨어(月出驚山鳥)
때때로 봄날 개울가에서 울어댄다.(時鳴春澗中)
― 왕유

왕유의 시〈조명간〉은 '불생불멸의 찰나'를 시적으로 읊조린 절창이다. 문학적으로는 우아하고 고요한 아름다움을 노래한 전형적인 당나라 전성기 '성당지음(盛唐知音)'의 전원시고 산수시다. 충실하고 객관적이며 간결하다. 지극히 자연스러우면서도 인생의 깊은 진리가 담겨져 있다. 시불(詩佛)로 칭송받기도 한 왕유의 망천 시절 시들은 비할 바 없이 그윽하고 조용하면서도 그 속에는 자연의 생기가 가득 차 있다. 이택후는 "자연을 이처럼 아름답게 묘사한 시는 동서고금을 통해 그리 쉽게 찾아낼 수 없을 것"이라고 왕유의 산수시를 극찬했다.(『미의 역정』 p.334)

이 시는 우미(優美)하고 명랑하고 건강하다. 선의 색채가 농후한 자연 풍경을 읊조린 왕유의 시 〈조명간〉은 구체적인 형상과 의상·시의 화면들이 심원한 의경을 담고 있다.

제1구(기구)에서는 마음의 한가로움과 꽃이 떨어지는 움직임을 대비시켰다. '한가로움[閑]'은 마음에 번뇌가 사라진 무심의 상태를 말한다. 한가로움은 또 무심의 상태에서 시간 의식이 정지된 것이기도 하다. 한가하고 고요한 상태에서만이 꽃 떨어지는 '찰나'의 움직임을 귀로 포착할 수 있다. 여기서 찰나의 움직임은 모든 번뇌가 사라지고 의식이 정지된, 동요하지 않는 마음의 적정과 대비되지만 그 모두는 마음의 고요함을 드러내는 장치들이다. 한가로움과 꽃이 떨어짐은 외물의 움직임이나 밖의 상태가 아니라 거울 그림자처럼 마음에 떠오른 작가 자신의 심적 경계다. 그래서 꽃이 떨어지는 '한 순간'이 시간의 영원성과 불생불멸의 진여(眞如)를 나타내는 계기로 전환된다.

왕유의 선시에 자주 등장하는 '공(空)'과 '한(閑)'은 시간을 초월한 무한성을 나타내면서 그가 도달한 선심(禪心)의 경계를 그림처럼 보여준다. 한가로움은 시간 속에서의 시간성 배제 또는 무중력한 시간 지속의 경험을, 공은 공간 속에서의 공간을 초월하는 경험을 전하는 용어로서 시어로 많이 사용된다. 왕유의 시는 잡다한 세부 묘사를 과감히 생략하고 몇 가지 선명한 인상에만 집중함으로써 맑고 담백한 마음의 경계를 보여준다. 그의 시는 공간과 시간을 가장 단순한 형태로 시각화함으로써 하나의 그림이 된다.

한(閑)·공(空)·장(長) 등과 같은 시어는 공간을 무한대로 확장하는 동시에 무력화시킨다. 이 같은 무화(無化)는 순수한 관조의 상태에서 얻어지는 체험이다. 시인이 자연을 관조할 때 느끼는 공(空)·적(寂)·청(淸)·한(閑)·정(靜)한 느낌은 그의 마음의 반영이기 때문에 산수 자연에서 진아(眞我)를 발견하면서 불성을 깨닫게 된다. 선시는 꽃 한 송이, 나무 한 그루 속에서 마음의 평안을 추구한다.

왕유는 벼슬에서 물러난 후 장안 종남산으로 들어가 선에 깊이 침잠한 채 시와 그림으로 자신의 선심을 드러내 보이면서 한적함을 즐겼다. 그는 당나라 초기 이백·두보 등과 어깨를 나란히 하는 3대 시인으로 이백은 시선(詩仙), 두보는 시성(詩聖)으로 추앙받았고 그는 시불(詩佛)로 칭송받기도 했다.

소동파는 "고요하면 모든 움직임을 알 수 있고 텅 비었기 때문에 만 가지의 경계를 받아들인다. 시와 불법은 서로 방해가 되지 않으니 이 말은 더욱 유념해야 한다"고 했다.(『소식전집』) 소동파의 시론은 시를 창작하려면 공리적인 관심을 벗어나 마음이 완전한 '무심' 상태로 들어가야 한다는 것이다. 이는 선가의 참선 상태와 같은 것으로 소동파는 바로 그 상태가 미적 관조와 시 창작에 적합한 상태라고 보았다. 깨달음은 종교적 순수 관조를 통해서뿐만 아니라 예술 창작과 감상 과정에서도 체험된다. 그래서 시를 창작하는 것은 참선을 하는 것과 같다는 시론이 나왔던 것이다.

혼돈의 이목구비를 만들다(混沌七竅)

> 각각 생과 멸을 상징하는 남해의 왕 숙과 북해의 왕 홀이 양극의 가운데 바다를 맡고 있는 혼돈의 영역에서 함께 만났다. 숙과 홀은 자기들처럼 얼굴에 7개의 구멍(이목구비)이 없는 두루뭉술이 혼돈의 얼굴에 하루 한 개씩 구멍을 뚫어 주었다. 그런데 마지막 구멍을 뚫은 7일째 날에 혼돈은 그만 죽고 말았다.
> — 『장자』 「응제왕」

『장자』 내편의 맨 마지막에 나오는 이 우화는 장자철학의 결론이기도 하다. 무위인 혼돈에게 인위를 가함으로써 빚어진 재앙에 대한 경고이면서 무위자연의 도를 따르라는 설법인데 시간적으로는 영원(혼돈)과 순간(숙·홀)이 대결한 처절한 비극이다.

현상계의 모든 찰나적 계기는 본질상으로는 생사를 넘어서 있는 '혼돈의 영역'과 맞닿아 있다. 여기서 혼돈의 영역이란 개념적 언어로 바꾸면 영원이다. 숙과 홀이라는 '순간'은 인위를 구사하다가 영원인 혼돈을 끝내 파괴하고 말았다.

「혼돈(渾敦) piterest.com」
—
산해경에 나오는 천산 영수 탕곡의 신으로 신격화된 혼돈의 모습. 다리가 여섯이고 날개가 넷이며 얼굴이 없다.

장자사상을 따라 순간에서 영원을 보아 내는 것은 순전히 '나'의 문제다. 내가 눈을 한 번 뜨면 세계가 나타났다가 눈을 감으면 세계는 일순간에 사라진다. 그렇다고 세계가 정말로 사라졌다가 살아난 적은 없다. 결국 세계가 변하느냐, 내가 변하느냐다. 숙과 홀이 변해야지 만법의 근원인 혼돈이 7개 구멍을 뚫어 변할 수는 없다. 그 결과 영원(혼돈)은 영원히 사라지고 말았다. 장자의 우화 '혼돈칠규(混沌七竅)'는 인위적인 영원 추구는 재앙을 가져올 뿐 어떠한 성공도 할 수 없다는 경고다. 그렇다면 순간을 곧 영원으로 보는 통일과 합일의 의식 전환만이 유일한 방법일 수밖에 없다. 숭혜 선사의 '만고장공 일조풍월'과 장자의 '팽조 요절'·'혼돈칠규'는 전적으로 같은 맥락의 설법이다.

산 고요하고 해가 긴 경계(山深日長)

앞의 제2경에서 소개한 추사 김정희의 〈춘농로중(春濃露重)〉 그림 제화시에 나오는 시구다. "계곡물 흐르고 꽃 피었네(水流花開)" 같은 간결하고 평범한 시구지만 그 뜻하는 바는 무고금(無古今)의 '시간 초월'을 노래한 엄청난 형이상학적 의미를 담고 있다.

명말(明末) 수집가였던 변영예가 북송 범관(范寬)의 그림 〈임류독좌도(臨流獨坐圖)〉를 평하는 가운데 이 그림은 진정으로 "산이 고요하고 해가 긴(山深日長) 의미를 담고 있다"고 했다. 산이 고요하고 해가 긴 체험은 영원에 관한 형이상학적 사고이자 예술적 사고다. '고요'는 세속의 분위기를 단절시키고 시간 또한 격리시킨다. 노자는 낙엽이 썩어 거름이 되어 뿌리로 돌아가듯 "존재의 근원, 즉 본래면

목으로 돌아감을 고요(歸根日靜)"라 했다.(『노자』 16장)

　세속적 기운이 끊어진 고요한 경계로 들어가면 시간은 응고되고 심령은 조급함에서 평화로움으로 돌아가 일체의 목적 추구로부터 해방된다. 애간장을 녹이는 사랑도, 쓰라린 정도, 털어버리기 어려운 심적 부담도, 버리기 힘든 욕망도 모두 고요 속에서는 '무'로 돌아간다. 그러니까 고요는 바로 '무화(無化)'다. 여기서는 시간의 요소가 씻은 듯이 사라져 집착이 연기처럼 사라진다. 이 때는 지금 현재가 바로 태고이며 깜짝하는 사이가 천년으로 느껴진다. 천년은 바로 이 시각에 지나지 않으며 지금이 곧 태고다.

　명나라 시인 심주는 산이 고요하고 해가 긴 경계를 시로 다음과 같이 읊조렸다.

　　　푸른 산등성이 숨었다 드러나고(碧嶂遙隱現)
　　　흰구름 스스로 마셨다 토하네.(白雲自吞吐)
　　　빈 산 만나는 사람 없어(空山不逢人)
　　　마음 고요하니 절로 태고로구나.(心靜自太古)

　시의 마지막 구(결구) '고요한 마음(心靜)'은 시간이 사라진 영원이고 천년의 푸른 산·흰구름과 지금 여기서 함께하며 노닌다. 지금 이 시간은 천년을 거슬러 올라가 '태고'에 닿아 있다. 그러니까 그의 나이는 억만 살이고 영원한 삶을 사는 불생불멸의 연세인 셈이다.

　원나라 4대 화가로 남종화(南宗畵)의 거두였던 예운림(1271~1368)은 전선(1235~?)의 〈부옥산거도(浮玉山居圖)〉에 다음과 같은 발문시를 썼다.

> 마음을 씻고 관조하여 오묘함을 간직하니(洗心觀妙退藏密)
> 천년 세월이 하루 같구나.(閱世千年如一日)

예운림도 산이 고요하니 날이 절로 길어져 천년이 하루 같은 시간의 초월을 '영원'으로 이해했다. 영원은 추상적인 도나 궁극의 이치가 아니라 산에 흰구름이 떠 있고, 계곡물 흐르며, 하루의 해가 절로 한가로운 것이다. 시간은 일종의 감각이다. 담백하고 자연스러우며 평화로운 심경이면 마치 일체가 정적에 싸인 듯해서 잠깐의 시간이 천년처럼 느긋하게 느껴질 수도 있다. 이런 시간은 찰나가 영원이다.

반면 운동 경기의 감독은 마지막 3분이 10년처럼 지루하게 느껴진다고 한다. 어떤 사람은 눈 깜짝할 사이에 3년이 지나간 것처럼 느끼고 어떤 사람은 일각(角)이 3추(秋)같이 긴 시간으로 느낀다. 영원과 순간은 생리적인 시간에서는 극히 주관적일 수 있다. 특히 미적 체험이나 스포츠 경기에서 느끼는 생리적 시간은 영원과 순간의 분별이 없다. 시간을 생리적으로 보면 영원과 순간이 따로 없다는 묘한 위치에 도달한다.

바늘에 찔려 아플 때 느끼는 지각과 감각은 아픈 게 먼저고 아프게 한 바늘은 다음 번이다. 바늘이 나를 찔러 아프다는 것이 논리적 사유인데 생리적 시간은 아프다는 것이 먼저다. 생리적 시간은 먼저 나에게 충격을 주는 감성의 현장이다. 생리적 시간은 직접적이고 순간적이기 때문에 감각 이전에 일어난 동기는 고려하질 않는다. 모든 예술은 생리적 시간의 경지에 있기 때문에 감동을 준다. 잊혀졌던 것을 새삼 떠올리게 하고 몰랐던 것을 알게 해 주는 등 다양한 순간을 누리게 한다. 이런 순간은 짧지만 영원일 수 있다. 3분을 10년처럼 느끼는 스포츠 감독은 오래 장수한다고 한다.

 소동파는 〈수조가두(水調歌頭: 추석날 타향에 있는 동생을 위한 시)〉라는 시에서 지금 이 순간의 영원성을 다음과 같이 읊조렸다.

> 저 밝은 달 언제부터 있어 왔는가?(明月幾時有)
> 술잔을 들고 하늘에 물어본다.(把酒問靑天)

 만고에 변함없는 그 달이다. 그 달빛 아래서 술을 마시는 사람은 수없이 흘러갔다. 그러나 나는 오늘 그대(달)가 비추어 주었던 그 옛날 사람들을 그대의 영원 속에서 만나 태고를 왕래하며 술잔을 기울인다고 읊었다. 소동파는 신비한 깨달음 속에 있었던 것 같다. 예와 지금이 같아서 아득한 옛날이 지금과 한 때가 되고 옛 사람과 지금 사람이 밝은 달을 함께 한다. 시간을 초월해 무한을 소유하고 과거와 대화를 나누며 미래를 생각한다. '불멸'이라는 불가능을 선과 노장은 '한 순간의 영원'과 한 통속이 됨으로써 가능할 수 있다는 방편을 제시한다.

 『장자』「대종사」편은 "옛날의 진인은 삶을 기뻐할 줄도, 죽음을 꺼릴 줄도 몰랐다(古之眞人 不知說生 不知惡死)"는 한마디로 생과 사가 하나임을 설파해 생사의 순환을 기꺼이 받아들이고자 했다.

『장자』「달생」편은 "백년을 살아도 순간도 살지 못하고 순간을 살아도 영원을 살았다 하는데 다 같은 시간이면서 하나는 순간이고 하나는 영원이다. 영원과 순간이 일치하는 곳, 성인의 생명은 그것을 포착해 체험한다"고 했다. 시간을 초월하면 영원과 순간, 생과 사는 하나로 통일된다.

하루살이의 일생

하루살이는 하루를 사는 것으로 일생을 마친다. 그래서 하루살이는 봄과 여름을 모른다. 사람의 일생은 100년이다. 하루와 100년은 세속적 시간관념으로는 엄청난 시간상의 차이가 있다.

그러나 '일생'이라는 개념에서 보면 하루살이와 사람이 똑같이 일생을 산다. 하루살이의 일생을 지칭하는 다른 이름은 없다. 아니 하루살이의 일생은 봄·가을이 각각 8000년씩인 『장자』에 나오는 춘목(椿木)의 일생과도 맞먹는 생애다. 그렇다면 하루살이의 수명은 수천, 수만 년과도 같다. 하루살의 일생은 순간에서 영원을 읽어낼 수 있는 텍스트가 될 수 있다.

선가의 오묘한 깨달음(妙悟)이란 시간의 속박을 벗어나 시간이 없는 경계 속으로 진입하는 것이다. 깨달아 들어간 법계(法界)는 시간이 없는 무고금(無古今)의 세계다. 송대 임제종 승려 도찬은 시간을 돌파한 후 느낀 놀라운 깨달음을 도연명의 시구 "채국동리하 유연견남산(採菊東籬下 悠然見南山: 동쪽 울타리 밑에서 국화를 따다가 무심히 남산을 바라본다)"을 각색해 "천지가 하나의 동쪽 담장이고 만고가 한 중양절(重陽節)이다"라고 술회했다. 무한한 시간은 모두 '현재'의 중양절 속에 뭉쳐 있고 넓고 넓은 우주는 모두 '여기'에 있는 동쪽 울타리로 되돌아와 있다.

지금, 여기(Now and Here). 무한과 영원은 여기서 끝내 소실되고 만다. 울타리 밑에서 국화를 따는 시간과 무심한 가운데 남산이 천연스럽게 눈에 들어오는 이 곳이 영원과 무한이다. 도연명의 느긋한 마음은 여기서 국화를 따는 시간 속에 만고(萬古)의 영원을 느꼈고 억만 년 변함없는 남산의 '천연'과 한 통속이 된 영원을 만끽했던 것이다. 그래서 지금, 여기에 존재하는 '실존'은 그만큼 중요하고 위대하다.

오묘한 깨달음 속의 찰나와 일반적 시간은 근본적으로 다르다. 묘오의 시간 속에서는 찰나도 없고 영원도 없다. 왜냐하면 시간이 사라지고 없기 때문이다. 찰나 속에서 영원을 본다는 것은 바로 시간의 초월이다. 묘오의 경지에서는 찰나와 영원의 구별이 없어지고 '하나'로 통일된다. 바르 생사일여(生死一如)의 경계다. 이것이 찰나와 영원이 하나 되는 불이법문(不二法門)이고 '지금, 여기'에서의 삶이 전부임을 강조하는 선불교의 법문이다.

조선 중기 실학자 이덕무(1741~1793)는 "하나의 고금은 큰 순간이요, 하나의 순식간은 작은 고금이다"라는 명언을 남겼다. 순식간이 쌓여서 어느 사이 고금(긴 시간)이 된다. 어제·오늘·내일이 만 번, 억만 번 갈마들어 끝없이 새로운 것을 만들어 낸다. 만물은 이 가운데서 나서 그 속에서 죽는다. 시간의 입장에서는 결코 순간과 영원이라는 구분이 없다.

영원이 바로 현재에 있음을 강조하는 순간과 영원의 통일은 선불교 최대 비밀 중의 하나다. 만고의 강산이 눈앞에 있다. 대도(불법 진리)는 바로 오늘 아침 풍월 속에 있었고 지금 이 시각에 있으며 둥근 달·맑은 바람 속에 있다. 이 시각의 나는 여기에 있으며 '세계의 중심(天上天下 唯我獨尊)'이고 원만하여 아무런 결함이 없다. 이것이 영원을 사는 도인(깨친 자)이며 진인이고 지인(至人)이고 대종사다.

시간의 초월—득도의 7단계

『장자』「대종사」편에 여우가 복량의에게 도를 가르친 이야기가 나온다.

> "3일이 지나니 그는 천하를 마음에 두지 않았고, 7일이 지나자 만물에 마음을 두지 않게 되었으며 9일이 지나자 삶을 잊었다. 삶에 마음을 두지 않으니 '아침 햇살 같은 영롱한 마음(朝徹)'을 얻었다. 조철하니 '만물의 하나됨(見獨)'을 보게 되었고, 만물의 하나됨을 보니 '시간을 초월(無古今)'하였고, 시간을 초월하자 '죽음도 삶도 없는 경지(不生不死)'에 들어가게 되었다."

외천하(外天下)—외물(外物)—외생(外生)—조철(朝徹)—견독(見獨)—무고금(無古今)—불생불사(不生不死)의 7단계에서 '무고금'과 '불생불사'는

다 같은 시간 초월이다. 생사 초월은 곧 시간의 초월이다. 과거와 현재·미래가 하나로 통일되어 그저 4계절의 순환을 따라 새 잎이 무성했다가 낙엽 되어 떨어져 썩어 거름 돼서 뿌리로 돌아가듯이 변화에 순응하는 것이 곧 시간을 초월한 영원이다.

뫼비우스의 띠-순간과 영원의 통일

순간이 곧 영원이다. 역설(paradox)이다. para는 '너머'고 dox는 담론이다. 담론 너머의 담론, 그러니까 상식적 논리를 뛰어넘은 논리를 말한다. 우리는 이를 흔히 '억측'이라 한다. 말이 되지 않는 말이라는 얘기다. 그러나 역설(逆說)은 말이 안 되면서 말이 되고 일상성을 깨고 초월을 타고 넘어가 현실을 해체한다. 우리는 시간상으로 존(存)하고 공간상으로 재(在)한다. 시공의 제약을 받는 우리가 아득한 과거와 머나먼 미래라는 영원의 '에레혼(erewhon)'에 살 수 있는 길은 결코 없는가?

에레혼은 영어 'nowhere(어디에도 없다)'의 철자를 역순으로 배열한 것이다. 19세기 영국 새뮤얼 버틀러의 소설 이름인데 이상향·도원경을 뜻한다. 그러니까 우리가 찾는 파랑새(이상향)는 어디에도 없다. 존재하고 있는 지금(now), 여기(here)가 바로 이상향이라는 것이다. nowhere를 now+here로 해체하면 '지금, 여기'가 된다. 영어 글자를 가지고 말장난한 것 같지만 그럴듯한 설명이다. 에레혼(이상향)에 도달하는 길, 아주 간단하다. 인식의 도약과 건너뜀으로 가능하다. 순간적 돈오라는 다리만 건너면 즉시 에레혼, 곧 극락이고 천당이다. 현실 속 어디에도 없는 nowhere의 저 세계, 에레혼이 지금·여기(now·here)의 현재적 세계를 통해 보편적으로 이어지는 데는 '인식의 도약'만 있으면 된다.

진리의 표상인 도는 무소부재(無所不在)하기 때문에 그러한 도약은 언제 어디서나 가능하다. 우리가 존재하는 현상계의 이 세상 바로 그 자리가 에레혼으로 가는 접점이다. 그 접점은 특정한 장소, 특정한 시간이 아니라 모든 '현재의 순간'이다. 그렇다면 현재가 곧 영원이며 파랑새가 나는 이상향이다. 하루아침의 바람과 달(一朝風月)이라는 현재에서 만고장공(萬古長空)의 영원으로 옮겨가는 '순간 속의 영원'이라는 여정은 보이는 세계(현상계·유)와 보이지 않는 세계(본체계·무) 둘 다를 함께 보아 낼 것을 요청한다. 달관의 세계관, 선과 노장의 말을 빌리면 밝은 지혜(반야·以明)가 있어야 유(순간)와 무(영원)를 동시에 읽어낼 수 있다.

달관만 하면 순간에서 영원에 이르는 길은 '뫼비우스의 띠(Möbius strip)'처럼 순탄하게 이어진다. 뫼비우스(1790~1868: 독일 수학자·철학자)의 띠란 직사각형의 긴 종이를 한 번 비틀어 그 대변(對邊)을 붙여 만든 위상(位相) 기하학이다. 그 특징은 면(面)의 안팎, 즉 표리(表裏)가 없는 점이다. 순간과 영원·생과 사는 뫼비우스의 띠처럼 자연스럽게 앞면과 뒷면이 서로 이어져 앞뒤(유무·생사·순간과 영원 등)

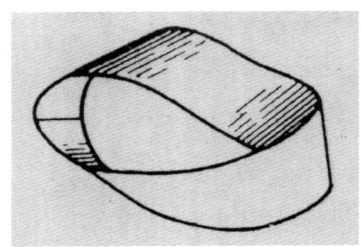

뫼비우스의 띠(Möbius strip)

가 하나로 통일되는 '시간의 초월'을 통해 순간 속에서 영원을 읽어 냄으로써 유연하게 이어질 수 있다. 뫼비우스의 띠처럼 순간과 영원이 인식의 도약을 통해 현상계의 대립 면을 초월, 하나로 통일되는 변화를 '뫼비우스적 전환(Möbius shift)'이라 한다. 찰나와 영원의 접점은 뫼비우스의 띠처럼 안과 밖이 해체되면서 하나 되는 변혁을 통해서도 가능할 수 있다.

0.01초

2018년 평창 동계 올림픽에서 우리는 순간 속의 영원을 두 눈으로 똑똑히 보았다. 남자 500m 스피드 스케이팅에서 한국 최민규 선수가 0.01초 차이로 노르웨이 선수에게 금메달을 내 주었다. 남자 봅슬레이에서는 독일과 캐나다 팀이 0.01초까지 똑같아 공동우승을 하는 일도 있었다. 이 두 경기에서 0.01초라는 찰나가 얼마나 많은 것을 바꿀 수 있는가를 보면서 순간 속의 영원을 똑똑히 확인할 수 있었고 한 순간, 한 순간이라는 시간의 의미가 새삼 숙연하게 느껴졌다. 0.01초 차이로 금메달을 차지한 선수는 그 영광이 자손 대대로까지 영원히 계속되는 순간 속의 영원을 간직하게 됐다. 은메달을 차지한 선수 또한 나름의 아쉬움을 오랫동안 잊지 못하는 만고장공(?)의 시간을 간직하게 됐다. 인간의 시간은 이처럼 순간 속에서도 영원을 살 수 있다.

시간을 초월한 삶의 모습을 하나 보자.

풀에 꽃 피면 계절이 온화해진 것 알고(草榮識節和)
나뭇잎 시들면 바람이 매서워진 것 안다.(木衰知風厲)
비록 달력에는 계절이 없지만(雖無紀曆誌)
사계절이 저절로 한 해를 이루어간다.(四時自成歲)

　도연명의 시 〈도화원(桃花源)〉이다. '도화원'은 곧 이상향·영원을 뜻한다. 도연명은 이상향이나 영원을 철학적으로 어렵게 말하지 않는다. 달력을 보고 봄·가을을 구분해 살지 않는다. 그저 꽃 피고 나뭇잎 떨어지는 자연의 운행질서를 따라서 보고 느낄 뿐이다. 달력의 시간표에 무관심하고 무심하면 영원이다. 시간에 평안하고 바람 차면 옷을 껴입는다. 이러한 삶이 낙원의 삶이고 극락세계다. 시간을 돌파한 오묘한 화두 '지문연화(智門蓮花)'와 '마삼근(麻三斤)'을 한 번 살펴보는 것으로 이 장을 마무리하겠다.

지문연화(智門蓮花)

학인: 연꽃이 물 밖으로 나오지 않을 때는 어떤지요?
지문: 연꽃이지.
학인: 물 밖으로 나오면 어떤지요?
지문: 연잎이지.

　『벽암록』 제21칙으로도 나오는 북송 운문종 지문광조 선사(생몰

연대 미상)의 선문답에서 비롯된 유명한 화두다. 과거와 현재라는 시간의 제약을 초월한 화두인데 상당히 난해한 화두 중의 하나이다. 이 화두는 시공 초월적 입장과 체용일여론적 측면, 찰나와 영원의 통일론 등 세 가지 각도에서 조명해 볼 수 있다.

① 시공의 초월

과거(연꽃이 물 밖에 나오기 전)를 현재화시키고 현재(물 밖의 연꽃)를 과거화시키는 현재와 과거의 전환을 통해 시간을 초월하려 한 것이 화두의 뜻하는 바다. 즉 지문 선사의 대답은 변하지 않는 과거와 현재가 한데 어우러져 있으면서 시간의 무상함을 깨우쳐 시간의 제약을 초월하고 있다. 여기서는 옛날(과거)도 없고 지금(현재)도 없는 초월이다.

연꽃이 물 밖으로 나오지 않은 때는 나왔을 때를 기준으로 보면 '과거'다. 그런데 지문 선사는 그 과거를 현재화시켜 나오지 않은 연꽃을 지금 나와 있는 연꽃으로 현재화시켰다. 거꾸로 물 밖으로 나와 있을 때는 연잎이라고 대답, 순서적으로 보아 지금의 연꽃보다 앞서 있던 연잎이라고 대답, 현재를 과거화시켰다. 쉽게 말해 과거를 물으면 현재로, 현재를 물으면 과거로 대답한 대대법(對待法)을 통해 현재와 과거를 하나로 통일, 시간의 경계선을 뛰어넘은 것이다.

이를 은현(隱顯) 관계로 풀이하면 이해하기가 쉽다. 아직 나오지 않은 것은 과거요, 이미 나온 것은 현재다. 아직 나오지 않은 것은 숨은 것(隱)이요, 이미 나온 것은 드러난 것(顯)이다. '은'은 과거이고, '현'은 현재다. 지문 선사의 대답은 '숨은 것이 드러난 것이고, 드러난 것은 숨은 것'이라는 얘기가 된다. '은현'의 통일이다. 이는 현재가 곧 과거이고 과거가 곧 현재라는, 즉 과거와 현재의 분별이 사라진 경계다.

'지문연화'는 아주 고고(高古)한 화두다. '고(高)'는 공간의 초월을, '고(古)'는 시간의 초월을 각각 뜻한다. 고고스러움을 체현하고 있는 것이 선과 동양 예술이 생각하는 영원이다. 과거를 현재라 하고 현재를 과거라 해도 자성은 결코 변하지 않았으니 시간과 공간의 변화는 그저 환상에 불과하다. 동양철학과 선불교에서 시간의 초월은 인류의 취약성을 극복하는 중요한 경로다. 시간의 초월은 곧 인간의 죽음이라는 한계성을 극복하는 일이다. 인간이 심령의 평형을 유지하기 위해서는 시공의 제약으로부터 해방되어야 한다.

선불교에서 보면 시간은 결코 움직이지 않는다. 하지만 "인자(仁者: 사람)의 마음이 움직이기" 때문에 비로소 시간이 흐른다는 움직임을 갖게 된다. 법성사(현광효사) 스님들이 깃발의 펄럭임을 놓고 "깃발이 움직이는가, 바람이 움직이는가?"라고 논쟁할 때 행자 신분인 6조 혜능 대사가 끼어들어 "그것은 바람이 움직이는 것도, 깃발이 움직이는 것도 아니고 당신들의 마음이 움직이는 것일 뿐"이라고 설한 '풍번문답(風幡問答)'이라는 화두가 이를 잘 대변한다.

마음속에서 시간의 흐름을 느끼는 것은 바로 시간의 노예가 된 것이다. 사시(四時)를 쫓아 시들어가지 않을 때 본성은 비로소 그 모습을 나타낸다. 인간은 시간과 경주할 수 없으며 '무한' 역시 외적으로 추구해서 얻을 수 있는 것이 아니다. 그렇다면 바로 이 자리, 이 시간(now and here)의 구체적인 생존 과정에서 영원을 실행해야 한다. 지고한 이상은 현재의 평범한 참여 속에 있고 바로 이 시각의 깨달음 속에 있다. 큰 변화의 파도에 몸을 맡기면 기쁘지도 두렵지도 않아 태어남도 죽음도 없다. 이것을 일러 '영원함'이라 한다.

'높고도 예스러운 것(高古)'은 지금 현재와 과거의 전환(통일)을 통해 시간을 초월하려는 것이다. 예스러움에 대한 숭상은 동아시아 전통사상에서 자연적 시간을 초월하게 해서 상대적·이분법적 시간관념을 초월한 돈오의 경계를 드러내고 옛것의 숭상으로부터 표상 세계를 초월하게 함으로써 사람의 흥취를 속세로부터 우주의식으로 향하게 했다. 옛것에 대한 숭상이 사물의 발전 단계를 초월하게 함으로써 사람의 심령을 결핍감으로부터 대도의 원융으로 향하게 했다. 또한 옛것에 대한 숭상이 모든 존재적 사유를 초월해 무성한 옛 것, 정제되지 않은 울창함, 빼어난 운치, 신선한 생명력과 서로 조응함으로써 시간 질서를 타파해 '영원'을 실현하고자 했다. 선화(禪畵)에서 부처의 지혜를 '고목'으로 형상화하는 것도 이 같은 예스러움의 숭상과 같은 맥락이다.

사공도의 『이십사시품(二十四詩品)』에 「고고(高古)」품이 있다. 옛 것을 숭상한다는 것은 복고(復古)를 말하는 것이 아니다. 복고란 과거로써 오늘을 규제하거나 혹은 옛것으로써 오늘을 대신하는 것인 데 반해 '고고(高古)'는 현재와 과거를 하나로 융합시켜 시간을 초월하려는 동아시아 예술의 영원 실현 방법이다.

②체용일여

연꽃이 물 위로 나오기 전 보이는 것은 연잎인데 지문 선사는 '연꽃'이라고 대답했다. 여기에 심오한 뜻이 있다. 물속의 그것(연꽃 봉우리)은 물 밖으로 나와 피어나진 않았지만 연꽃의 성질을 이미 완전히 갖추고 있다. 후일 물 위로 솟아 꽃이 보이는 것은 잠재적인 연꽃의 자성이 개화로 나타난 것에 지나지 않는다. 때문에 잎만 나와 있고 개화의 작용을 잠시 물속에 유보하고 있는 연꽃을 곧바로 가리킨 것이다. 푸른 연잎이 있으면 당연히 연꽃은 피어오르게 마련이다.

이는 연꽃의 자성 묘체(妙體)가 잠재해 있다가 나중에 작용을 일으키면 현상계의 두두물물로 나타난다는 것이다. 현상계의 일체 만물이 이러한 자성 묘체의 작용임을 비유한 것이다. 연꽃이 물 위로 나오면 보이는 건 연꽃인데도 연잎이라고 대답한 것은 무엇 때문인가. 선불교에서는 항상 일원상(一圓相: ○)으로 자성 묘체를 대변한다. 연잎은 원상이니까 곧 근본이요, 본체다. 이는 연꽃이 곧 연잎을 근본[體]으로 삼고 있음을 비유한 것이다. 지문의 대답이 설파하는 내용을 요약하면 일체 변화는 분명히 하나의 '자성 묘체'에 의해 포괄되고 있음을 밝혔다고 할 수 있다.

③영원과 찰나의 통일

『장자』「대종사」편에서 여우가 복량의에게 도를 깨우쳐 주는 7단계에서 여섯 번째 단계가 '무고금(無古今)', 즉 과거와 현재의 분별이 없는 시간의 초월이다. 고금을 잊는다. 역사를 잊는다는 말이다. 도를 깨친 자에게는 역사가 존재하지 않는다. 과거와 미래를 모두 잊고 현재에 산다. 성(性: 자성)은 항상 현재다. 역사가 이루어지는 시간과 공간은 천지 자체를 잊는다. 천(天)은 시간이고 지(地)는 공간이다. 천지를 초월하면 고금에 속하지 않는다. 깨침의 마지막 단계는 불생불멸이다. 이른바 열반에 들어간다.

정확히 말하면 열반에 들어간다기보다 태어나지도 죽지도 않는 경지에 있음을 깨닫는 것이다. 열반에 들어가는 것이 아니라 우리는 이미 본래의 열반에 살고 있는 것이다. 우리가 살고 있는 매 순간을 영원으로 느끼고 살면 바로 열반이고 나고 죽는 법이 없는 불생불사(不生不死)다.

〈제이콥의 거짓말〉이라는 영화가 있다. 히틀러에 저항하는 제이콥은 유태인들이 격리 구역에서 학살당할 운명을 안고 실의에 빠져 경축일을 못 기다리고 속속 자살할 때 소련군이 400km까지 진격해 왔다는 가짜 BBC(영국 방송) 뉴스를 퍼뜨려 유태인들에게 살 수 있다는 희망을 안겨주었다. 학살을 기다리던 격리 구역의 유태인들은 살 수 있다는 희망을 가지고 매일같이 속삭였다. "미래가 없다면 누구도 살아갈 수 없다.(No one can live without future)"

미래란 곧 희망의 은유다. 제이콥의 거짓말은 희망의 횃불이었다. 지난날의 연꽃 봉우리는 물 위로 솟아날 희망을 가지고 있었고 물 위로 솟은 연꽃은 앞으로 연잎이 나온 후 또 다시 꽃 피울 미래의 희망이기도 한 것이다. 그렇다면 연꽃이 물 위로 나온 '현재'는 과거·미래를 하나로 싸안고 있는 순간 속의 영원이다.

마삼근(麻三斤)

문: 어떤 것이 부처입니까?
답: 삼 세 근이다.(麻三斤)

– 『전등록』 권23 〈양주 동산수초 대사〉

운문종 동산수초 선사(910~990)가 한 학인과 주고받은 선문답이다. 기상천외하다. 부처와 '삼 세 근'이 무슨 관계가 있단 말인가. 그러나 '마삼근'이라는 화두는 다소 난해하지만 선림에서 금과옥조로 내세우는 대표적인 '활구(活句)'의 하나로 손꼽는다. 한국 불교 선방에서도 이 화두를 꽤 많이 드는데 서울 칠보사 조실이었던 석주 스님도 한평생 이 화두를 들었다. 지금까지 많은 선사들과 선학자들이 고증과 염송 등을 통해 이 화두의 선지(禪旨)를 추측해 보고 해석해 왔지만 '이거다' 하는 정답은 없다.

일본 선학자 이리야 요시타카(入矢義高)는 운문종 개산조 운문문언 화상의 '마삼근일필포((麻三斤一匹布)'라는 화두에 근거해 '마삼근'을 한 벌의 가사 재료로 추측했다. 그러나 원오극근 선사는 일찍이 『벽암록』의 이 화두 평창에서 선리적인 해설이나 설명을 통렬히 배척하고 오직 모든 분별심을 떠난 이해가 원칙이라고 밝혔다. 운문화상에 앞서 조주종심 화상이 '어떤 것이 부처냐?'는 학인의 참문에 "내가 청주에 있을 때 베옷 한 벌을 해 입었는데 그 무게가 7근이었다(我在靑州作一袗布衫 重七斤)"고 답한 일도 있다.

어쨌든 부처와 '삼 세 근'이 어떤 관계를 가질 수 있는가를 짚어보는 것은 전혀 무의미하진 않을 것 같다. 이 화두가 중당-만당 전기의 보청(普請: 선불교 승려들의 공동 노동) 중에 전개됐다는 역사적 배경을 감안할 때 실존철학의 '존재즉차재(存在即此在: 존재는 실존이다. 진리는 지금 바로 여기에 있다)'를 설파한 것이라고 볼 수 있다.

지금까지의 이 화두 해석은 대체로 그 문답이 동산 선사가 창고에서 삼을 손질해 저울에 달던 중에 이루어졌다고 본다. 이 때 학인이 '부처'를 묻자 동산은 입에서 따라 나오는 대로 저울에 달린 삼의 무게를 말했던 것이다. 당시 동산의 전 존재는 저울에 달린 삼의 무게를 알아보는 저울 눈금에 집중돼 있었고 입에서는 무의식적으로 눈으로 읽은 '마 삼근'이라는 말이 흘러나왔던 것이다. 여기서 '삼 세 근'은 사색과 논리를 떠난 불성의 작용인 무의식적 직각이며 '존재란 곧 실존'임을 확인한 돈오의 찬란한 불빛이었던 것이다. 그래서 이 화두가 가지는 경계(境界)는 해설이 불가능하지만 나름의 추리는 해 볼 수 있다.

선적(禪的) 깨달음에 이른 사람에게는 매 순간이 모두 영원의 의미를 갖는다. 그는 전적으로 현재 속에, 순간 속에 살고 있다. 즉 지금, 여기(now and here) 속에 살고 있는 것이다. 그렇다면 동산수초쯤 되는 선지식이 마를 손질해 저울에 달고 있던 순간은 그의 전 존재가 오직 저울 눈금에 집중돼 있었고 누가 뭐라 해도 저울 눈금을 읽는 것이 그의 삶이고 부처고 시공이 해체된 상태의 초월 경계였다.

선수행을 통해 분별적이고 이기적인 자아를 내던지고 자신을 텅 비운 무아(無我)의 상태에 이르면 규정된 어떤 것도 생각하거나 계획

하지 않고(즉 부처가 되겠다는 생각조차도 버림), 무엇을 추구하거나 원하며 기대하지 않는 상태를 성취한다. 이러한 상태는 근본적으로 의도가 없고 자아가 없는 상태이며 정신적인 깨어 있음으로 충전된 상태다. 이런 사람은 시공이 해체된 상태(혜능의 무주 경계)에 있는 깨달은 사람이다.

조주 화상의 '베옷 무게 7근'이나 운문 화상의 '날마다 좋은 날(日日是好日)'도 이같은 맥락의 화두다. 운문의 '일일시호일'은 자기 자신을 잊어버린 망아(忘我)의 사람이 무한한 생명력과 기쁨으로서 살아 있는 모든 존재를 느끼고 응답하는 활기찬 삶을 사는 깨친 자의 생활을 드러내 보인 선구(禪句)다. 7근의 마로 짠 베옷을 입고 있는 여기 지금의 조주가 바로 부처다. 곧 내가 부처니 똑바로 보라는 당당한 가르침이고 경책이다. 질문을 하는 학인도 부처가 될 수 있는 씨앗인 불성을 가지고 있으니 회광반조해 본래면목으로 돌아가면 바로 부처다. 부처는 바로 학인의 내면에 앉아 있는데 부질없이 쏘다니며 밖에서 부처를 찾는 어리석은 짓을 하고 있는 것이다.

조주나 동산의 대답은 아주 겸손하다. 부처를 관념적·형이상학적 언사로 설명하지도 않는다. 겸손은 일상생활에서의 조박함을 통해 드러난다. 상대를 대하는 언사, 일상의 의식주 생활 등에서 자연의 이치에 맞는 분수를 지키고 과도한 욕망을 버린 태도가 바로 '소박함'이다. 언제나 만물 평등의 입장에서 오만과 편견을 버리고 화광동진(和光同塵: 빛을 감추고 먼지를 뒤집어 씀)하는 보살의 삶을 사는 마음 씀씀이가 곧 겸손이다. 지금 바로 여기서 마를 손질하는 내가 부처고 부처를 찾아 헤매는 너 자신 또한 부처다. '마 삼근' 화두는 일상적인 것 속으로 침잠하는 선불교 정신을 잘 보여주는 화두이기도 하다.

'평상심시도(平常心是道)'로 요약되는 선불교의 일상성은 평범함 속에서 비범함을 알아보는 것을 깨침의 요체로 삼는다. 아무것에도 매달리지 않고 어떤 것에도 강요되지 않고 그때그때의 일상사에 몰두하는 삶을 중시한다. 이를 '일일시호일(日日是好日: 날마다 좋은 날)'이라 한다. 동산 선사는 마침 마를 손질하는 데 열중하는 선의 일상성에 충실한 자신이 곧 부처라고 했던 것이다.

선이 추구하는 바는 두 손 가득 쥐어지는 풍부함보다는 어딘가 비어 있는 여백을, 선명하게 드러나는 원색보다는 반쯤은 감춰진 무채색을, 심장을 고동치게 하는 격정보다는 일상의 그림자를 뒤돌아보게 하는 관조의 미학이다.

제6장

경계·의상·의경
(境界·意象·意境)

경계·의경은 원래 불교 용어다. 당·송 대에 들어와 이 용어들이 문학(시학) 비평 용어로 본격 사용되면서 그 뜻이 다기해졌고 미학 용어로 자리 잡아 동아시아 미학의 중요한 '특징'으로 자리 매김 돼 있다. 의상(意象)은 『주역』의 '상(象)'에 기원을 두는데 의경으로 발전했고 이들 세 용어는 서로 흡사한 의미로 사용되기도 한다. 이들 세 용어를 하나로 개괄하면 작가 또는 작품에 드러나 있는 '직관적 종합 감각 심미'라고 요약할 수 있다. 의상이란 생각의 모습인데, 즉 말로 표현하기 어려운 내재된 의미를 드러내 보이는 또 다른 형상 표현이다. 이는 언어보다 더 형상화·기호화한 의사소통 양식이기도 하다. 의상은 당·송 대에 들어와 시 또는 그림 전체의 경계로 범위를 확장시켰는데 이것이 바로 의경(意境)이다.

의경과 경계는 원래 불교용어다. '의(意)'는 마음속에서 진행되는 주관적 사유 활동이며 '경(境)'은 마음이 의지하는 바깥 사물을 가리킨다. 의경은 시나 회화에서 상외지상(象外之象)의 허경(虛境)인 영원한 형상, 또는 화면이 불러일으키는 예술 정취와 분위기를 말한다. 간단히 말하면 예술의 추상적이고 정신적인 경지이고, 한마디로 줄이면 '예술 허상'이다.

의경은 눈으로 보고 손으로 만질 수 없는 허상이면서 영원히 없어지지 않을 형상·화면·부호를 가리키는데 그것에 의해 표현되는 예술 정취와 분위기, 그리고 그것이 불러일으키는 예술 환상과 연상 세계까지 포괄한다. 반성적인 관조에 의해 획득된 주관의 내면성인 의경은 주로 맑고 담담한 상태를 표현한다. 의경론이 추구하는 것은 물아일체(物我一體)의 경지다. 주객합일의 허정(虛靜)·좌망(坐忘)의 상태이기도 한데 이는 소동파가 지향하는 문예 창작의 최고 경지이기도 하다.

의경 이론은 동아시아 미학의 최고 특징이다. 동아시아인들은 천인합일(天人合一)과 드넓은 우주에 대한 심미적 정감, 역사와 인생에 대한 심미적 정감을 예술 작품 속에 생동적으로 구현한다. 동아시아 의경론은 형상을 음미하는 가운데 도(道)를 관조하는 것에 치중한다. 의경은 가깝지만 가볍지 않고 멀지만 여운이 다함이 없는 예술 허경이다. 모방하는 가운데 인지하는 서양의 '전형 이론'과는 다르다.

경계·의상·의경이라는 용어는 그 안에 문화 예술적 의미와 함께 불가(선불교)와 도가의 종교적·철학적 의취(意趣)도 담고 있다. 원래 경계라는 용어의 기원이 불교에서 비롯됐다는 점을 감안하면 이는 자연스러운 현상이라 할 수 있다. 필자 역시 지금까지 이 책을 쓰는 데 경계·의경이라는 용어를 수없이 사용했다. 그래서 좀 늦었지만 이 장에서 경계론·의상론·의경론을 간보기로나마 한번 짚고 넘어가고자 한다.

1. 경계

문: 협산의 경계는 어떠합니까?
답: 새끼 안은 원숭이 청장령 너머로 돌아가고 새들은 꽃잎을 물고와 벽암천 앞에 내려앉는다.(猿抱子歸靑嶂裏 鳥啣花落碧巖前)

한 스님이 중국 호남성 협산 영천선원(속칭 협산사)에 주석하고 있는 협산선회 선사(805~881)를 참문했던 선문답이다. 매우 시적인 선문답이다. 원오극근 선사의 저술로 한·중·일 선림에서 지금도 필독서처럼 읽히는 『벽암록(碧巖錄)』의 책 제목도 여기에 나오는 '벽암천'이라는 샘물 이름을 그대로 옮겨 사용한 것이다.
스님의 물음은 '선회 선사의 깨달은 경지를 보여 달라'는 뜻을 함축하고 있다. 여기서 협산이라는 장소를 뜻하는 산 이름은 선회 선사의 깨달음의 세계를 상징한다. 물론 협산은 선회 선사의 법호이기도 하지만 스님은 협산의 자연 경계를 비유해 그의 깨달은 경계가 어떤 것이냐고 묻고 있다. 선문답은 이처럼 은유법을 즐겨 사용한다.

경계(境界)라는 말은 원래 산스끄리뜨어에서는 고짜라(gocara), 또는 비사야(vishaya), 가티(gati)라고도 하는데 어떤 행위가 발생할 수 있는 '영역'이나 '장(場)'을 의미한다. '고짜라'는 소들이 풀을 뜯어먹기도 하고 노닐기도 하는 목초지를 뜻한다. 즉 소들이 그들의 삶을 위한 목초지를 갖고 있듯이 인간도 자신의 내적 삶을 영위할 영역, 또는 장을 나름대로 갖고 있다. 그러니까 자신의 삶을 이끄는 세계관, 가치관이 바로 그 사람의 '경계'다.

협산선회 선사의 대답은 멋진 시 한 구절이다. 협산사 뒤 청장령에는 원숭이가 노닐다가 새끼를 안고 돌아가고 있고, 절 남쪽의 물맛이 기가 막힌 벽암천 앞에는 꽃잎(불법진리)을 입에 문 새들이 내려앉고 있는 협산의 풍경을 사실적으로 묘사하고 있다. 선회는 지금 자신이 살고 있는 협산의 풍경을 한껏 즐거운 마음으로 수용하고 있을 뿐이다. 이처럼 담담한 선회 선사의 마음속에는 자못 잔잔한 시흥(詩興)마저 감돌고 있다.

선학적으로 풀이한다면 선이 목표하는 임운자연(任運自然)의 경지에서 주객(사람과 자연)이 하나가 돼 두두물물이 그대로 실상임을 온몸으로 느끼며 살고 있는 도인의 경지이다. 선회가 말하는 임운자연은 한 시대 앞서 우두종의 천주산 숭혜 선사(?~779)가 토로했던 깨침의 경지이기도 했다.

묻는다: 달마가 서쪽에서 와서 전하려 한 불교의 근본정신은 무엇입니까?
답한다: 흰 원숭이 새끼 안고 푸른 산봉우리에서 왔다 갔다 하고, 벌과 나비는 푸르른 꽃술 사이에서 꽃을 쪼아 먹는다.(白猿抱子來靑嶂 蜂蝶銜花緣蘂間)

한 스님이 묻고 숭혜 선사가 답한 선문답이다. 숭혜는 불법 진리를 자신이 머물고 있는 삶의 장에서 펼쳐지고 있는 자연 풍광을 빌려 멋지게 설파했다. 흰 원숭이·푸른 산봉우리·벌과 나비·푸르른 꽃술 등이 자연의 조화 속에서 우주섭리를 따라 펼쳐지는 천주산 정경이야말로 눈앞에 나타나 있는 생동감 넘치는 불법 세계가 아닌가. 불교 진리는 여기서 우주 삼라만상이 모두 있어야 할 자리에 있으면서 조화하고 하나로 일치되는 자연의 섭리로 구체화하고 있다.

중국 선불교는 이처럼 사변적인 인도불교를 노장사상에 접목시켜 관념적 불법을 육안으로 보고 귀로 들을 수 있는 실재(實在)의 형상으로 제시했다. 선은 한편에선 천재를 대상으로 한 고도의 사변적·주관적 유심론에 탐닉하면서 또 다른 한편에선 특유의 문학성을 발휘해 불법진리를 눈앞의 자연현상에 비유, 가시화시킴으로써 대중으로 하여금 쉽게 이해할 수 있게 하는 민중친화적인 면모를 보였다.

협산사는 원오극근 선사가 『벽암록』을 저술할 때 차를 달여 마시며 집필했는데 차맛과 선미(禪味)가 같은 것임을 실감하고 '다선일치(茶禪一致)'를 설파한 것으로도 유명하다. 말하자면 오늘날에도 회자

하는 '다선일치'의 조정(祖庭) 사찰이다. 필자는 1996년 봄 중국 선불교 답사취재 중 협산사를 찾아 방장 명선 화상을 만나 화두 '협산경계'를 물어봤다. 명선 방장은 뒷산 봉우리를 가리키면서 저게 '청장령(靑嶂岭)'이고 벽암은 1.5km쯤 가면 노천 온천수가 나오는 '벽암천'이 있는데 거기에 있는 큰 바위라고 한다. 이는 청장과 벽암이 실재하는 지명이라는 얘기다. 그런데 지금까지 한국·일본 등에서 출판된 선종 서적들은 거의 모두가 '청장'을 푸른 산, '벽암'을 푸른 바위라고 번역해 왔다. 물론 시적으론 이게 더 근사하기도 하다.

어쨌든 기자도 이 얘기를 듣기 전까지는 '푸른 산' '푸른 바위'로만 알고 있었다. 아예 협산사 소개서는 시의 '청장리'를 청장령(靑嶂岭), '벽암전'을 '벽암천(碧巖泉)'으로 써 놓았다. 방장의 설명을 듣고 나니 지금까지의 번역들이 화두가 상징하는 의미완 상관없는 '하찮은 것'이었다 하더라도 바로 잡는 게 좋겠다는 생각이 들었다. 기자는 백문이 불여일견(百聞不如一見)임을 새삼 확인하는 큰 수확을 거두었다. 모든 피로가 깨끗이 사라지며 현장답사를 통해 얻는 이런 수확이 나름 소중하기만 했다.

'협산경계'라는 화두를 낳은 선회 선사의 '원포자귀 청장령, 조함화락 벽암천(猿抱子歸靑嶂岭 鳥啣花落碧巖泉)'이 나온 기연(機緣)에는 여러 가지 설이 있다.

첫째는 이미 앞에 예시한『전등록』등의 선종어록에 나오는 선회 선사와 한 스님의 문답이다.

둘째는 선회 선사가 협산에 탁석(卓錫)하고 뒤의 청장령 풍광과 물맛이 일미인 남쪽의 벽암천에 반해 읊은 제구(題句)라는 것이다.

셋째는 선회가 스승 덕성선자(德誠船子) 선사를 만나 개오한 후 "이제 어디로 가면 좋겠습니까?" 하고 묻자 '원포자귀 청장령, 조함화락 벽암천'인 곳으로 가라고 이른 데서 유래했다는 설이다.

선회는 스승이 제시한 곳을 찾아 여러 산중을 행각하다가 협산에 이르러 청장령과 벽암천을 보고는 '아, 바로 이곳이다' 하고 주석했다는 것이다. 제2, 제3의 전설은 밀접한 관계를 갖고 있다. 즉 선회가 스승의 암시를 따라 찾아낸 곳이 협산이고 찾아 헤매던 법석(法席) 장소를 발견, 주석하게 되자 기뻐서 한 수 시를 읊은 것이라면 앞뒤가 그럴 듯하게 들어맞는다.

'협산경계'에 등장하는 원숭이에 관해서는 다음과 같은 설화가 전해오기도 한다.

옛날에 손락(孫烙)이라는 사람이 원(袁)씨 부인을 얻어 딸 둘을 낳은 후 서주로 이사를 해 살았다. 원씨 부인이 어느 날 협산사로 놀라가고 싶은 생각이 일어 협산사를 찾았다. 그는 협산사 스님을 만나자 끼고 있던 자신의 옥팔찌를 풀어 건네주면서 "이 팔찌는 원래 협산사 물건이었습니다"라고 했다. 이때 협산사 앞의 소나무 밑에서 놀고 있던 원숭이들이 몰려와 원씨 부인을 환영했다. 원씨는 측은한 표정으로 절벽에다 시를 한 수 썼다.

> 끝없는 변화가 스러지고,
> 내가 입은 은혜에 마음 뭉클하네.
> 그러나 도반(道伴) 쫓아 산으로 되돌아감이 가장 좋거늘,
> 긴 휘파람소리(원숭이 울음소리)에 노을만 깊어진다.

원씨는 시를 다 쓰고 난 후 붓을 땅바닥에 내던지고는 한 마리 늙은 원숭이로 변해 떠나가 버렸다. 이를 본 한 노승이 "옛날에 내가 원숭이 한 마리를 키울 때 고역사(高力士: 역사는 천자를 받드는 시종관)가 와서 비단 한 필을 내놓고 원숭이 목에 걸려 있는 옥팔찌를 바꾸어 갔는데 그 원숭이가 보이지 않은 지 20년이 됐다"고 말했다. 『속 세설(續 世說)』 『이원록(異苑錄)』 등에 나오는 설화다.

이는 협산사 노승이 키우던 원숭이가 원씨 부인으로 환생했다가 다시 원숭이가 돼서 산속으로 돌아갔다는 얘기다. 『석문현지(石門縣志)』는 선회 선사의 '원포자귀청장령, 조함화락벽암천'은 바로 이 전설을 말한 것이라고 기록하고 있다.

협산경계
—
중국 호남성 협산 영천선원(옛 협산사)은 대웅전 앞의 자연석 바위에 화두 '협산경계'의 원숭이와 새를 형상화해 놓았다.

전설에 나온 옥팔찌와 원숭이는 각각 보리(깨달음·지혜), 불법(도·자성)을 상징한다. 범부가 깨달음을 얻고 자성회귀하는 한 편의 멋진 드라마다.

원오 선사가 『벽암록』을 편저한 방장실에 달았던 '벽암'이라는 편액이 있느냐고 했더니 유실돼 없다며 또 한 수 가르쳐 준다. 송대 임제종의 거목인 그는, 방장실에서도 썼지만 주로 벽암천 바위 밑 토굴에서 노천 온수인 벽암천 샘물로 차를 달여 마시며 『벽암록』을 집필했다고 한다. 이것도 지금까지 기자가 알고 있던 '방장실 집필'이라는 코딱지 같은 '지식'에 견문을 넓혀 주는 희소식이 아닐 수 없었다. 급한 마음에 벽암천으로 달려가 보고 싶었지만 우선 경내를 돌아봤다.

방장이 직접 안내에 나서주었다. 절은 문혁 때의 훼손 부분을 완전 복원, 말끔했다. 절 문에서 천왕전까지의 방생지 위에 놓인 굴곡형 돌다리 구곡교(九曲橋)는 한 폭의 그림 같기도 했다. 원오의 『벽암록』에 못지않은 또 하나의 명성은 바로 협산사가 '다선조정(茶禪祖庭)'이라는 점이다. 협산 선사가 설법 중 '다선일미(茶禪一味)'를 설파했고, 후일 원오 선사가 이를 휘호로 써서 편액에 새겨 놓았었는데 그의 제자 중 한 사람인 일본 승려가 그 편액을 일본 나라 대덕사(大德寺)로 가져가 현재 사찰 보물로 소장하고 있다고 한다.

대웅전 앞마당에는 자연석 바위에 원숭이·새 등의 조각을 올려놓아 화두 '협산경계'를 양쪽으로 재미있게 형상화해 놓았다. 벽암천으로 가다가 탑림(塔林)에 들렀다. 선회 선사의 묘탑에는 '당선회비구대화상묘(唐善會比丘大和尙墓)', 원오 선사의 묘탑에는 '송불과원오극근진각대선사탑(克勤眞覺大禪師塔)'이라는 탑명이 붙어 있다. 모두 93년 복원한 전탑인데 선회는 4면 3층, 원오는 6면 3층이다. 두 탑 모두 청대에 훼멸됐으며 사리탑이었다고 한다. 원오 묘탑 복원비는 일본 임제종 구택대학이 화주를 했다.

벽암천은 둥근 언덕 밑에서 온천수가 물방울을 일으키며 솟아오르는 맑디맑은 두 개의 샘인데 옆으론 내가 흐른다. 원오 선사가 『벽암록』을 집필했다는 바위굴은 지금은 바위가 내려앉는 바람에 막혀 보이지 않는다. 이 밖에도 협산사는 산문에서 절까지의 거리가 10여 리나 돼 말을 타고 다녔다고 해서 '기마관문(騎馬關門)'이라는 별칭이 붙었다. 협산 선사가 처음 개산할 때는 식인(食人)이 살고 있었다고도 전해온다.

협산사를 창건한 협산선회 선사는 남악 법계와 함께 선종 양대 산맥의 하나인 청원 법계에서 선기(禪機)가 걸출한 선승으로 꼽히는 당나라 때 선지식이다. 그는 남악 법계의 백장회해 선사의 법제자인 위산영우 문하에 있었으나 기질이 맞지 않아 뛰쳐나와 청원 법계인 덕성선자 화상의 법제자가 됐다.

경계

경(境)의 의미는 경계[界]·영역[域]이다. 형상의 층위에서 운용될 때는 일정한 범위 내의 '독자적 세계'를 가리킨다. 즉 경계란 바로 세계를 말한다. 좀 더 덧붙이면 세계에 대한 인간 생명의 경험이 쌓인 것이다. 여기서 경계는 인생관·세계관의 의미를 갖는다. 경계는 일정한 '삶의 장면'을 말한다. 앞에서 한 스님이 "협산의 경계가 어떤 것이냐?"고 물은 것은 "당신의 인생관·세계관은 어떤 것이냐?"는 물음이다. 즉 "당신은 어떤 삶을 살고 있느냐?"는 것이다.

『능엄경』권4에 "세(世: 시간)는 흘러 옮아가는 것이요, 계(界: 공간)는 방위다. 그대는 이제 알아야 한다. 동서남북, 동남서북, 상하는 계요, 과거·현재·미래는 세다"라고 했다. 그러니까 '세계'는 시간과 공간을 뜻한다.

경(境)은 변경·경내·국경·몽경(夢境)·수미지경(須彌之境)·신경(神境) 등을 뜻하고 계(界)는 밭 전(田)과 나눌 분(分)이 합쳐진 글자로 그 뜻은 지역을 나눈다는 것이다. 경의 원래 글자는 경(竟)인데『설문해자』에 따르면 "경이란 악곡이 다한 것(樂曲盡爲竟), 즉 음악의 한 장(章)을 경이라 한다"고 했다. 그러므로 경에는 종결·종단(終端)의 뜻이 있고 여기서 발전해 한계나 구획 등 일정한 범위를 표시할 수 있고 나아가 변계(邊界)·강역(强域)·국경 등의 뜻을 지닌다. 계(界)는 고대 한자의 국(國)과 비슷한 일정 구역을 표시한다. 안사고는 '경정계무(頃町界畝)'의 각주에서 "밭의 변두리를 계라 한다"고 했다.

불교 술어로서의 경계는 감각 작용의 구역이나 대상, 혹은 감각 활동의 범위를 나타낸다. 안이비설신의(眼耳鼻舌身意) 6근(根)이 대응하는 색성향미촉법(色聲香味觸法)이 6경이다. 근과 경의 작용으로부터 감각과 지각의 인식이 생겨나니 경(境)은 인간 의식과 감각의 대상이다. 불가에서는 경을 외부의 대상으로 생각한다. 예컨대『신심명(信心銘)』의 "지극히 작은 것은 큰 것과 같아 뜻이 경계로 끊어지며 지극히 큰 것은 작은 것과 같아 가장자리 표시가 나지 않는다"고 했다. 즉 경계란 몸을 통해 느끼는 감각의 세계다.

토지의 한계와 불교의 경계 관념의 영향을 받아 미학 개념으로 정착한 경계는 그 기본적인 뜻이 심미 대상의 객관적인 실재성과 물화(物化: 물아일체) 후의 직관적인 형상성 및 예술적인 조예, 또는 내적 사상이 도달하는 '높은 단계'를 말한다. 그 높은 단계란 말을 바꾸면 인생관·세계관·우주관이다.

화두 '협산경계(夾山境界)'를 다시 한 번 보자.

원숭이가 새끼를 안고 청장령 고개 너머로 돌아간다는 "원포자귀청장리(猿抱子歸靑嶂裏)"는 시간적으로 무고금(無古今)인 청장령 너머 물외(物外)의 세계에서 약동하는 생명력(원숭이가 새끼를 키우는 것 같은)을, "조함화락벽암전(鳥啣花落碧巖前)"은 허공을 날아도 발자국이 전혀 없는 새들이 무한 공간에서 자유를 만끽하며 환희하는 자연 대도를 동영상처럼 보여주었다. 협산선회 선사의 인생관과 세계관은 바로 이런 대도와 합일을 이루어 날마다 좋은 날을 살고 있는 해탈 경계다.

근대 들어 의경설을 총 정리한 문학자 왕국유(1877~1927)는 저서 『인간사화(人間詞話)』에서 "창랑(엄우)의 흥취나 왕사정의 신운(神韻)이라는 것은 드러난 그 겉모습만을 말한 데 불과하다. 내가 경계(境界)라는 두 글자로 그 근본을 탐구한 것만 못하다"고 자부했다. 『인간사화』에서는 경계를 곧 '의경'이라고도 했다. 그의 주장을 따르면 경계와 의경을 같은 개념으로 보고 혼용해 쓸 수도 있다.

2. 의상(意象)

빗속에 나뭇잎 지고(雨中落葉樹)
등 아래 사람은 늙어만 가네.(燈下白頭人)

사공서의 시 〈희외제노륜견숙(喜外弟盧綸見宿)〉에 나오는 시구다. 세월이 덧없이 흘러감을 탄식한 시다.

위의 시구에 나온 황엽수(黃葉樹)·백두인(白頭人)이 의상이다. 시가 예술에서 일정한 조립을 통해 어떤 특정한 관념을 표현해냄으로써 독자로 하여금 언어의 형상을 얻게 하는 것이 의상이다. 황엽수와 백두인이 바로 이것이다. 지고 있는 낙엽만으로도 좋은 시절 쉽게 흘러갔다는 것을 연상시키는데 거기에 빗속이기까지 하다. 우중(雨中)은 칙칙하고 좀 우울하고 서글픈 감정을 일으킨다. 머리가 온통 백발이 돼버리고 세월이 덧없이 흘러가는 것 자체가 탄식할 만한데

등불 아래 있으려니 마음이 더욱 처연한 것이다. 덧없는 세월의 의
상인 황엽수와 백두인은 명(明) 호응린(1551~1602)의 『시수』가 말한
"비록 쓰인 말은 단조롭지만 의상은 다함이 없구나(雖詞語寂廖 而意象
靡盡)"는 감탄의 예가 된다.(천즈어(陳植鍔) 저, 『시가의상론』 p.67)

의상(意象)

'의(意)'는 작가의 주관적인 사상·관념·의식이며 사유의 내용이다.
'상(象)'은 자연계 및 인간 이외의 기타 사회를 포함한 객체를 포괄하
며 사유의 재료가 된다.

의상의 연원은 『주역』 「계사」전으로 거슬러 올라간다.

공자가 말하길 "글은 말을 다 드러내지 못하고 말은 뜻을 다 표
현하지 못한다. 그래서 성인은 상(象)을 세워 뜻을 표현한다(書不盡言
言不盡意 聖人立象以盡意)"고 했다. 공자는 이어서 "성인은 괘(卦)를 베
풀어 참과 거짓을 가려내며 글을 붙여서 그 말을 전한다"고 했다.

왕필은 『주역약례』 「명상(明象)」에서 "상은 뜻을 표출하는 것이고
말은 상을 설명하는 것이다. 뜻을 제대로 표현하는 데 상만한 것이
없고 상을 충분히 표현하는 데는 말만한 것이 없다(夫象者 出意者也
言者 明象者也 盡意莫若象 盡象莫若言)"고 했다.

『주역』 「계사」는 "말로 전하는 것은 얕고 상으로 전하는 것은 깊
기에 성인은 상으로 드러내 보인다"고 풀이했다.

이상의 왕필·『주역』 주 등이 말한 것을 종합하면 '상(象)'의 기원은

『주역』의 괘에서 비롯했다고 할 수 있다. 상에 '의'를 붙여 의상이라는 용어가 처음 사용된 예는 동한 왕충(27~97)의 『논형(論衡)』에 보인다. 왕충에게서 연원한 '의상'은 위진 남북조의 유협(465~532)이 『문심조룡』 「신사(神思)」편에서 시가 형상으로 사용함으로써 시론(詩論)·화론 등에 본격 등장했다.

상은 언어보다 더 형상화·기호화한 의사소통 형식이기도 하다. 의상과 의상을 발전시킨 의경에는 선적 사유와 불가 용어인 '경계'가 크게 영향을 미쳤고 작용했다. 특히 일체 개공(皆空)의 선학적 심미, 즉 감정을 덜어냄과 비워냄 등이 깊숙이 스며들었다. 이로부터 시가와 회화의 '탈색과 여운의 심미'가 심화돼 큰 반향을 불러 일으켰다.

의상은 이미지와 상징에 가깝고 의경은 보다 의미 범주가 넓어 시구나 작품 전체에 대한 인상이며 '풍격(風格)'에 가깝다는 점에서 양자를 구별할 수 있다. 의상이 비교적 선행성·평면성·단편성을 지녔다면 의경은 의미의 후행성·다층성·초극성을 지녔다는 것이다.(오전루 저 『중국시학의 이해』 p.134)

유우석(劉禹錫)의 『동씨무릉집기』에 나오는 다음의 언급이 이를 뒷받침한다.

> "시는 문장의 함축인가? 뜻을 얻고 말을 잊어버려야 하기에 미묘하고 잘 짓기가 어렵다. 경(境)은 상(象) 밖에서 생겨나므로 정밀하고 조화하기가 어렵다."

유우석은 "경이 상 박에서 생겨난다(境生於象外)"고 함으로써 의경은 구체적인 의상 밖에서 구현되는 보다 광범위하고 추상적인 심미 영역으로 보았다. 당(唐) 시승 교연은 "외물의 형상 밖에서 기이함을 따다가 공중을 날아 움직이는 흥취를 본뜨고 진실하고 오묘한 생각을 그려내야 한다"고 말하면서 한 걸음 더 나아가 "경을 따라 끝없이 솟아나는 것을 정(情)이라 한다. 시정(詩情)은 경을 좇아 표출된다"고 하여 경과 정을 같은 맥락의 인과 관계로 파악하기도 했다.

이상의 의상과 의경에 대한 지식으로 당송 시가를 비교하면 당시(唐詩)가 시각과 청각 등 감각 이미지 중심의 '의상 심미'에 중점을 두었다면 송시(宋詩)는 시 전체의 마음이라고 하는 내면 사변의 형이상학적 형상화라는 '의경 심미'에 더 치중했다는 것이다.(앞의 책 p. 134)

주막 위 뜬 달빛 아래 닭 울음소리 들리고(鷄鳴茅店月)
판교의 서리 위엔 사람의 발자국 찍혀 있네.(人跡板橋霜)

당·송 서곤체(西崑體: 시의 격식 중 하나)의 비조인 온정균(798~866)의 시 〈상산에서 새벽길을 떠나며(商山早行)〉에 나오는 시구다. 집 떠난 나그네의 근심과 시골 정경을 잘 읊어낸 절창구다.

작가의 감정과 닭 우는 소리·사람 발자국·달빛과 서리 등의 대상[景物]이 서로 융합돼 근심과 시골 풍경을 드러내는 의상을 멋지게 만들어냈다. 달빛 아래의 닭 울음소리와 이른 새벽 서리 위의 발자국은 시골길 나그네 여로에 담긴 수심과 시골 정경(情景)을 눈에 선하게 보여준다. 그러나 그 수심은 손으로 만져볼 수도 귀로 들을 수도 없는 시 속의 의상일 뿐이다.

새벽 달빛 아래의 찬 서리는 차갑고 애절한 하얀 상심(傷心)을 느끼게도 하고 고달픈 인생 역정을 떠올리게도 한다. 달빛[月]과 서리[霜]가 작가의 감정과 하나 돼 만들어 낸 의상은 독자들에게 나름의 여러 가지 의상으로 투영돼 다의적인 각각의 느낌을 갖게 한다.

객관적 실상(달·서리) 외에 문예 작품 안에 존재하면서 독자의 상상 속에 재현되는 허상(虛象)을 뜻하는 의상이란 바로 이런 것이다. 이를 일러 상외지상(象外之象: 상 밖의 상)·경외지경(景外之景: 경물 밖의 경물)이라 한다. 상외지상의 경계와 의상·의경은 문예 작품의 창작과 비평·감상 또는 미학의 전문 용어가 돼 있지만 근원적으로는 불교의 '경계론'과 선사상으로부터 심대한 영향을 받았다는 사실을 부정하는 사람은 없다.

맑은 물가엔 한양의 나무들 눈앞처럼 분명하게 보이고
향기로운 풀 앵무주에 온통 우거져 있네.
(晴川歷歷漢陽樹 芳草萋萋鸚鵡洲)

성당(盛唐) 시인이며 감찰어사·상서성 사훈원외랑 등을 지낸 최호(?~754)의 시로 만고의 절창인 〈황학루〉 경련(제 5·6구) 시구다.

황학루는 악양루·등왕각과 함께 중국의 3대 누각으로 현재 호북성 무한시 서남쪽 장강(양자강) 가의 황곡산 위에 옮겨져 중건돼 있는 5층 누각이다. 청천은 원래 황학루 자리 옆의 장강으로 흘러 들어가는 시내[川]이고, 앵무주는 장강과 한수(漢水)가 합류하는 곳에 형성된 삼각주다. 한양은 현 무한(武漢)의 옛 지명인데 지금은 한양과 무창을 합쳐 무한시가 됐고 호북성 성도다.

위의 시구는 황학루 주변 풍광을 단순하게 묘사한 데 불과해 보이지만 시의 전후를 연결해 음미하면 광막감·무상감과 함께 나무 그림자가 또렷이 비치는 맑은 시냇물 속 같은 청정한 자성을 일깨운다. 앵무주의 우거진 방초는 무상함 속에서 이어지는 싱싱한 생명력과 삶의 환희감 같은 것을 느끼게도 한다.

의상·의경의 '의(意)'는 주관 세계를 뜻하고 상(象)·경(境)은 주관이 의식하는 객관 세계를 가리킨다. '상'은 개별적 물상을 가리키는 단지 하나의 단어일 뿐이고 '경'은 전체적인 삶의 장면, 다시 말해 시 전체의 의상들이 모여서 만들어내는 시의 풍격(風挌)이다. 경이라는 관념은 위진남북조 시대 불교의 경계설(境界說)로부터 발생했는데 '의경(意境)'이라는 말은 당 왕창령(698~756)의 시론인 『시격(詩挌)』에 처음 보인다.

최호의 시 〈황학루〉는 우리나라 국악계의 유명한 시창(詩唱)이기도 하다. 박창헌·김월하 같은 명인들의 이 시창 음반(CD)이 나와 있고 구한말까지만 해도 풍류객들이 즐겨 애창했다. 기왕 내친 김에 〈황학루〉 시 전편을 의경·의상론과 연결시키면서 한 번 감상해 보자. 이 시는 필자가 애송하는 한시들 중의 하나이기도 하다. 필자는 1996년·2013년 황학루를 두 차례 찾아가는 기회를 갖게 돼 누각 입구의 거대한 시비에 새겨져 있는 최호의 〈황학루〉 시를 감회 깊게 읽기도 했다.

당시(唐詩) 7률(칠언율시) 중의 으뜸으로 손꼽히는 이 시에는 천하의 시선(詩仙) 이백이 황학루에 올라 한 수 읊으려다가 최호의 이 시에 압도당해 붓을 던지고 후일 금릉에 가서 〈등금릉봉황대(登金陵鳳凰台)〉라는 시를 지어 지난날의 한을 풀었다는 에피소드도 있다. 실제로 두 시에는 서로 비슷한 부분이 많다.

〈황학루(黃鶴樓)〉

옛사람 황학 타고 이미 갔거니(昔人已乘黃鶴去)
이곳에 황학루만 공연히 남아 있네.(此地空餘黃鶴樓)
한 번 간 황학은 다시 오지 않는데(黃鶴一去不復反)
하늘의 흰구름 느긋이 천 년이로다.(白雲千載空悠悠)
한양의 나무들 또렷이 시냇물 속에 비치고(晴川歷歷漢陽樹)
앵무주엔 향기로운 봄풀들 우거져 있네.(芳草處處鸚鵡洲)
해는 저문데 고향은 어디메뇨?(日暮鄕關何處是)
물안개 자욱한 강 위에서 시름겹네.(煙波江上使人愁)

시를 감상하는데 흥을 돋울 듯한 황학루에 얽힌 전설을 잠시 들어보자.

옛날 황학루 자리에서 신(辛)씨 성을 가진 사람이 술집을 하는데 한 노인이 반년 동안 술을 외상으로 마셨다. 어느 날 노인은 술값 대신이라면서 귤껍질을 가지고 주막 벽에다 황학 한 마리를 벽화로 그려놓고는 떠나가 버렸다. 그런데 손님들이 주흥(酒興)이 일어 노래를 부르면 가락에 맞추어 벽화의 황학이 덩실덩실 춤을 추었다. 소문이 퍼지자 손님이 운집했고 주막 주인은 대박이 났다. 그러던 중 하루는 그 노인이 나타나 피리를 불자 흰구름이 일더니 황학이 앞으로 날아와 노인을 태우고 하늘로 날아갔다. 이에 주막 주인은 누를 세워 '황학루'라고 했다고 한다. 이 밖에도 여러 전설이 있으나 이것이 가장 재미있는 전설이다.

황학루의 전설을 듣고 나서 최호의 시 〈황학루〉를 감상하면 황학을 타고 구름 속을 노니는 이 세상 밖 물외(物外)의 도가 신선사상을 떠올리면서 세속의 찌든 현실 세계를 초월, 하늘 높이 비상하는 '의경'이 눈앞에 보이는 듯한 심미감을 느낄 수도 있다. 굳이 황학루의 전설이 아니더라도 각 시구의 의상(意象) 심미를 통해 실체가 없어 눈에 보이지도 않고 만질 수도 없는 예술적 허상들이 머릿속에 어른거리면서 황학을 타고 날아간 노인이 해탈 도인이고 신선임을 의식해 선뜻 망아(忘我)의 경계로 진입, 나와 황학(노인)이 일체가 된다.

제1~4구에서 세 번이나 반복해 나오는 '황학'의 유려한 박자감, 율려미(律呂美)는 우선 독자들의 흥을 돋운다. 그 황학을 타고 한 번 날아간 후 다시 돌아오지 않는 옛사람(노인)에 대한 그리움 같은 것도 시흥(詩興)을 더욱 곡진하게 이어준다.

공여(空餘)·공유유(空悠悠)에서 느끼는 선취(禪趣)와 무상감은 해탈의 다리를 건너는 선심(禪心)을 한껏 부추긴다. 한 번 간 지 천 년[千載]이 됐다는 시간적 간격은 세속적 공허감을 갖게 하면서 백운(白雲)과 함께 광막감·해탈감을 일으킨다. 시의 수련과 함련(제1~4구)은 이처럼 사람의 마음을 파동 치게 한다.

경련(제5·6구)은 앞에서 이미 감상했으므로 생략한다. 미련(尾聯)

은 독자의 마음을 더욱 감동시킨다.

　무한한 시공 속에 미세한 이 한 몸이 떠돌고 있음을 의식하는 순간 문득 고향을 떠올린다. 해질녘이라 강 위에 물안개가 자욱하게 피어오른다. 안개 속의 넓고 넓은 우주 공간에 떠 있는 고향을 그리는 향수(鄕愁)는 물안개에 젖어 더욱 축축해지기만 한다. 세상을 초연해 물외에서 노닐던 의상은 갑자기 다난한 현실 속으로 떨어져 장자의 나비 꿈처럼 주객합일의 물화(物化)에서 나[意]와 대상[境]으로 분리되고 만다. 그러나 시를 음미하고 감상하는 동안에 느끼고 감동했던 의경 심미는 하나의 '이상향'으로 영원히 남을 수 있다. 바로 의경 심미를 귀히 여기는 이유다.

3. 의경(意境)

"깊은 산이 감추고 있는 옛 절을 그려라." (深山藏古寺)

송나라 휘종 황제(1082~1135)가 화원 화가 선발 고시에 직접 출제한 화제(畵題)였다. 휘종 황제는 시·서·화에 조예가 깊고 특히 회화에 천재적 재능을 가진 중국 역사상 가장 뛰어난 문화 예술 황제였다. 그는 직접 걸작의 그림을 그려 남겼고 고금의 시·서·화를 수집해 『선화서화보(宣化書畵譜)』를 만들기도 했다. 뿐만 아니라 음악·조경 등 백예(百藝)에 두루 널리 통했다.

휘종은 화가들이 그려 제출한 그림을 직접 심사했다. '깊은 산 속에 숨겨져 있는 고찰'을 그리라 했으니 대부분이 산허리나 숲 속에 오래된 절을 그리거나 두 개의 산봉우리 사이 계곡에 사찰 일부를 드러낸 그림이었다. 단지 한 폭의 그림만이 마음에 들었다. 애당초 화면에 사찰의 모습은 없고 늙은 스님 하나가 큰 산 밑의 작은 옹달샘에서 물을 긷고 있는 모습을 그린 그림이었다.

'좋구나! 깊은 산이 감추고 있는 절을 잘 그렸구나!'

늙은 스님 하나로 화제의 구안(句眼)인 '장(藏: 감추다)' 자의 뜻을 남김없이 드러냈고 '고(古)'의 의미까지도 잘 표현했도다. 비록 오래된 고찰은 구체적으로 화면에 없지만 바로 그림 속에 스스로 감추어져 있지 않은가!

휘종은 그림이 드러내 보인 상외지상(象外之象)의 '의경'을 높이 평가하면서 그 화가의 예술적 상상력을 극찬했다. 휘종이 옛 사람들의 시구로 화가의 역량을 측정하는 화원 고시도 독특했다. 그의 멋진 풍류이기도 했다. 그의 화제는 화의(畵意)와 시문(詩文)에 대한 기초 지식 및 풍부한 예술적 상상력·창작 능력 등을 들여다 볼 수 있는 것이었다.

이 화가의 의경은 아주 단순하면서도 감춰져 있는 '심산고찰'의 시정화의(詩情畵意)와 추상적 심미감 등 다의성을 멋지고 깊게 표출했다. 스님이 있으니 저 깊은 산속에 틀림없이 절이 있고 늙은 스님이니 그가 살아온 절도 오래된 고찰일 것이다. 그림에는 없지만 금시 절을 연상케 하고 그 절이 고찰이라는 것까지 암시하는 기막힌 함축이고 생략법이고 연상법이다. 화가는 여기서 '심산장고사'라는 시구를 글자 없는 시로 표현해 냈다. 이때 그림은 바로 시가 된다. 소동파가 왕유의 시와 그림을 평하면서 "시 가운데 그림이 있고(詩中有畵), 그림 가운데 시가 있다(畵中有詩)"고 한 바로 그런 예술 경계다.

시를 그림으로 그려낸 작가는 자신의 정감과 고찰을 서로 융합,

늙은 스님이라는 형상을 빌어 세속을 초월한 한정(閑靜)과 영원이라는 실체 없는 허상인 '의경'을 보여주었다. 작가의 의경은 '절 없는 절'로 깊은 산이 감추고 있는 고찰을 화면의 노승에다 함축시키면서 깊은 산의 고요와 노승의 한가로움·고사의 영원함 등과 같은 예술적 정취를 느끼게 한다. 뿐만 아니라 선불교와 도교의 종교적 감성을 자극하기도 한다. 한정의 '한(閑)'은 욕심이 없는 것, 번뇌·망상이 일소된 순수한 심령 상태를 말하고 '정(靜)'은 노자가 말한 것처럼 "뿌리(본래면목)로 되돌아간 것(歸根曰靜)"(『노자』 16장)을 뜻한다.

노승이 물을 긷는 장면은 방온 거사가 그의 오도송에서 설파한 "나의 오묘한 깨달음과 불법 진리 실천은 먹을 물을 긷고 땔나무를 나르는 것(神通幷妙用 運水及搬柴)"이라고 한 조사선의 '평상심시도(平常心是道)'를 즉각적으로 떠올리게도 한다. 작가는 노승을 통해 깊은 산속 고사를 모자람 없이 완벽하게, 정감 넘치게 그려냈다. 이때 늙은 스님은 다의성(多義性)을 갖는 의경을 내함하고 있다. 작품에 나타난 의경의 표현과 완미(完美)한 예술 구상이 심미할 만한 미학적 흥취를 돋운다. 흔히 작가의 정감과 경물의 융합을 '의경'이라고 정의하는 것이 바로 이것이다.

심산고사가 화면에는 나타나 있지 않으면서도 늙은 스님의 이미지를 통해 스스로 있으니 절묘하고 화면이 불러일으키는 심원한 예술 정취와 분위기가 아주 그윽하고 감미롭다. 작가가 노승을 통해 고찰을 연상케 한 것은 마음 속 상상과 노승이 정경교융(情景交融)하여 만들어낸 것이며 깊은 산 속 고찰이 감추고 있는 상외지상의 '한정'은 실체 없는 허상으로 드러난 이 그림의 절묘한 의경이요, 속 깊은 화의(畵意)다.

소동파는 그림의 묘미가 "외로운 기러기 거친 하늘 밖으로 사라지는 데 있다"고 했다. 즉 그림의 묘미는 유형의 공간이 적막하고 아득히 먼 세계 속으로 사라져, 불안정하게 번쩍이며 그림자처럼 어른거리는 데 있다는 것이다. 다시 말하면 상외지상의 '의경'을 만들어내는 것이 중요하다는 얘기다.

의경이라는 개념은 직관 방식의 미적 인식으로 선불교가 유행한 당대(唐代) 이후 나타난 미학 용어로 중국 미학에서 '의경' 또는 '경계'라고 부른다. 왕국유는 의경을 경계라는 개념과 함께 동아시아 예술의 독특한 특성을 가리키는 말로 사용했다. 장절말은 "왕국유의 경계설이 쇼펜하우어와 불교에서 유래한다"고 분석하고 동시에 "의경 개념은 선불교의 산물"이라고 주장했다.(장절말 저『禪宗美學』p.204)

정(情)과 경(景), 물(物)과 나, 객관과 주관이 혼연일체가 된 의상이 바로 의경이다. 미의 창조와 재창조 과정에서 주체와 객체의 교류를 통하여 미학 이상과 심미 감수의 주체적인 정과 지(志)를 포함하고 있는 것을 내재적으로 연결시키되 직접적인 논리 관계없이 상대적이고 독립적인 예술 형상을 입체적이고 동태적인 총체성의 '예술 상징'으로 나타낸 것이 의경(意境)이다. 의경의 범주는 선진(先秦) 시대부터 위진 남북조를 거쳐 당대의 시론에서 형성됐고 송대에는 화론(畵論)에도 나타났으며 명·청대에는 각 분야의 문화 예술에 수용돼 심미 비평과 감상의 잣대가 됐다. 주래상 교수(1929~)는 "의경이란 인간과 자연, 나와 물, 경물[景]과 정감[情]의 통일이다"라고 규정했다.

당대 이후 중국의 표현 예술은 의경의 유무와 그 깊고 얕음에 따라 작품의 수준이 평가돼 왔다.

의경은 언어를 통해 형상화되지만 언어의 경계를 초월하는 역설적인 것이므로 '상외지상'·'언외지의(言外之意)'라고 일컬어진다. 선불교의 직관은 당대(唐代) 이후의 중국 미학과 예술에 깊은 영향을 미쳤다. 이때 선이 지향하는 세계와 예술이 지향하는 세계가 다르지 않다는 자각이 일어났고 당·송대의 '시선일치(詩禪一致)' 주장과 의경 개념이 만개했다.

"의경은 의(意: 주관)와 경(境: 객관)의 통일이다. 경은 생활 형상의 객관 반영·방면으로 형(形)·신(神)의 통일이고, 의는 예술가의 정감 이상의 창조 방면으로 정(情)과 이(理)의 통일이다. 정감과 이성, 육체와 정신은 각각 상호 보완의 관계를 가지며 유기적으로 융합한다.

정감은 사물에서 일어나고 사물은 정감으로서 관찰된다. 경물이 정감을 낳고 정감이 경물을 낳아 사물과 내가 서로를 잊게 되고 정감과 경물이 서로 융화되어 정감은 이지(理知)에 합치되고 형체는 정신에서 이루어진다. 그리고 정감과 이지가 서로 섞이어 이지가 정감 가운데 있게 된다. 이처럼 객관과 주관이 완전한 통일을 이룬 의상이 바로 의경이다.(주래상 저, 『중국고전미학』 p.267)

주교수가 말하는 의경 개념은 일찍이 당나라 때부터 이론화되기 시작했다. 예술 의경의 핵심적 개념은 감성과 이성, 현상적 개별과 본질적 필연, 유한과 무한, 미와 진(眞)의 통일이다.

유우석(772~842)은 "의경은 구체적 형상 밖에서 생겨난다"고 했다. 즉 의경은 감성적으로 자연의 경물(景物)에 근거하지만 오히려 감성적인 개별 사물을 뛰어넘어 본질적이고 필연적인 이성 내용으로 향한다는 것이다. 사공도(837~908)는 『이십사시품』 「웅혼」에서 "물상 밖으로 초월해야 자유로운 정신세계를 추구할 수 있다(超以象外 得其環中)"고 했다. 역시 유우석과 같은 입장이다.

의경이 유한하고 현상적인 개별 형식에서 본질적이고 필연적이며 무한하고, 풍부하고, 깊고 넓은 내용으로 발전함에 따라 여러 가지 뜻을 갖게 되었다. 사공도는 의경을 구체적인 운치 이외의 운치[韻外之致], 구체적인 맛 이외의 맛(味外之旨), 구체적인 형상 이외의 형상[象外之象], 구체적인 경물 이외의 경물[景外之景]이라 했다. 창장(엄우)은 "사물의 이치가 투명하여 가까이 다가설 수가 없다. 이를테면 공중의 소리와 같고, 물 속에 비친 달과 같고, 거울 속에 비친 형상과 같아서 '말은 다함이 있으나 뜻을 다함이 없다'(言有盡而意無窮)"고 했다.

소동파는 "시를 짓는 데 이런 의경을 기피한다면 시인이 아니다"라고 말했다. 모두 의경이 미학의 본질적 특징임을 정확히 묘사했다. 의경은 직관성·다의성·부정확성을 그 특징으로 한다. 의경은 반드시 감성이 자연 경물에 의지하지만 감성적 개별 사물을 뛰어넘어 본질로 향하는 필연적 이성 내용이 유한에서 무한을 표현하고, 유한한 현상의 개별적 형식에서 본질적 필연의 무한하고 풍부한 내용을 표현한다.

청의 시인 섭섭(1627~1703)은 『원시(原詩)』에서 "언어가 끊기면 사유도 단절되고 오묘함을 이치로 여기는 감성과 이성의 통일에서 부정확한 개념인 이름하여 말할 수 없는 이치로 향하였다. 따라서 깨달을 수 있을 것 같기도 하고 깨달을 수 없을 것 같기도 하고, 이해할 수 있을 것 같기도 하고 이해할 수 없을 것 같기도 하고, 말할 수도 있고 말할 수도 없는 이중성(二重性)을 가지게 된다"고 했다. 섭섭은 의경의 부정확성과 다의성을 정확히 설파했다.

의경은 시나 회화에서 상외지상의 허경(虛境)인 영원한 형상, 또는 화면이 불러일으키는 예술 정취와 분위기를 말한다. 간단히 말하면 예술의 추상적이고 정신적인 경지고, 한마디로 줄이면 '예술 허상'이다. 의경은 눈으로 볼 수 없고 손으로 만질 수 없는 허상이면서 영원히 없어지지 않는 형상·화면·부호를 가리킨다. 또 그것에 의해 표현되는 예술 정취와 분위기, 그리고 그것이 불러일으키는 예술 환상과 연상 세계까지를 포괄한다.

의경 이론은 동아시아 미학의 최고 특징이다. 동아시아인들은 천인합일(天人合一)과 드넓은 우주에 대한 심미적 정감, 역사와 인생에 대한 심미적 정감을 생동적으로 작품 속에 구현한다. 동아시아 의경 이론은 형상을 음미하는 가운데 도(道)를 관조하는 데 치중한다. 의경에 대비되는 서양의 전형(典型) 이론은 모방하는 가운데 인지하는 것에 치중한다.

의경은 가깝지만 가볍지 않고 멀지만 여운이 다함없는 '예술 허경'이다. 사람의 심미의식에서 만물의 상(象)은 본래 불완전하고 일시적인 것이다. 그러나 하늘·땅·사람이 하나 된 대우주 생명(universal mind), 즉 도는 자생적이고 영원하다. 그래서 잠시 머물다 사라지는 상을 통해 멈춤이 없고 생기로 가득 찬 도를 깨달을 수 있고 표현할 수 있어야 했다. 이것이 바로 의경 이론이 추구하는 진리다. 이는 선불교 사유방식과 같다.

노자는 "보려 해도 볼 수 없고, 들으려 해도 들을 수 없고, 만져 보려 해도 잡을 수 없다. 모양이 없는 모양, 형상이 없는 형상이다(視之弗見 聽之弗聞 搏之弗得 無狀之狀 無象之象)"라고 했다.(『노자』 14장)

노자의 '무상지상(無象之象)', 사공도의 '초이상외(超以象外)'는 장자도 말한 바 있고 오늘날 우리가 흔히 사용하는 미학·시학 용어인 '상외지상(象外之象)'이다. 상 밖의 상, 말 밖의 뜻[言外之意]과 같은 여운, 물외(物外)의 의경은 찰나 속에서 영원을 누리는 초월과 해탈 경계를 가져다준다. 그래서 의경은 깊은 철학적·예술적 의미는 물론 종교적 의미까지도 갖는다.

이택후는 의경을 "의와 경의 합일이자 객관 경물과 주관 정취의 통일"이라고 정의했다. 시승 교연은 『시식(詩式)』에서 "형상 밖에서 기묘함을 캐낸 것(采奇於象外)"이 의상이라고 했다. 의경은 형상을 통해 정신을 전달할 때 발생한다. 순수 주관에 떠오른 순수 직관이 바로 의경이다. 순수 직관은 개념적 규정성을 떠난 지금 여기의 찰나를 표상한다. 이 '찰나'는 의식 작용이 멈추는 지점에서의 직관이기 때문에 그것은 변화의 과정 속에 있는 한 지점으로서의 찰나가 아니라 불생불멸의 찰나성이다. 이때 의식은 견문각지 활동을 멈추지만 그 자체가 반성적인 의식으로 존재하기 때문에 그것이 죽어 있는 고정된 한 순간이 아니라 생동적인 현재로 표상된다.

의경 속에 나타난 '불생불멸의 찰나'는 키에르케고르가 말하는 '순간'과 같은 의미를 갖는다. 즉 시간적 계기 중의 한 점으로서의 찰나가 아니라 모든 시간적 흐름이 정지된 한 점으로서의 순간을 의미한다. 그러므로 그것은 시간성의 부정이며 그래서 영원과 통하게 된다. 앞 장의 〈선가삼경〉에서 살펴보았던 '만고장공 일조풍월(萬古長空 一朝風月)'이 뜻하는 순간 속의 영원도 바로 이것이다.

> 흘러가는 물과 마음을 같이 하니
> 앞 다투어 나가려는 경쟁심 일지 않고(水流心不競)
> 가는 듯 조는 듯 더 있는 흰구름 바라보노라면
> 보는 마음 구름과 함께 바쁠 것 없네.(雲在意俱遲)

시성(詩聖) 두보의 시 〈강가 정자에서(江亭)〉 중 함련(제3·4구)으로 만고의 절창구다. 백운(白雲). 그 유유한 임거래(任去來)는 비상을 꿈꾸는 낭만의 심상(心象)이요, 목화를 연상케 하는 하얀 정백(淨白)은 포근하고 따뜻한 요람 속의 아득한 과거로 잠기게 하며 무심·무욕으로 표백된 탈속의 경계로 들어가게 한다.

유수(流水). 길게 뻗어 흐르는 강물은 아등바등 앞다투어 앞서 가려는 경쟁심이 없이 앞물을 따라 뒷물이 질서정연하게 따라 흐른다. 세속 사회의 치열한 경쟁은 갖가지 번뇌 망상을 일으키는 중요 원인의 하나가 아닌가. 물은 부단·유연·대도·원융을 상징하는 의상으로, 구름은 자유·부주(不住)·무애·무심을 상징하는 의상으로 흔히 쓰이는 시어(詩語)다. 물의 성질은 부드럽고 약해서 트면 흐르고 막히면 멈춘다. 그래서 다투지 않는다고 했다. 이것이 물의 두 번째 특징이다. 첫 번째 특징은 만물을 이롭게 하지만 다투거나 뽐내지 않으며 소유권이나 대가를 요구하지 않는다.

중국 고대 문화에서 물의 색깔은 검고 구름·태양의 색깔은 흰 것으로 이해했다.

> 백색을 알고 흑색을 지키면 천하의 모범이 된다.
> (守其白 守其黑 爲天下式)
>
> — 『노자』 28장

고대 하(夏)나라 문화는 모계사회 전통을 숭상, 여성적 모티브(계곡·여성 성기·모성 등)를 긍정적으로 받아들이고 물과 같은 검은색·소박함 등이 그 특징이었다. 노자 철학의 중심 모티브는 하나라 문화다. 반면 은나라 문화는 구름·태양과 같은 흰색, 수컷, 영광 등을 숭상했다. 암컷을 숭상한 하나라 문화는 물의 성질을 모방한 겸손과 자기를 스스로 낮추거나 궂은일을 자처하는 것 등을 장려했다. 그러므로 노자가 말하는 수컷(구름)을 알고 암컷(물)을 지킨다는 것은 존귀함을 알고 비천함을 지키며 동적인 것을 알고 정적인 것을 지키는 것이다. 도의 체용(體用) 관계로 보면 작용을 알고 본체를 지키는 것이다. 그래서 노자가 설파하고자 하는 뜻은 동정일여·체용일여의 통합적인 일원론이다. 두보의 시구를 이와 관련해 보면 구름[動·用]과 물[靜·體]을 따라 마음의 안정을 취하고 삶의 철학을 정립하자는 심원한 의경이 눈앞에 어른거린다.

구름이 상징하는 '느림의 미학'과 치열한 경쟁의 비극으로부터 탈출할 수 있는 자연스런 물의 흐름을 반조할 수 있는 예술적 허상인 시의 의경은 그 밖에도 여러 가지를 연상케 하는 다의성이 풍부하다. 운한(雲閑). 구름은 언제나 한가롭다. '한가롭다'는 뜻은 선학적으로는 잡념·망상이 없다는 얘기다. 특히 백운이 상징하는 자연 대도는 인간이 본받아야 할 귀중한 진리다. 어떤 시인은 인간에게 백운만한 선물이 있을 수 없다고 했다.

> 산중에 무엇이 있느냐 하시기에(山中何所有)
> 고개 위 흰구름 많습니다 했지요.(嶺上多白雲)
> 다만 혼자서 즐길 수 있을 뿐(但可自怡悅)
> 임금님께 가져다 드리진 못한답니다.(不堪持贈君)
>
> — 도홍경, 〈화양지증물(華陽持贈物)〉

위진남북조 시대 유송(劉宋)의 재상을 지냈던 도홍경(452~536)의 〈화양지증물(華陽持贈物)〉이라는 시다. 그는 재상 재직시절 관복을 궁궐 앞에 벗어 걸어놓고 화양으로 은둔했다. 그때 양나라 고조가 찾아가 출사(出仕)를 청하자 답한 시다. 재상 벼슬도 세속적인 어떤 부귀영화도 고개 위의 흰구름(자연대도)과 바꾸지 않겠다는 도홍경의 '운한(雲閑)'은 바로 도를 깨달은 사람이 누리는 삶의 장면, 즉 이 시의 의경이며 눈에 보일 듯 말 듯한 세속 초월의 경계다. 그 흰구름을 얼싸안고 날마다 좋은 날을 사는 희열은 스스로 자득하여 즐길 수 있을 뿐 누구에게도 선물로 주거나 바칠 수도 없는 귀중한 보배다. 이만큼만 세속에 초연할 수 있으면 도인이고 성불한 사람이다.

이 시의 의경은 다른 한 편으로는 두보의 선심(禪心)을 그림처럼 보여주는 영원한 허상이기도 하다. 그는 이 시를 지을 때 강가 정자에 엎드려 누워서 흐르는 강물과 산마루의 구름을 보고 시상(詩想)이 솟구쳐 시를 썼던 것으로 돼 있다.

선림에서는 선수행자들을 흔히 '운수납자(雲水衲子)'라고 부른다. 헌 누더기 옷을 입고 구름 따라 물 따라 이 계곡 저 계곡을 유력하며 선지식을 참문하는 수행자라는 뜻이다. 이 때의 '운수'는 바로 선심을 말한다. 수행자들이 갈구하는 해탈·열반이란 바로 저 구름과 같고 물 같은 심태(心態)를 간직하는 것이리라.

두보가 이 시를 지을 때의 심태 또한 그런 것이 아니었을까? 두보는 말년 2년 동안 양자강 상류인 호북성 황매현의 역참인 기주에 은거하면서 선적(禪寂)에 침잠했다. 이 때 그는 자신의 선심을 담은 1백 행의 장편 시 한 수를 지은 바 있다. 그 시에 이런 구절이 있다.

몸은 쌍봉산에 맡기고(身許雙峰山)
문은 7조의 선을 추구하네.(門求七祖禪)

그는 이어서 "돛을 내리고 옛날의 생각을 따라, 거친 베옷 입고 부처님의 참된 진리를 추구하노라"고 읊조렸다. 호북성 황매현의 쌍봉산은 4조 도신 대사와 5조 홍인 대사가 주석했던 선종의 성지다. 두보의 말년 그의 마음속을 사로잡은 것은 쌍봉산과 7조선이었다. 쌍봉산은 현재도 4조사(寺)가 중건되고 5조사가 잘 보존돼 있어 쉽게 알 수 있다. 그러나 7조선은 누구의 선문(禪門)인지를 확실하게 알 수가 없다.

필자는 이런 예비지식을 가지고 1996년 봄 중국 선불교 답사 취재 중 하남성 여주시 풍혈산 풍혈사를 찾았다가 사찰 대웅전 앞의 당대(唐代) 전탑인 국보 '칠조탑(七祖塔)'을 보고 그 탑의 주인공이 바로 두보가 말한 7조가 아닌가 하고 잠시 흥분까지 했다. 그러나 자세히 문헌을 조사해 보니 그 '칠조탑'의 주인공인 정(貞) 선사는 풍혈사 창건 후의 7대 방장(조실)이었다. 정 선사(654~738)의 생몰 연대는 두보(712~770)보다 30년쯤 앞선다.

 제7대 조사로 불린 자칭·타칭의 선사는 많다. 남악회양·청원행사·숭산보적(651~739) 선사 등이다. 두보가 말한 7조는 풍혈사의 정 선사 또는 숭산보적 선사일 가능성이 큰데 둘 중 누구를 말하는지는 필자로선 아직까지 확인하질 못하고 있다. 속성이 장씨인 정 선사는 과거에 급제 벼슬살이를 하다가 출가했고, 입적 시 현종 황제가 재상과 이부상서까지 보내 다비를 직접 모시도록 했다는 행장 기록 등으로 보아 두보가 젊은 시절 그를 참문했을 가능성이 높긴 하다.

 두보는 안사의 난을 겪으면서 출세에 환멸을 느끼고 자주 선적으로 도피하곤 했다. 난이 일어난 755년 어느 날 밤 그는 허십일이 시를 읊조리는 소리를 듣고 "나도 일찍이 혜가·승찬 조사의 선을 배운 적이 있지마는 이 몸은 여전히 선적의 집착에 얽매여 있을 뿐이라네"라고 화운했다.

 두보의 선심은 젊은 시절부터 강렬했던 것 같다. 다만 출가하거나 유발 상좌가 되진 않았지만 세태에 초연한 해탈을 갈구했음은 사실이다. 두보가 말년의 장시(長詩)에서 말한 '7조선(七祖禪)'은 앞의 시구에 언급한 "제2대, 제3대 혜가·승찬 조사의 선을 배운 적 있다"고

한 것으로 보아 돈오 남종선의 7명의 조사선을 뜻한 것일 수도 있다. 선종사에서 공식적인 '조사' 칭호는 제6대 혜능까지만 사용하지만 혜능 후의 제7대 조사로 호칭된 선사는 남종선의 남악회양·청원행사·하택신회와 북종선의 숭산보적 화상 등이 제7대 조사로 호칭돼 왔다. 따라서 6대까지에 각기의 문도들과 왕실 등에서 자칭, 타칭된 이들 7대 조사 중의 한 명을 보태면 '7(명의) 조사선'이 된다.

'조사(祖師)'의 법통 문제는 제5조 홍인 대사까지는 별다른 문제가 없었으나 자신이 제7대 조사가 되고자 하택신회 선사가 남종선과 북종선으로 나누어 법맥의 정통성 문제를 제기해 논쟁 끝에 홍인 조사의 양대 법맥인 신수와 혜능 중 혜능을 왕실로부터 적통(嫡統)으로 인정받는 파란을 겪었다. 그 여파로 각 문중에서 제 7대 조사라 호칭하는 '조사 호칭 혼란'이 있었지만 선종사(史)는 6조 이후는 조사 칭호를 사용하지 않는다.

두보가 시에서 말한 '7조선'의 수수께끼를 풀다 보니 선종사의 조사 법통 분쟁까지 들여다보았다. 어쨌든 '7조선'의 선이 어떤 한 사람의 법문을 가리키는지, 또는 복수의 조사들을 가리킨 것인지도 궁금한 일이다. 왜냐하면 중국 역사상 최고 거물 시인인 두보와 관련된 것이기 때문에 사소해 보이지만 선불교 입장에서는 한 번 짚어 볼 문제가 아닐까 싶다.

〈송하문동자(松下問童子)〉

소나무 아래서 동자승한테 물었지.(松下問童子)

동자승, 큰스님 약초를 캐러 가셨다 하네.(言師採藥去)
이 산중에 계시기는 한데(只在此山中)
구름 깊어 계시는 곳 알 수 없네요.(雲深不知處)

   당(唐) 가도(779~843)의 유명한 선시다. 이 시의 원래 제목은 〈은자를 찾아갔으나 만나지 못하다(尋隱者不遇)〉다. 가도는 출가 승려로 법명이 무본(無本)이었는데, 대 문인으로 고문(古文) 운동의 기수이며 고위 관료였던 한유를 만나 환속해 장강주부 등의 벼슬을 하고 유명 시인으로 이름을 남겼다. 가도의 시에서 시안(詩眼)이 되는 시구는 결구 '운심부지처(雲深不知處)'다. 언어도단일 수밖에 없는 저 초월의 세계를 어찌 인간의 얄팍한 인식 능력으로 다 안다고 우쭐댈 수 있단 말인가. 바로 가도의 시가 보여주는 의경이다. 가도는 깊은 산중이라는 '경(景)'과 산 속의 은자(큰스님·선지식)를 만나고자 하는 자신의 '정(情)'을 융합, 하나로 통일시켜 인간의 지식으로는 감히 접근할 수 없는 저 높은 초월의 세계를 "구름 깊어 알 수 없는 곳"이라는 말로 하나의 상외지상(象外之象)을 조립해 냈다. 이 때의 '알 수 없는 곳(不知處)'은 가시적인 '산중'이라는 상 밖의 보이지 않는 예술 허상인 의경이다.

   시는 설명할 수 없는 것을 설명하고자 하고 선은 설명해서는 안 되는 것을 설명하고자 한다. 그래서 역설적인 시어(詩語)와 상식에는 어긋나지만 도리 상으로는 이치에 맞는 반상합도(反常合道)의 모순 투성이 선어(禪語)들이 시단과 선림에 각각 난무한다. 저 오묘한 도의 세계, 불법 진리의 세계는 인간 언어의 길이 끊어진 곳이라 언어

문자의 표현이나 설명이 불가하다. 기껏 마음으로 감지하고 느낄 수 있을 뿐이다. 이것이 선과 노장의 진리관이다. 가도의 시는 겉으론 아주 쉬운 동시 같지만 선불교의 깊고 깊은 우주 진리관을 (비록 예술적 허상이지만) 형상화한 영원성을 가진 의경미 넘치는 선시다.

> 진짜로 아는 사람은 모르겠다 하는데 이것이 최상의 앎이고 덕이다. 잘 모르는 사람은 오히려 아는 체하는데 이는 병이다.
> (知不知. 上. 不知知 病)
>
> — 『노자』 71장

노자가 제대로 알지도 못하면서 눈먼 장 닭 거들대듯이 아는 체하고 떠들어대는 속인들의 되지 못한 알음알이(知見)의 정곡을 찌른 일침이다.

> 무제: 그러면 지금 내 앞에 서 있는 사람은 도대체 누구요?
> 달마: 모르겠습니다.(不識)

신심이 돈독해 불심천자(佛心天子)라는 평을 듣던 양나라 무제(464~549)가 동아시아 선불교 초조인 달마 대사를 궁중으로 초대해 나누었던 선문답의 마지막 대목이다. 양무제가 자신이 절과 탑을 많이 세우고 많은 스님들에게 공양한 공덕을 자랑하면서 "얼마나 큰 공덕이 되겠느냐?"고 묻자 달마는 "전혀 공덕이 되지 않는다"고 한마디로 잘라 말했다. 이어 무제는 "그렇다면 부처님의 가르침

중 제일 중요한 게 뭐냐?"고 물었다. 이에 달마가 "그것은 아무 성스러움도 없는 공(空)일 뿐입니다"라고 말하자 화가 난 무제는 달마에게 앞의 선문답을 다그쳐 물었다. 그때의 달마 대답이 '불식(不識)'이었다. 달마의 '불식'은 그 초월의 진리, 즉 불법의 도리는 말로는 설명할 수 없다는 선언이다. 인도의 선자(禪者) 라즈니쉬(1931~1990)는 달마의 '모른다(不識)'는 대답을 인류 역사상 가장 위대한 대답이라고 극찬한 바 있다.

도오원지 선사(769~835)가 스승 약산유엄 화상의 회상을 떠나 강서성 오봉산에 주석했을 때 백장회해 화상의 법사인 오봉상규 선사가 찾아와 거량을 했다.

오봉: 자네, 스승 약산 화상을 알고 있는가?
도오: 모른다.
오봉: 왜 몰라?
도오: 몰라. 몰라.

오봉의 물음은 세속적 상식으론 있을 수 없는 물음이고 어떤 답이 있을 수도 없다. 마치 도오를 천치바보 취급하는 질문이다. 도오가 스승인 약산 화상을 모를 리 없지 않은가. 오봉은 도오가 약산 화상 밑에서 배운 선법의 깊이를 한번 넌지시 떠본 것이다. 도오는 그 의도를 이미 간파하고 '모른다'고 대답했고, 오봉이 다시 한번 다그치자 '모른다'를 반복함으로써 불가지론의 절정을 보여주었다. 선에서는 '모른다'는 것이 불법에 더욱 가까워진 것이고 향상일로(向上

一路)의 가능성을 갖는다. 도오의 '몰라. 몰라'는 선림의 '불식' 대답 중 최고봉이라 할 수 있다. 지견(知見)으로는 알 수 없는 진여 불법의 세계에 대해 오봉도 도오도 모른다고밖에 할 수 없다.

절대 초월의 세계를 의경화한 또 한 수의 선시를 감상해 보자.

> 바위 쓸고 흐르는 물가에 앉아 있다가(掃石臨流水)
> 어디서 오시느냐고 물어보았지.(問師何處來)
> 선사의 말이 머무는 곳 어디에도 없고(師言無所住)
> 흰구름 짝하여 날아갈 뿐이라네.(偶與白雲飛)

조선조 문인 청천 신유한(1681~?)의 시 〈적천사를 지나며 방장영 선사를 만나다(磧川寺過方丈英禪師)〉라는 시다. 뼛속 깊이 유생인 그였지만 선심(禪心)이 있었고 선사들과 폭넓은 교유를 가졌다. 저명한 조선조 유생 가운데 선승들과 교분을 가졌던 거물들로는 율곡 이이·추사 김정희 등을 손꼽을 수 있고 직접 교유하진 않았어도 선심을 읊조린 유생은 면암 최익현을 위시해서 수없이 많다. 청천은 많은 걸작 시들을 남겼고 문집 『청천집』을 비롯한 『해유록(海游錄)』 등의 저서를 남겼다. 앞에 소개한 그의 시는 역시 가도의 선시와 같은 맥락의 절대 초월의 세계를 의경화한 선시 풍격을 다분히 지니고 있다.

바위는 늘 그 자리에 있지만 물과 구름은 한 번 가면 다시 돌아오는 법이 없다. 이것이 이른바 부주열반(不住涅槃: 열반에도 머물지 않음)하는 본래 무일물(無一物)의 자리다. 오고 간다는 생사의 분별심을 버린 지 오래된 영 선사의 해탈 경계를 결구 '우여백운비(偶與白雲飛)'가 이 시의 시안(詩眼)이 돼 잘 드러내고 있다. 이 초월의 세계를 가시적으로 볼 수는 없지만 청천의 시가 '예술 허상'으로 형상화한 의경을 통해 영원히 지워지지 않는 하나의 이상향으로 길이 간직할 수 있다. 생사를 초월해 임운자연(任運自然)하는 영 선사의 경계는 이처럼 시의 의경화를 통해 독자들의 감동을 불러일으킨다. 이 곳이 선과 시가 일치하는 '시선일치(詩禪一致)'의 지점이다.

선시들을 통해 '의경[境界]'을 살펴보는 것을 여기서 멈추고 두서없이 전개한 의경설을 정리해 본다.

의경설의 기원

의경(意境)은 불가의 경계설(境界說)로부터 유래했다. 왕국유(1877~1927)는 중국 고전 시가의 전통적 창작 경험과 시론에 서방 미학을 융합한 명저 『인간사화(人間詞話)』에서 의경설을 경계설로 발전시켜 의경과 경계를 같은 범주로 통일시켰다. 그는 경계와 의경을 동일시 내지는 의경을 경계에 포함시키는 입장이다.

'경계'라는 말은 불경에서 비롯됐다. 『구사송소(俱舍頌疎)』는 "색(色) 등 5경은 경의 성격을 지니는데 이것이 경계이기 때문이다. 눈 등 5근은 거울의 성격을 지니는데 이는 경계가 있기 때문"이라고 했다. 여기서 5경은 색·성·향·미·촉의 경(境)을, 5근은 안·이·비·설·신 등의 감각 기관이 행하는 의식 작용인 의(意), 즉 정(情)을 뜻한다.

여기서 "오묘한 지혜만이 밟을 수 있는 곳(妙智游履之所)"을 경계라고 칭한다고 했다.

이 같은 경계설[의경설]은 중국 시가와 회화·조경 등 각 분야의 예술에 대한 인식의 폭을 크게 넓혀 주었다. 실상지리(實相之理: 실상이란 곧 무상인 禪旨)를 인식하는 것이 곧 경계를 이루는 것이다. '예술 형상(허상)'으로써 사상·감정을 표현하는 것이 시의 본질이며 이러한 예술 형상 창조는 주관(마음)과 객관(사물), 정과 경의 관계를 떠나서는 이루어질 수 없다.

"형태 묘사를 간략하게 하고 정신의 뼈대를 취한다"는 서정시와 산수화의 발전에 따라 사람들이 예술이란 객관 사물과 주관 정신의 결합이라는 사실을 보편적으로 깨닫게 됐다. 즉 시나 회화의 예술 형상이 가지는 내용은 붓끝의 표현에만 있는 것이 아니라 표현의 밖에 존재하는 다른 요소 속에도 담겨 있다는 것이다. 시가와 회화는 그 경계가 심오할수록 감동도 깊어진다. 그래서 상외지상·운외지치·길게 남는 여운 등의 의경[境界]이 중요시되기 시작했다.

의경설은 위진 남북조 때 그 실마리가 생겼고 육기(264~303)·유협(465~532)·종영(466~518) 등이 정과 물(物)의 관계를 의상(意象)·자미(滋味)·신운(神韻) 등의 개념으로 제시했다. 이러한 개념들은 의경설의 형성에 중요한 영향을 미쳤다. 의경설은 당대(唐代)에 들어와 선불교와 시가 창작이 번성하면서 본격적으로 발전했는데, 당(唐) 사공도·송(宋) 엄우 등이 적극적으로 선취(禪趣)를 불어넣어 의경설을 풍부하게 만들었다. 날로 의경설의 내용이 풍부해지면서 청대(淸代)에 이르러서는 사용범위가 크게 확대되고 창작과 비평의 '보편 이론'이 됐다.

당대의 왕창령(698~757)은 시경(詩境)을 물경(物境)·정경(情境)·의경으로 나누고 "물경은 사물을 정확하게 묘사하는 것, 정경은 사람의 희로애락을 전달하는 것, 의경은 물과 정의 전 면모를 얻는 것이 중요하다"고 했다.

송대의 엄창랑(엄우)은 『창랑시화』에서 흥취설을 제기하면서 "말은 다 끝났지만 뜻은 다함이 없는 언유진이의무궁(言有盡而意無窮)"한 의경의 '언외지의(言外之意)'를 강조했다.

의경의 정의

중국 문예사에서 의경의 이론적 개념을 정확히 제시한 사람은 거의 없다. 따라서 그 내용도 각기 달라서 일관된 체계를 이루지 못한 것도 사실이다. 근래 들어 신진 학자들이 서구의 미학사상 등과 대비하면서 의경의 개념을 정립하려는 연구 활동이 활발하긴 하다. 우리는 실제로 존재하지 않고 끝이 없는 세계를 '경계'라 한다. 혹자는 이를 '의경'이라 부르기도 해 경계와 의경을 동일한 개념으로 보기도 한다. 의경은 작가의 심령이 만들어 낸 영상, 또는 심미 감상자의 심경 속 영상이다. 유한한 물상(物象)이나 사건, 장소를 초월해 무한한 시간과 공간으로 진입하는 것을 의경이라 할 수 있다. 이른바 우주를 가슴에 안고 천고(千古)를 생각하는 것이다.

의경의 핵심을 이루는 내용은 철학적인 인생과 역사·우주에 대한 느낌이다. 다시 말하면 철학적인 인생관·역사관·우주관이다. 의상(意象)과 의경의 중요 차이점은 의상이 외부에 존재하는 특성에 치중하는 반면, 의경은 사람의 마음과 외부 사물 사이에 형성된 관계에 중점을 두고 있다는 것이다.

우리가 노송(老松)을 인식하는 태도를 대충 다음의 네 가지로 요약해 볼 수 있다.

1. 과학적 태도: 노송의 종류, 나이가 얼마나 되었는지 등에 관심을 갖는다.

2. 공리적 태도: 어디에 쓸 수 있을까에 관심을 둔다.

3. 심미적 태도: 1·2에 관심이 없고 노송이 달빛에 목욕하고 빗물에 씻기며 새벽 안개에 가려 몽롱한 경관이 돼 특이한 즐거움을 가져다주는 쾌락에 관심을 갖는다.

4. 묘오적 태도: 1·2·3을 초월한 일체의 태도와 감정·의지를 버린 순수한 체험 활동이다. 묘오적 태도는 아름다움을 파악하는 심미적 과정뿐만 아니라 인생의 단련에 더 중점을 둔다. 문동이나 운림 같은 화가들이 속세의 때를 벗은 대나무를 그려내고자 하고, 대나무를 통해 자기 심층에 있는 심령의 기쁨과 초월을 얻으려 했던 것이 그 대표적 사례다.

의경은 이 같은 네 가지 노송 인식태도 중 네 번째의 '묘오적 태도'에 속한다고 할 수 있다. 이런 예술 창작 태도는 독자와 감상자들로부터 많은 호응과 감동을 불러일으켰다. 오묘한 깨달음 속에는 심미의 주체도 대상도 없다. 말을 바꾸면 심미의 주체와 객체를 해체시켜 하나로 통일하는 것이다. 그 목적은 마음으로 대상을 깨달아 손이 따르니 말을 잊고 뜻을 얻는 것이다. 심령이 자유롭게 펼쳐져 아무 구속도 없이 노니는 것이 이 같은 묘오의 목표다. 이는 노장의 표현을 따르면 무위이무불위(無爲而無不爲: 마음이라는 주관과 대상이라는 객관을 모두 다 잊고 탐욕이 정화된 마음의 상태에 도달하면 되지 않는 일이 없다)고, 조사선의 표현을 빌리면 '무심시도(無心是道: 분별심을 버린 마음이 곧 도)다.

'무위이무불위'는 『노자』 48장, '무심시도'는 『황벽희운선사어록』에 각각 나오는 설법이다. 소동파가 그의 『화론』에서 말한 "맛없는 맛을 맛보면 다섯 가지 맛을 모두 갖추게 된다(味無味之味 五味備矣)"고 한 것도 같은 취지다.

> 눈으로 돌아가는 기러기 배웅하고(目送歸鴻)
> 손으론 거문고 다섯 줄을 탄다.(手揮五弦)
> 우러러 보고 굽어보는 것이 자재하니(俯仰自得)
> 마음이 태현에서 노닌다.(遊心太玄)

중국 삼국시대 죽림칠현의 영수였던 혜강(223~262)의 시다. 그는 대장장이면서 거문고의 명인이기도 했다. "눈으로 돌아가는 기러기를 전송하는 것"은 참으로 어려운 의경이다. 시나 회화에서 가장 어려운 묘사는 외부적 형태에 있지 않다. 처량한 기러기를 바라보는 눈 속에는 많은 것이 내함돼 있다. 동진의 인물화가 고개지(顧愷之, 344년~406년 경)는 "손으로 다섯 현을 타기는 쉬우나 눈으로 돌아가는 기러기를 전송하는 것을 그리기는 어렵다"고 했다. 고개지의 일생에 걸친 예술적 경험이 이 두 구절에 응결돼 있다. 본래 인물화의 핵은 눈을 그리는 데 있다고 한다. 왜냐하면 눈을 그린다는 것은 정신을 그려내는 일이기 때문이다.

자연스럽고 깨끗하며 매인 데 없는 기운은 모두 눈 속에 들어 있다. 그래서 고개지가 중시한 것은 인물의 눈이 아니라 그림의 형상과 구도를 통해서 전달되는 정신적 눈, 곧 '마음의 눈'이었다. 인물의 정신은 바로 인물의 도량·인물의 심령 경계·인물의 기상을 뜻한다. 그는 육체를 주재하는 정신의 눈을 그려내고자 했던 것이다.

옛 사람들이 말했다.

> "매화와 그 수척함을 같이 하고 대나무와 그 푸르름을 같이 하며, 버드나무와 같이 졸고, 복숭아꽃과 함께 웃으니 꽃 속에 신선이 있다. 꾀꼬리와 같이 소리 내고, 제비와 같이 말하며, 학처럼 웃고, 앵무새처럼 말하니 이런 대화 속에서 자기를 안다."

이는 기뻐하는 우주 생명들의 정조를 잘 드러낸 멋진 표현이다. 과연 돌아가는 기러기를 전송하는 눈은 어떤 눈일까? 형체를 통해 정신을 표현하는 것은 대상 내부에 있는 생생한 활력의 상태를 드러내 보일 수밖에 없다. 중요한 것은 영혼의 초월이다. 그 초월이 포함하는 중요 내용은 하늘과 하나가 된 독립정신이다. 혜강이 시구를 통해 창작한 의경은 천인합일의 경계를 노니는 무심한 정신으로 날아가는 기러기를 기꺼이 보내주는 것이다. 기러기가 가는 하늘 끝 물외(物外)의 경계를 동경하는 그 눈빛은 우리의 영원한 염원을 담은 예술적 허상이다. 우는 눈빛도, 구슬픈 눈빛도, 희희낙락하는 쾌락의 눈빛도 아니다. 그저 세상을 초연한 무심한 눈빛일 뿐이다. 그 눈빛 속에는 생생한 생명의 활력이 솟구치고 있어야 한다.

눈은 심령의 창(窓)으로 인간 내면의 깊은 감정이 그대로 드러난다. 눈을 그리는 것은 정신적 방면에 속하는 것으로 형체를 그리는 것보다 훨씬 어렵다. 그래서 고개지는 인물의 눈을 그리는 것을 '목송귀홍'에 비유했다. '기러기 전송하는 눈'은 그만큼 어렵고 오묘한 의경이기도 하다. 기러기 전송하는 눈 속에는 오만 가지 의경이 들어 있고 감상자 또한 다의적인 심미감과 철학적 느낌을 가질 수 있다.

흔히들 의경을 '정경교융(情景交融)'이라고 정의한다. 즉 사람의 주관적 감정이 사물의 경계를 만나 융합하는 과정에서 만들어진 허상인 예술 형상이라는 뜻이다. 그러나 이는 의경 자체보다는 의경의 기초 내지 모체를 나타낸 것이라고 할 수 있다. 오히려 유우석(772~842)이 말한 "작자는 마음에서 느끼고 감상자는 마음으로 아는데 일일이 설명하기는 어렵다"고 한 것이나 사공도(837~908)가 말한 "바라볼 수는 있어도 눈앞에 나타낼 수는 없다" 한 것과 선불교가 말하는 "형상 속에 기탁되면서 동시에 형상을 초월한 것"이라는 의경 정의가 더 그럴듯할 수도 있다.

이상의 여러 견해들을 종합하면 의경이란 형상화된 정경교융의 예술 허상을 통해 독자들을 상상의 공간으로 이끄는 예술 경계라고 정의할 수 있다. 여기서 주의할 점은 의경은 정경교융이 만들어낸 예술 형상을 보다 심화시켜 상외지상(象外之象)·운외지치(韻外之致)라는 긴 여운을 남겨야 한다는 점이다. 소동파(1037~1101)가 "그림을 잘 그리는 사람은 뜻을 그려내는 것이지 형태를 그리는 것이 아니며, 시를 짓는 사람은 뜻을 말해야지 사물의 이름을 말해서는 안 된다"고 말한 것이나, 사공도가 "남전에 해가 따스하면 옥에서 연기가 나듯이 바라볼 수는 있어도 눈앞에 나타낼 수는 없다"고 말한 것과 엄우가 "말은 다 했지만 의미는 아직 무궁무진하다"고 말한 주관 감정을 중시하는 의경의 강조 포인트를 십분 이해해 형상의 묘사에만 집중하는 창작 태도를 버려야 한다.

의경의 구성과 특징

의경은 실경과 허경으로 구성된다. 상외지상·운외지치·경중지상(鏡中之象) 등이 바로 이를 뜻한다. 실경은 작가가 구체적으로 묘사한 실체이고 허경은 실경을 기반으로 새로이 창출된 언어 문자로 묘사할 수 없는 상외지상인데 이 두 가지가 결합해 의경을 만들어낸다. 즉 의경은 허와 실·유한과 무한·개별과 전체의 통일체라고 할 수 있다. 의경은 실경이 이끌어낸 허경으로 독자의 상상과 관련되기 때문에 작가와 독자와의 상호 관계 속에서 비롯되는 것이기도 하다.

의경의 특징으로는 함축성과 도량이 크고 온후한 온자미(蘊藉美)를 흔히 제시한다. 이는 허경에 기반하는 의경의 성격과도 연관된다. 의경의 근본은 진실·선명함·생동감을 그 생명으로 하는데 형신겸비(形神兼備)·정경교융·자안(字眼) 등의 중요성이 강조된다. 의경

문제는 좀 난해한 대목이 많지만 쉽게 말해 우리가 느끼는 중요한 예술 정취다.

우리는 불교로부터 유래된 의경[境界]이라는 용어를 그 깊은 뜻을 이해하지 못한 채 각 분야에서 널리 사용하고 있다. 마음[精神]이 그려내는 그 허상은 우리네 삶을 풍요롭게 해 주는 활력소의 하나임이 분명하다.

제7장

구지 선사의 한 손가락선
(俱胝一指禪)

금화구지 화상(생몰연대 미상·당나라 선승)은 모든 질문과 법문에 손가락 하나를 들어 올리는 것으로 대답과 설법을 대신했다. '어떤 것이 부처인가?' '무엇이 불법 대의인가?' '조사가 서쪽에서 온 뜻은 무엇인가?' 그는 학인들이 참문하는 이 같은 선문답에서 한결같이 손가락 하나를 들어 올릴 뿐 입을 열어 대답하거나 설명하지 않았다.

이른바 돈오 남종선 대매법상 선사(752~839)의 제자인 항주천룡–금화구지로 이어진 유명한 일지두선(一指頭禪)이다. 구지 화상의 일지두선은 다음과 같은 일화를 남겼다.

> 어느 날 고위 관료 처사 한 사람이 구지 선사를 참문하고자 금화산으로 찾아갔다. 마침 선사가 외출하고 없었다. 그래서 시자에게 선사께서 학인들에게 가르치는 불법의 요지가 어떤 것이냐고 물었다. 시자는 선사가 늘 하는 대로 손가락 하나를 들어 보였다.
>
> 구지 선사가 돌아오자 시자는 낮에 있었던 이야기를 고했다. 선사는 그러면 내가 물을 테니 네가 했던 대로 해 보라고 하면서 "어떤 것이 불법 대의냐?"고 물었다. 시자는 역시 손가락 하나를 들어 올렸다. 선사는 이때 옆에 있던 예리한 칼로 시자의 손가락을 싹둑 잘라버렸다.
>
> 시자는 비명을 지르며 밖으로 뛰어나갔다. 선사는 달아나는 시

자를 향해 큰 소리로 "시자야!" 하고 불렀다. 시자가 고개를 뒤로 돌려 돌아보자 선사는 손가락 하나를 들어 올려 보여주었다. 시자도 무의식중에 엄지손가락을 들어 올렸지만 이미 그의 손가락은 잘려나가고 없었다. 시자는 여기서 돈오해 '절대 무(無)'의 세계로 돌아가는 깨달음을 성취했다.

구지일지선은 『전등록』・『벽암록』・『무문관』 등의 각종 선어록에 기록되어 있다. 『벽암록』에 나오는 또 하나의 '구지일지' 화두 관련 일화를 보자.

구지 화상은 초기에는 항주 금화산에 살았으나 후에 복건성 구지사로 옮겨가 주석했다. 금화산 암자에 살 때의 일화다. 실제라는 비구니가 찾아와 머리에 쓴 삿갓도 벗지 않은 채 석장을 쿵쿵 치면서 좌선하고 있는 주위를 빙빙 세 바퀴 돌더니 "한마디 하면 삿갓을 벗겠소"라고 했다. 비구니가 세 번이나 말했지만 그는 한마디 대꾸도 못했다.
비구니가 그대로 나가버리려 하자 구지는 "곧 해도 저무니 쉬고 가라"고 했다. 비구니는 또 다시 "한마디를 하면 머물겠소"라고 했으나 역시 끝내 말문을 열지 못했다. 결국 비구니는 그 길로 떠나가 버렸다. 어이가 없어진 구지는 울화가 치밀어 다시 '수행의 길(萬行)'을 떠나리라 마음먹고는 나그네 길 바랑을 꾸려놓고 잠자리에 들었다.
한밤중 꿈속에 산신이 나타나 "너는 여기를 떠나지 말라. 내일 살아 있는 보살이 찾아와 너를 인도해 주리라"라고 했다. 과연 다음날 천룡 화상이 구지의 암자를 들렀다. 구지는 화상에게 어제의 일을 이야기하면서 어찌 하면 좋을지 가르침을 청했다. 이때 청룡 화상은 손가락 하나를 우뚝 세워 보였다. 선기(禪機)가 무르익었던 구지는 화상의 손가락 하나를 보는 순간 홀연히 크게 깨쳤다.

그런 뒤로 구지 선사는 누가 무슨 질문을 해도 법문을 청해도 엄지손가락 하나를 세워 보였을 뿐이었다는 것이다. 구지가 들어 올린 한 손가락은 온 우주가 하나로 통일되어 여기에 포함되어 있다는 상징성을 담고 있는 대기대용(大機大用)이다.

그는 임종 때에도 "나는 천룡 화상에게서 '일지두선'을 체득하여 평생을 쓰고도 다 못 쓰고 간다"고 하고는 손가락 하나를 우뚝 세워 보이고 숨을 거두었다.(원오극근 저·안동림 역, 『벽암록』 p.136)

구지 선사의 일화는 정말 통쾌하다. 선은 우리에게 이처럼 막힌 체증을 확 뚫어주는 통쾌감을 느끼게 한다. 시자의 손가락을 칼로 싹둑 자르는 잔인하고도 치열한 가르침, 손가락 하나에 천지 우주를 돌돌 말아 넣는 통 큰 기량은 정말로 멋지고 통쾌하다. 수량적으로는 최소 단위인 하나(一)가 이렇게 큰 의미를 가질 수 있을까!

1. 천지는 손가락 하나일 뿐이다

'구지일지' 화두는 도의 정체성(整體性: The whole one)을 철견해 만물제동의 인식을 갖게 되면 넓은 개방적 마음을 가질 수 있으며, 이것이 바로 불법대의고 선지(禪旨)라는 가르침이다. 이 화두의 요결은 손가락이 아니라 '하나(一)'에 있다. 그 하나가 뜻하는 바를 체득하는 게 '구지일지' 화두의 투과(透過)다.

선과 노장이 말하는 '하나'가 뜻하는 바는 대략 다음 세 가지로 요약할 수 있다.

    1) 존재의 근원으로서의 도(道)
    2) 만물일체의 절대 평등과 우주 정체성
    3) 분별심을 떠난 통합적 전체성

화두 '구지일지'가 뜻하는 바를 이해하기 위해서는 우선 『장자』 「제물론」이 말하는 '만물제동(The equality of things)'을 숙지하는 게 그 지름길일 수 있다. '일지(一指)'라는 말 자체가 『장자』에서 나왔다.

천지는 손가락 하나이며 만물은 한 마리의 말일 뿐이다.
(天地一指也 萬物一馬也)

- 『장자』 「제물론」

장자가 설파한 유명한 절대 평등론이다. '일지'와 '일마'는 동일한 개념을 일컫는 말로 잡다한 개념의 반대말로 사용된 것이다. 잡다한 개념들은 모두가 인간이 만들어 놓은 것이다. 천지 만물에는 본래 이것도 없고 저것도 없으며 아름다움도 추함도 없다. 어지럽고 혼란스러운 개념들은 인간이 사물에 덧씌워 놓은 것일 뿐이다. 인간이 개념을 부과한 후 사물은 화합 통일되기보다는 도리어 분열되었다. 장자가 "천지는 손가락 하나이며 만물은 한 마리의 말일 뿐"이라고 한 것은 ▲차별적 인식을 버리고 모든 사물을 하나로 평등하게 보는 인식으로 돌아가자 ▲대립을 떠나 화해를 추구하자 ▲분별심을 떠나 완전한 총체를 이루자는 주장이다. 시와 비, 유와 무라는 현상계에서의 분별은 그 존재의 근원이 되는 공(空)·허(虛)·무(無) 등으로 표현되는 본체계로 돌아가면 다 같은 하나일 뿐이라는 것이다.

본체의 작용으로 나타난 형형색색의 삼라만상은 색깔과 크기 등 갖가지 차별상을 갖지만 그 뿌리로 돌아가면 아무런 차별성도 없는 하나일 뿐이라는 것이다. 그래서 만물제동이 된다. 만물 평등이 『장자』의 중심을 이루는 「제물론」의 핵심 사상이다. 감산 대사는 『장자』의 "천지일지…" 구절을 다음과 같이 풀이했다.

"도의 눈, 즉 큰 시야로 보면 남과 나의 분별에서 나온 나의 시비 판단은 저절로 끊어지고 천지와 내가 함께 살고 만물과 내가 하나가 된다. 이렇다면 천지는 하나의 손가락이고 만물은 한 마리의 말일 뿐이다. 또 무엇 때문에 피차간의 시비가 있겠는가?"

장자는 "천지일지…"에 앞서 사물의 이치가 같은 점을 손가락과 말의 예를 들어 설명한다.

"약지와 중지는 구분이 있으나 모두 손가락이라는 점에서는 하나일 뿐이다. 말에는 흑마와 백마가 있다. 색깔로는 흑·백으로 분별되지만 근본적으로는 모두 말이다. 흑·백의 색깔에 앞서는 '근본'은 말이다. 그래서 손가락과 말이 근본적인 사물의 이치이고, 약지니 중지니, 흑이니 백이니 하는 분별은 지엽이고 본말의 '말(末)'이다. 보통 사람의 눈은 '말'을 볼 뿐이고 깨달은 지인(至人)의 도안(道眼)은 말단 뒤에 가려져 있는 근본까지 꿰뚫어 본다."

감산은 장자의 이 설법을 "약지와 중지, 흑마와 백마의 구분은 처지를 바꾸어 보면 손가락과 말일 뿐 둘이 아닌 하나다. 그렇다면 흑이냐 백이냐의 시비 다툼은 사라진다. 하늘의 밝음에 비추어 보고 시비를 떠나면(照破) 천지는 나와 함께 살고 만물은 나와 하나가 된다. 이렇게 되면 천지는 하나의 손가락이고 만물은 한 마리의 말이다. 참으로 '분별심'이 사라지면 만물은 하나이다"라고 풀이했다.

장단·미추는 인간의 감정으로 보면 그 실상이 한 가지가 아니라 시비가 없기 어렵지만 '도안'으로 보면 장단과 미추라는 본래의 상(相)이 없기 때문에 모두 평등하다. 만물에 대한 모든 분별은 우리의 언어 개념에 불과하고 감각에 의한 분별일 뿐 본질적 차이를 인정할 수 없다. 자연 그대로의 입장에서 보면 있어야 될 것과 없어야 될 것이 구분되어 있지 않다는 것이다.

천지자연을 우리의 주관을 개입시키지 않고 있는 그대로 보면 모두 그렇지 않아야 될 것이 없다. 그래서 지인은 천지가 하나의 손가락이며 만물이 한 마리의 말임을 안다. 이렇게 되면 옹졸한 마음이 탁 트여 아무런 걸림이 없게 된다.

한자의 하나를 뜻하는 일(一)자는 바다(땅)와 하늘이 맞닿은 지평선을 상형화한 글자다. 이는 곧 천지의 합일, 천인합일(天人合一) 사상을 상징하는 의미를 갖는다. 갑골문에서부터 지평선 모양의 가로획을 그어 '하나'의 개념을 나타내 왔다. 일(一)이 둘 모이면 이(二), 셋 모이면 삼(三)이 되는데 삼은 천·지·인을 뜻하고 이 셋은 지평선처럼 획일적인 평등성을 갖는다. 그래서 '一'은 평등사상을 상징하는 숫자이기도 하다.

一은 숫자의 시작이다. 하지만 한자에서 一은 단순한 숫자의 개념을 넘어선 오묘한 철학적 의미를 갖기도 한다. 一은 인간의 인식

체계로 분화시킬 수 없는 혼돈(chaos: 道)이자 분리될 수 없는 전체(The whole one)이다.

그래서 一은 하나이면서 모두를 뜻하고, 만물을 낳는 도이자 우주 만물 전체를 의미하며 '획일'에서처럼 통일을 뜻하는 숭고한 철학적 개념을 갖는다. 요약하면 一은 선과 노장 사상에서 도·평등·통일 등의 의미를 내함하고 있다.

장자가 주장하는 핵심은 무릇 형체가 있는 것은 가탁(假託)일 뿐이니 이치가 같다는 점에서는 모두 '하나'로 보아야 한다는 것이다. 이를 요약한 설법을 보자.

도는 통하여 하나가 된다(道通爲一)

생과 멸(滅)은 반대되는 현상 같지만 하나로 통한다. 씨앗이 멸하면 나무가 생(生)한다. 나무의 성장 과정은 생하는 현상이면서 동시에 멸하는 현상이다. 나무는 씨앗을 남기고 언젠가는 죽는다. 불멸하는 나무는 세상에 없다. 이처럼 생과 멸은 하나다. 이 같은 하나의 길이 바로 '도'이다. 도는 생이면서 동시에 멸이다. 생멸을 가능케 하는 바탕, 즉 도의 바탕은 공(텅 비어 있음)·무(없음)다. '없음'으로 인해 도는 막힘이 없이 통하여 하나가 된다. 공·무는 형체가 없기 때문에 어디에도 걸림이 없고 들어가지 못하는 곳이 없다. 도가 통하여 하나가 되는 곳에서는 시비 논쟁과 분별심은 저절로 사라진다.

나무를 베어 그릇을 만들 때를 보자. 나무는 베어 쪼갬으로써 없어졌지만 아무 것도 없던 상태에서 그릇이 만들어져 사물로 완성되었다. 나무는 훼멸했지만 그릇이라는 하나의 사물이 이루어지는 성훼(成毁)의 윤회가 진행됐다. 생과 멸도 이와 같은 것이다.

사람들은 서시와 같은 미인을 아름답다고 하지만 사슴과 같은 동물들은 서시를 아름답다며 구경하지 않고 마치 추하기 짝이 없다는 듯이 겁내며 달아난다. 누가 어떤 판단을 내리든 그녀의 모습에는 바뀐 것이 없다. 어떤 사태에 대한 판단은 자신의 기준에 따라 기계적으로 재단하는 '기심(機心)'에 의해 생겨난 것일 뿐이다. 자신의 판단과는 반대로 보이는 어떤 사태도 그 사태의 본원인 도에 비추어 보면 천연의 모습은 '하나'로 존재할 뿐이다. 이것이 '도통위일'이다.

'기심'은 인간 마음의 움직임이 기계적이라는 뜻인데 장자가 사용하는 특유의 용어다. 텅 비어 있는 본심이 아닌 인위적으로 조작된 마음을 뜻한다. 인간의 마음은 외부 사물을 대할 때 자신이 설정한 가치 기준에 따라 조건반사적으로 기계적인 작동을 한다는 것이다. 기심에 반대되는 말은 '진심'이다. 진심은 곧 불교의 '불성'이다. 마조 대사가 설파한 '즉심즉불(卽心卽佛: 마음이 곧 부처다)'의 즉심도 바로 진심이다. 즉심을 '성심(成心)'이라고도 하는데 현재 작용하고 있는 본래심을 뜻한다.

나무와 그릇의 관계는 파괴가 곧 건설이고, 건설이 곧 파괴가 됐다. 무릇 사물에는 건설도 파괴도 없다고 생각하면 다시 통하여 하나가 된다. 『장자』「제물론」은 '도통위일'에 이어 '부통위일'을 설한다.

다시 도를 통하여 하나가 된다(復通爲一)

달관자가 천리(天理)로 세상을 관조하면 모든 만물은 다시 하나로 통하게 된다. 이로써 달관자(깨친 자)는 사견을 버리고 대중의 호오(好惡)를 자기의 호오로 삼는다. 달관자는 만물을 하나로 통일했지만 그 소이연(所以然)을 알 수 없다. 그는 그 까닭을 알려는 데 크게 마음을 쓰지도 않는다. 그것은 스스로 그러한 '자연'일 뿐이다.

만물을 하나로 통일하면 자득(自得)하게 된다. '자득'은 시와 비·생과 사에 대한 분별심과 집착이 없어짐을 뜻한다. 그러므로 달관자는 자득한 후로는 스스로 적연(寂然)하여 도에 가까워지고 진실을 따르게 된다. 필자는 임제의현 선사가 설파한 법문 중의 유명한 일구인 '수처작주 입처개진(隨處作主 立處皆眞: 어디서고 깨어 있는 사람이면 서 있는 곳 모두가 진리의 땅이 된다.)'도 장자의 도통위일·부통위일의 경계라고 본다.

감산 대사는 이 같은 장자의 설법을 "노자가 설파한 도는 자연으로써 본성을 삼는다(道法自然: 『노자』 25장)와 같은 맥락"이라고 했다. 흔히 '도는 자연을 본받는다'로 해석하는 '도법자연'은 자연이 바로 도라는 얘기다. '도'는 최고, 절대의 권위를 갖기 때문에 다른 무엇을 본받는다는 것은 말이 안 된다. 따라서 도는 '저절로 그러함'을 본성으로 삼는다는 뜻으로 보아야 한다. 노장에서의 '자연'은 흔히 도의 다른 이름으로 사용된다는 점에서도 자연과 도는 동격이지 자연을 도의 상위 개념으로 보고 도가 자연을 본받는다고 할 수 없다. 선과 노장은 자연의 존재양식과 운행법칙을 인간이 절대적으로 따라야 할 '도'로 본다.

노장에서의 '하나(一)'는 자연·무와 함께 도의 또 다른 이름이면서 근본·인간의 본성·자연·인간의 본래면목을 가리킨다. 형이상학적으로는 '절대 무'와 함께 도를 가리키지만 형이하학적으로는 세속의 정치·사회적 평등·통치 리더십 등 다양한 스펙트럼을 갖는 세속 현실성을 담고 있기도 하다.

춘추 전국 시대라는 사회적 혼란과 정치적 갈등, 백가쟁명의 논쟁이 범람하는 가운데서 이를 화해와 초월로 극복하고 하나로 통일된 정체성(整體性: the whole one)을 확립하고자 했던 간절한 뜻을 담고 있는 것이 노장사상이고 노장철학이기도 했다.

노장의 '하나'는 곧 자연이다. 자연은 만물을 하나로 본다. 사람을 귀하게 보고 개를 천하게 보는 편견·변견(邊見)이 없다. 그래서 노자는 "하늘의 도는 편애가 없다(天道無親)"라고 했다.(『노자』 79장) 장자 또한 "지극한 사랑은 편애가 없다(至仁無親)"고 했다.(『장자』「천운」)

자연은 시비와 차별이 없다. 그저 모두를 하나로 포용하면서 각각의 존재를 평등하게 인정한다. 선과 노장은 사람뿐만 아니라 모든 존재의 본성은 아름답고, 고요하고, 서로를 차별하는 분별심이 없다고 본다. 자연의 본래 모습과 운행법칙, 이른바 자연섭리에 순응하면서 고요함을 즐기는 것이 인간의 본래면목이고 본성이라는 것이다. 포효하는 호랑이도 온 종일 울어대기만 하지 않고 고요한 깊은 숲속에서 일생을 살아간다. 노자는 "폭풍은 아침 내내 부는 법이 없고, 소낙비는 하루 종일 내리지 않는다(飄風不終朝 驟雨不終日)"라고 했다.(『노자』 23장)

노자는 또 인간이 그 본성(뿌리)으로 돌아가는 것을 '고요함'이라 했다. '귀근왈정(歸根曰靜)'이 바로 그것이다.(『노자』 16장) 이러한 고요함은 '위대한 고독'이다. 석가모니가 '천상천하유아독존'이라 한 것도 바로 뿌리로 돌아간 고요, 즉 위대한 고독을 말한 것이다.

맑은 물과 청정한 풀을 좋아하는 것이 양과 소의 본성이다. 유럽 고산지대나 아프리카 북단의 목축민 생활 다큐멘터리를 보면 목동 한 명이 몰이 개 두어 마리를 데리고 수백 마리의 소 떼와 양 떼를 몰고 이동한다. 그 이치는 간단하다. 맛있는 물과 싱싱한 풀을 좇아 이동하는 것이 소와 양의 본성이다. 이러한 본성이 이끄는 대로 놓아두고 무리에서 벗어나는 소와 양만 막아주는 것이다. 본성과 반대되는 방향, 청정하지 못한 물과 마른 풀이 있는 곳으로 몰아가려면 목동 10명과 몰이 개 스무 마리라도 힘에 부칠 것이다. 소나 양처럼 자연으로부터 품수한 본성을 따르는 것이 도다.

이 사례에서 보듯이 인간의 본성을 따르는 것이 최고의 통치술이고 가장 효율적인 정치 리더십이다. 케케묵은 동양철학이라고 폄하해서는 안 된다. 현재의 하버드대나 옥스퍼드대 교수 가운데도 인간의 '본성'을 중시하는 리더십을 강조하면서 인간 본성을 외면한 채 인간을 개조하겠다고 나서는 국가주의를 비판하는 저명한 교수들이 있다.

19세기 미국의 저명한 자연주의자인 헨리 데이비드 소로와 20세기 독일 실존철학의 거두 하이데거는 저 옛날의 노장사상과 같은 맥락의 자연과 인간의 합일[天人合一]을 강조했다. 그들은 과학기술 이전에 사물들과 관계하는 보다 근원적인 방식이 있었고 이러한 방식에 근거하여 세계와 사람들이 합일을 이룰 때 인간은 자신들의 삶을 만족해 할 수 있다고 보았다. 두 사람 모두 실제로 자연의 숲 속에 집을 짓고 '위대한 고독'을 즐기는 삶을 살기도 했다.

노장은 이를 '물아일체(物我一體)'·'만물여아동근(萬物與我同根)'이라는 한마디로 요약한다. 헨리 데이비드 소로(1817~1862)는 세계적 명문 하버드대를 나왔다. 그는 월든이라는 호수가에 살면서 삼림생활을 기록한 책 『Walden, Life in the woods』를 저술해 범신론적인 자연관을 전개한 자연주의자. 그는 자연의 존재양식과 운행방식을 따라 사는 삶에서 더없는 만족감을 느꼈고 자연 섭리의 위대함을 거듭 찬미했다. 그의 책은 통렬한 현대 사회 비평으로 유명한 베스트셀러였고 우리나라에서도 『숲속의 생활』이라는 이름으로 번역 출판된 바 있다. 소로와 하이데거는 모든 조직·권위·부의 축적 등을 개인의 내적 생활의 적으로 규정했다.

왕필은 노자의 '도법자연(道法自然)'을 "도는 자연을 본성으로 삼는다"고 주석했다. 자연은 도의 본성일 뿐만 아니라 인간의 본성이기도 하다. 본성을 따르는 것은 개인의 내적 생활뿐만 아니라 한 나라를 이끄는 정치 지도자의 리더십 발휘에서도 절대적인 좌우명이 아닐 수 없다.

『장자』「제물론」이 설하고 있는 "천지일지… 도통위일(天地一指…道通爲一)"을 정리 요약하면:

'천지일지…'는 두 가지 의미를 담고 있다. 하나는 시비·유무의 뿌리는 원래 하나다. 뿌리라고 하는 '혼돈'에는 본래 유무니 하나니 하는 것조차도 없었다. 그리고 그 혼돈 이전은 공이고 허(虛)일 뿐이었다. 천지는 나와 함께 나왔고 만물은 상대적 차별 없이 나와 더불어 그 근본이 하나다. 이렇다면 피차간의 구분과 논쟁이 있을 수 없다.

다른 하나는 분별심을 버리라는 것이다. 만물은 대도에서 보면 하나로 통일될 수 있다.『장자』「제물론」의 핵심인 만물 평등의 세계관으로 '평등 속의 차별'을 수용하면서 삼라만상을 수평적으로 통일한 만물제동(The equality of things)에서는 분별심이 사라진다. 시와 비는 도와 통하면 똑같은 하나가 된다.

'도통위일'은 근원적인 도를 통과하면 하나가 된다. 이렇게 만물을 관찰하면 무슨 시비가 있을 수 있겠는가. '도통위일'의 일(一)은 절대 평등·절대 자유를 뜻한다. 그 의미하는 바를 다음 세 가지로 정리해 볼 수 있다.

1) 도의 관점으로 보면 어떤 차별도 있을 수 없다. 사물의 차별성은 인간이 설정한 것이다. 사람들은 어떤 꽃은 예쁘다 하고 어떤 꽃은 예쁘지 않다고 한다. 그러나 꽃 자체에는 미추의 '속성'이 존재하지 않는다. 모든 꽃은 그냥 꽃일 뿐이다. 시비·대소·미추 등의 가치는 모두 인간이 사물에 덧붙인 것이며 사물 자체에는 본래 그런 분별이 없다. 이 때의 하나(一)는 사물 본연의 상태를 가리킨다.

2) 인간의 주관적인 분별심은 사물에 침투한 다음 인간의 마음을 구속해 가두어 버린다. 우리는 사물의 차별성이 인간의 주관적 의식의 반영이라는 것, 즉 인간의 선입견과 편견에 의해 야기된 것임을 깨달아야 한다. 이 같은 반성적 깨달음은 인간 각자의 마음에

서 주관적 아집을 사라지게 할 수 있으며 사물 본연의 상태를 관조할 수 있게 한다. 이 때의 하나(一)는 닫힌 공간에서 뛰쳐나와 도달한 '화해와 융합의 경지(comprehensive harmony)'를 말한다.

3) 하나는 완전하고 정연한 통일체를 의미한다. 모든 사물의 생성과 훼멸은 전체 자연계의 발전 과정 가운데 일부일 뿐이다. 전체 자연은 하나의 '완정(完整)한 통일체(The whole one)'다. 장자는 "사물에는 완전한 것과 훼손된 것의 차별이 없으며 하나로 통일된다"고 했다. "하나로 다시 통일된다(復通爲一)"는 것은 모든 사물의 분리와 합성, 합성과 분리가 완정한 통일체로 귀결된다는 의미다.

자연계에서는 시비를 따지는 논쟁이 전혀 일어나지 않는다. 오직 모든 것을 있는 그대로 포용하는 '대긍정'이 있을 뿐이다. 인간의 편견 때문에 분별과 시비가 일어난다. 가장 중요한 것은 '대긍정'이다. 자연 대도는 긍정[有]과 부정[無]을 분별하지 않고 수평적으로 대등하게 포용한다. 이것이 바로 깨친 자·지인(至人)의 대긍정이고 절대평등이고 장자가 말하는 '만물제동'이다. 대긍정은 사물을 수직 층차적으로 보지 않고 수평적으로 대등하게 보는 데서 출발한다.

로마시대 라틴어 성적 평가는 모두 네 단계의 긍정적 평가였다. 숨마 쿰 라우데(최우수)·마그네 쿰 라우데(우수)·쿰 라우데(우등)·베네(잘 했음)가 그것이다. 평가 언어가 모두 이처럼 긍정적인 표현이었다. 잘한다, 못한다는 단정적이고 닫힌 구분이 아니라 잘한다로 연속되는 미래 지향적 스펙트럼을 가진 이런 평가가 바로 '대긍정'이다. '숨마 쿰 라우데'는 현재 하버드대 최우수 졸업생에게 주는 상 이름이기도 하다. 로마 시대 성적 평가에 쓰였던 라틴어를 그대로 사용하고 있는 것이다.

퇴계 이황은 26세나 아래인 아들 같은 기대승과 학술 논쟁을 벌이면서 반말을 하지 않고 '~하시게'라고 존댓말을 썼다고 한다. 이런 것이 수평적 관계고 '절대 평등'이다.

결론적으로 구지 화상이 들어 올린 한 손가락은 도·절대 평등·자유·자연·통합 등 본연의 우주를 상징하는 엄청난 의미를 가진 신체 언어(body language)였다.

2. 하나가 왜 중요한가?

구지 스님이 들어 올린 한 손가락의 하나(一)는 1·2·3·4…로 셈하는 숫자를 말한 게 아니다. 그 하나(一)는 어떠한 분별도 대립도 없는 우주 삼라만상의 근원인 도, 선학 용어로 말하면 일심(一心: 한 생각)을 설한 언어문자를 떠난 무언의 불립문자 법문이다.

구지 스님의 한 손가락은 평등·자유·자연·무·허·상(常: 불변의 진리)·도·불법 진리를 한번에 드러낸 어둠 속의 백열등 샹들리에다. 그 하나에는 어떠한 차별도 분별도 없다. 시비와 차별이 없으니 그 하나조차도 없는 '절대 무'다. 인간은 그 하나를 모른다. 알 수도 없는 것이다. 구지 스님의 한 손가락 법문은 단순하게 말하면 '분별심을 버려라', '마음이 만법의 근원이니 자성청정심을 지켜라'라는 것이지만 그 외에도 여러 가지 다양한 철학적·사상적 의미를 담고 있다.

구지 스님의 '한 손가락' 화두를 살펴봄에 노자·장자를 자꾸만

끌어들이는데 지루해 할지도 모르겠다. 또 타종교 교리(노장철학)로 불교 종지를 해석했던 격의불교(格義佛敎) 시대로 돌아가자는 이야기냐고 반문할 사람도 있을 것 같다. 그러나 "혜능선은 노장사상을 자신의 혈액 속에 주입하여 선학의 유기체로 만들었다"(서소약 저, 『선과 노장』 p.282)는 사실을 인정한다면 선학 이해를 위한 노장철학의 숙독은 선택이 아닌 필수다. 구지 스님의 '일지'는 선학적으로 해설하면 만법의 근원인 일심(一心)을 가리킨다.

"마음은 만법의 근원이다. 일체의 법은 오직 마음으로부터 생기는 것이다. 마음을 완벽하게 알고 나면 만행(萬行)이 구비된다."

달마의 『관심론(觀心論)』이 설파한 법문이다. '일심'이란 자교오종(藉敎悟宗)의 능가선에서 거듭 강조하는 수진본심(守眞本心)·심성본정객진소염(心性本淨 客塵所染: 사람의 심성은 본래 청정한데 밖의 객진번뇌에 의해 더럽혀져 있을 뿐이다)이 말하는 본심·자성청정심·불성을 뜻한다. 따라서 구지 스님의 한 손가락은 '마음이 곧 부처'라는 그 마음을 가리키고 있는 것이다.

구지 스님의 '일지'는 노장의 용어로 바꾸면 바로 도다. 도는 개념적 언어나 논리로 파악할 수 없고 텅 비어 있으며, 찰나적이며, 그 근거를 헤아리기 어렵고, 또한 소리도 냄새도 촉감도 없다. 그럼에도 도는 모든 존재의 근원이며 '하나'일 뿐이다. 그 도는 하늘과 대지에 앞서 생겨났다.

"하나인 도를 그 근원으로 하는 만물에는 귀천의 차별이 없고 자연으로부터 생겨났다는 점에서 '한 가지(一)'일 뿐이라는 말이다."

곽상은 『장자』「인간세」편의 "안으로 충직하다 함은 대자연과 어울려 하나가 되었음을 뜻한다(內直者與天爲徒)"를 위와 같이 주석했다. 요약하면 도는 절대 평등하다는 것이다. 과연 도는 무엇이며 하나(一)는 어떤 뜻을 함축하고 있는가를 잠시 살펴보자.

도(道)

1) 호적은 도를 일종의 '무의식 개념'이라고 했다.
2) 풍우란은 천지만물을 낳는 소이(所以)가 되는 '총원리'라 했다.
3) 장대년은 도를 우주의 '궁극적인 근본'이라고 한 말은 비교적 정확한 것이라고 했다.
4) 유소감은 도에게는 두 개의 기본적인 함의가 있다. 하나는 '세계의 본원'을 가리키는 것이고 또 하나는 '최고의 인식'을 뜻한다고 했다. 유소감은 노장의 도를 본원적인 존재라는 측면과 최고의 인식이라는 측면으로 나누어 본다. 장자도 이상적인 진인·지인·성인은 이 양자를 통일해 갖추고 있다고 했다.

도를 위와 같이 해석한 사람들은 모두 현대의 거물 노장철학자들이고 1947년생인 유소감은 하버드·프린스턴대 등에서도 강의했고 북경대 교수를 역임한 저명한 철학자이다. 그의 명저『장자철학』

이 한국에도 번역 출판됐다.

일(一)

일(一)은 ①하나 ②같음(同) ③근원을 뜻하는 글자다. 지평선을 상형화한 '일'자는 평등·동일함을 뜻하는데 그 밖에도 오묘한 철학적 개념을 가지고 있다. 인간의 인식체계로는 분화시킬 수 없는 카오스(혼돈)이자 분리될 수 없는 '전체'를 일로 나타낸다. 그래서 일은 하나이자 모두를 뜻하고 만물을 낳는 도이면서 우주 만물 전체를 의미한다. 『장자』의 본론인 내편의 결론으로 제시된 우화 '혼돈칠규(混沌七竅)'가 이를 웅변적으로 잘 설명한다. 북해의 제왕 홀과 남해의 제왕 숙이 중앙의 제왕 '혼돈'을 사람처럼 만들고자 7개의 구멍(이목구비)을 뚫자 마지막 구멍을 뚫는 순간 혼돈이 숨을 거두고 만 이 우화는 인위로 분리시키거나 분화할 수 없는 '무위자연'이 곧 도임을 밝혀 장자철학의 핵심인 무위자연의 도를 명쾌하게 설파했다.

'같음'을 뜻하는 일(一)

지는 노을과 외로운 들오리가 강 위로 나란히 날고, 가을날 길게 뻗어 흘러가는 서강의 물빛은 하늘과 같은 색깔이다.

(落霞與孤鶩齊飛 秋水共長天一色)

왕발(650~676)의 〈등왕각 서〉에 나오는 유명한 절창구다. 여기에 나오는 '일색(一色)'의 일은 서강의 물빛과 하늘의 색깔이 똑같다는 동일성을 강조한 것이다. 서강은 강서성 성도인 남창의 서쪽으로 흐르는 장강(양자강)을 말한다.

강서성 구강 구간을 흐르는 장강을 그 지역에서는 심양강이라고 부른다. 우리도 부여 구간을 흐르는 금강을 그 일대에서는 '백마강'이라고 부르는 것과 같다. 긴 강의 이름이 구간마다에서 자기들 나름의 전설과 역사를 담고 토속적인 애칭으로 다르게 불리는 것은 오랜 관습의 산물이다.

통일·통합을 뜻하는 일(一)

장자가 거듭 강조하는 일은 ▲만물 평등 ▲융합과 화해(comprehensive harmony) ▲완전하고 정연한 통일체(The whole one), 즉 도를 가리킨다.

> 사물에는 완성과 훼멸의 차별이 없으며 하나로 다시 통일된다.(萬物 無成與毀 復通爲一)
>
> — 『장자』「제물론」

사물은 완성과 훼멸이 꼬리를 물지만 전체 자연계 일부의 변화일 뿐 전체 자연은 하나의 완정(完整)된 통일체 그대로이다. 장자가 설파한 위의 '부통위일'의 일은 '통일'·'도'를 상징하고 있다.

근원적인 존재(The original existence)인 일(一)

노자의 일은 ▲근원적인 존재 ▲우주의 시원인 도를 뜻한다.

> 옛날에 근원적인 존재가 있었다. 만물은 그 근원적인 존재가 있음으로써 생겨나게 되었다.(昔者得一者…萬物得一以生)
> — 『노자』 39장

위의 노자 설법에서의 '하나(一)'는 근원적인 존재, 곧 우주의 시원인 도를 가리킨다. 『노자』 14장은 이에 앞서 "보아도 보이지 않고(夷), 들어도 들리지 않고(希), 만져도 만져지지 않는(微) 도의 특징을 뭉뚱그려 '하나(一)'라고 한다"고 했다. 이·희·미를 합한 것이 도(一)라는 얘기다. 이 때의 일은 통합의 뜻이다. 왕필은 『노자』의 이 구절을 "무는 일에 있다(無在於一)"고 풀이했다. 노자의 설법과 왕필의 주석을 종합하면 일·무는 도의 다른 이름이라는 얘기다.

일(一)은 선이 말하는 '본래면목'이고 하이데거가 말하는 '근원적인 존재'이기도 하다. 일이 가지는 의미가 얼마나 크고 다양한지는 이쯤에서도 충분히 알 수 있다. 장자는 "천지가 크다 하지만 손가락 하나와 다를 바 없고 만물의 수가 많다지만 말 한 마리와 다를 바 없다(天地一指也 萬物一馬也)"는 설법을 통해 천지 만물은 본래 이것도 없고 저것도 없으며 아름다운 것도 추한 것도 없다는 만물 평등론을 강조했다. 장자는 이 설법을 통해 차별적 인식을 버리고 만물제동(萬物齊同: the equality of things)의 인식으로 돌아가 대립을 떠나

화해하고 분열을 버리고 통합해 총체를 이루자고 했던 것이다.

존재하는 모든 사물들 자체에는 옳음과 그름, 그러함과 그러하지 않음의 구분이 없다. 시비와 가불가(可不可)는 우리 인간이 사물에 부과한 것일 뿐이다. 장자가 추구한 '만물제동'의 취지가 바로 이것이다.

> 하늘은 하나를 얻어서 맑고 땅은 하나를 얻어서 단단하고 정신은 하나를 얻어서 신령하다.(天得一以淸 地得一以寧 神得一以靈)
> — 『노자』 39장

여기서의 일(一)은 곧 도다. 사람의 경우 순수한 본연의 마음이 바로 도다. 『장자』「선성」은 "(본래면목인) 혼돈의 시대는 모두가 하나 된 절대 평등의 시대였다. 이 시대에는 사람들이 의식적으로 무엇을 하려는 일이 없었고 언제나 자연 그대로 저절로 그렇게 되었다.(此之謂 至一 當是時也 莫之爲而常自然)"고 한다. 여기서의 일(一)은 절대 평등을 뜻한다. '혼돈'은 분별도 차등도 없는 세계, 바로 본래면목이다.

천인합일의 일

> 그 하나는 하늘과 더불어 무리가 된다.(其一與天爲徒)

감산 대사는 이 구절을 "그 일(一)은 천인합일이다. 하늘과 사람이 하나로 합하여 도에로 귀결되면 합일되지 못했던 만물이 회귀하게 된다"고 풀이했다. 여기서의 일은 도를 의미한다.

정체성(整體性)을 뜻하는 일

그러므로 만물은 하나이다. 그래서 천하를 통하는 것은 하나의 기일 뿐이라고 한 것이다. 성인은 하나를 귀히 여긴다.
(故萬物一也… 故曰 通天下一氣耳 聖人貴一)

— 『장자』 「지북유」

장자는 "집착하지 않고(和), 자연을 따르고 균형을 유지하는 것(休), 화휴(和休)가 곧 해탈의 길(和之以是非而休乎天鈞)"이라고 말한다. 풀이하면 시와 비를 조화시키고 자연의 균형에 맡겨 놓은 채 한 생각을 쉬라는 것이다. 이는 시비의 쟁론에 집착하지 않고 사리(事理)를 따르는 자연적 균형을 유지하는 마음의 안정을 이루어야만 견성해탈할 수 있다는 얘기다. 장자는 사물의 모습은 천차만별이지만 이러한 다양한 사물들이 의탁하는 '이치'에는 공통성이 있음을 '도통위일(道通爲一)'이라는 말로 밝혔다. 장자의 경우 자연과 도는 동등한 범주이고 불가분의 관계다.

장자의 도를 뜻하는 '하나'는 도의 이러한 불가분적인 정체성(整體性)을 근거로 한 것이다. 그는 이 같은 도의 속성을 자연의 부증불감(不增不減)을 통해 밝혔다. 시비·분별을 넘어 하나로 통일된 자연 대도가 곧 하나(一)다. 그 '하나'가 뜻하는 바는 피차라는 개념에 얽매여 부질없이 너와 나를 구분하고, 계교(計較)하지 말고 도의 근원인 하나로 돌아가 너와 내가 하나일 뿐 다른 둘이 아님을 깨닫는 것이 바로 해탈이라는 것이다.

구지 스님의 '한 손가락' 또한 이와 같은 법문이고 말이 없는 불언지교(不言之敎)의 간곡한 가르침이다. '구지일지'는 좁혀 말하면 불가의 일심(一心)을 가리키고 있지만 넓혀 말하면 노장의 도·우주의 근원·만물 평등·화해를 직지(直指)하고 있다. 달을 가리키는 손가락을 보지 말고 곧장 달을 보아야 한다.

미적 수양과 항심(恒心)의 일

선불교와 노장의 하나(一)는 미적(美的) 수양을 가능케 하는 '한결같은 마음'을 뜻하기도 한다. 불교 선종은 당말·송대에 이르러 선승들과 세속 사대부들의 교류가 보편화되고 시와 선이 하나로 어우러져 '시선일치(詩禪一致)'를 구가하면서 도를 상징하는 하나(一)가 사대부들의 미적 수양을 가능케 하는 '한결같은 마음'을 가리키는 의미를 갖기도 했다. 직각 체험과 실천적 행동을 중시하는 불교 선종은 사대부들의 취향과 부합해 선과 시가 함께 어울려 마음의 평담한 상태를 지향했다.

소동파는 "이런 마음을 기르는 것이 도덕적 수양은 아니지만 정신을 더 자유롭고 깊이 있게 하며 더 도덕적으로 만들 수 있는 '미적 수양'을 가능케 할 수 있다"고 주장했다. 소동파는 선과 노장의 하나(一)를 마음이 스스로의 주인이 되어 있는 '한결 같음'을 의미한다고 보았다.

"하나를 변하지 않는 것이라고 정의하기도 한다. 그러나 하나는 그런 뜻이 아니라 마음이 언제나 스스로의 주인이 되어 있는 '한결같음'을 뜻하는 것이다. 마음이 스스로 주인 노릇을 하면 사물이 다가올 때 적절하게 반응할 수 있으며 날로 새로워지게 된다. 그러나 마음이 스스로의 주인 노릇을 할 수 없으면 사물에 의해 좌우된다. 이윤(伊尹)은 말하길 '한결 같아야 새로워질 수 있다'고 하였는데 이는 만물이 함께 자라면서도 서로 해치지 않고 여러 갈래의 길이 뻗어 있지만 서로 얽히지 않는 것을 말한 것이다."

― 『동파서전』 권7

여기서 소식이 말하는 '한결같은 마음(一)'은 자연의 이치를 따르고 세상을 기쁘게 할 수 없음을 탄식하지 않는 자유로운 마음이다.

텅 비었기 때문에 만 가지 경계를 받아들인다(空故納萬境)
― 소식의 시 〈참료 선사를 보내며(送參寥師)〉 중

소식의 위 시구는 허전한 마음의 상태에서 만사 만물을 관조하는 것을 말한다. '참료'는 『장자』「대종사」편에 나오는 의인화된 인물의 이름이다. 감산 대사는 "참료는 텅 비어 광대하고 허무한 경계로서 도의 실제를 뜻한다"고 주석했다. '참료'는 공(空)의 도리를 깨달은 경지로서 유·무·비유비무가 없어졌음을 뜻한다. 글자로서의 뜻은 공적(空寂)이다. 허전한 마음의 자유로운 경계에서는 언어가 그 자유로운 경계를 표현하는데 장애가 아니라 오히려 마음을 밖으로 드러내는 도구가 된다.

소식은 또 이렇게 말하기도 했다.

"시어(詩語)를 묘하게 하려면 텅 빔과 고요함을 싫어해서는 안 된다. 고요하면 모든 움직임을 알 수 있고 텅 비었기 때문에 만가지 경계를 받아 들인다…. 시와 불법은 서로 방해가 되지 않으니 이 말은 더욱 유념해야 한다."

소식의 시구가 뜻하는 바는 그 자신의 이 같은 시론(詩論)을 통해 충분히 밝혀졌다.

동아시아 불교 선종은 인도 철학과 중국 노장사상·위진 현학(玄學)의 기초 위에서 형성·발전된 불교다. 선종의 특징을 개괄하면 비이성적 직각 체험, 순간적이며 설명 불가능한 돈오, 자연스런 함축, 모호한 표현, 생동적이고 자유스러운 참오(參悟)와 체험이다. 중국화된 불교로서의 선종은 중국의 전통적인 사유방식과 이미 일정한 관계를 가지고 있지만 기존의 전통사상이나 사유체계와는 아주 큰 차이를 갖는 사유방식을 형성하였다.

중당(中唐)에 들어서면서 자연스럽고 간결하며 함축적인 풍격(風格)으로 정착한 선불교는 사대부들에게 깊이 스며들며 적의자연(適意自然)한 인생철학을 추구하고 깊고 맑은 심미적 정취를 높이 평가하는 동아시아 문화 예술 사유방식의 구체적 실상을 만들어냈다. 선불교는 의경·형신(形神: 정신을 그림)·사의화(寫意畵: 마음의 깨친 바를 그림) 같은 동아시아 고유의 문화예술을 정착시키는 데 결정적인 역할을 했다.

 인도로부터 전래된 불교와 노장사상·현학이 결합해서 중국적 불교인 선종을 정식으로 성립시킨 후 선종과 노장철학은 힘을 합해 사대부들의 구미에 맞는 선불교라는 하나의 새로운 종교를 완성했다. 선불교는 자연·적의·청정·담백을 특징으로 하는 인생철학과 생활 정취를 사대부들의 마음 속 깊이 심어주었다. 사대부들 또한 이 같은 인생 철학과 생활 정취를 갈망해 왔기 때문에 아주 자연스럽게 선불교와 사대부들 간의 교류·융합이 이루어졌다. 8세기 중당 이후 이 같은 선불교와 사대부들의 상호 융합은 1천 년 이상 지속되면서 한·중·일 동아시아 문화의 심층을 흐르는 저류 역할을 했다.

3. 도와 불성의 본질은 하나다

 선불교와 노장의 핵은 각각 자성(불성·마음)과 도다. 선불교의 모든 사상과 철학·종지는 자성, 곧 인간의 청정무구한 본심을 씨앗으로 하고 있다. 성불이라는 종교적 성취도 모든 사람이 가지고 있는 부처가 될 수 있는 씨앗인 불성[自性]을 기반으로 한다. 불성의 본질은 공이고 무(無)고 허(虛)고 정(靜)이다.

 노장사상은 도를 우주 형성의 원점이며 만물이 생겨나는 근원으로 본다. 이 도는 하나(一)·무·자연 등의 다른 이름으로도 불린다. 이러한 도의 본질 또한 무고 허고 정이다.

 선불교의 자성과 노장의 도는 다 같이 만물의 '절대 평등'을 강조한다. 또 다 같이 인성(人性)의 해방사상과 자유사상을 뼛속 깊이 간직하고 있다. 장자의 '소요사상'과 선불교의 자주 자립사상 등이 그 대표적 사례다.

선불교는 중국에 전래된 인도 불교가 중국화된 불교다. 오늘날 우리가 이야기하는 선불교는 노장사상 등 중국의 전통 사상이 많이 녹아 들어간 중국화한 불교다.

동아시아 선불교의 주류인 돈오 남종선은 동남아 불교의 선과는 그 성격이 많이 다르다. 우리 불교도 신라 말 고려 초 9개의 선종 사찰, 이른바 9산선문(九山禪門)이 개산된 이후로는 중국 선불교의 법맥을 이어온 돈오 남종선이 주류를 이루어 왔고 현재도 그렇다.

현재 한국 불교를 대표하는 '조계종'은 그 이름부터 돈오 남종선의 실질적인 개산조인 6조 조계혜능 대사의 법호에서 비롯된 것이다. '조계(曹溪)'는 혜능 대사의 행화 도량인 현 광동성 곡강현 마패진 남화선사(南華禪寺: 옛 이름 보림사) 앞을 흐르는 시내 이름이고 혜능 조사의 법호이기도 하다. 조계라는 시내 이름은 조(曹)씨 집성촌 앞을 흐르는 시내이기 때문에 붙여진 이름이고 혜능의 법호가 된 것은 옛날 선사들이 주석하던 산 이름이나 절 이름·지역 이름을 흔히 법호로 사용하던 관습을 따른 것이다. 따라서 '조계'는 6조 혜능 조사의 가풍과 선법을 상징하고 선림에서는 흔히 혜능의 선법을 '조계일적(曹溪一滴: 조계의 물 한 방울)'이라고도 한다. '조계일적'은 하나의 화두처럼 굳어진 선구(禪句)이기도 하다.

전남 송광사가 소재한 산 이름도 '조계산'인데 그 유래를 거슬러 올라가면 돈오 남종선의 선법을 상징하는 '조계'에 가 닿는다. 조계종의 이름이 바로 혜능 조사의 선법을 잇고 있음을 뜻하고 있고 '조계'라는 시내 이름이 생겨난 연유와 혜능 조사의 선법을 뜻한다는 사실은 필자가 1996년 중국 선불교 답사 때 직접 광동성 곡강현 마패진 조계촌(曹溪村) 남화선사를 들러 확인한 것이다.

중국 선불교는 형성과정에서 위진 남북조 시대에 풍미했던 현학(玄學)의 영향을 많이 받았다. 현학의 '현'은 하늘의 색을 뜻하는 글자인데 심오하고 어려운 학문(철학)이라는 뜻이다. 현학의 '현'자는 『노자』 1장의 "현묘하고도 현묘하다(玄之又玄)"에서 유래했고 그 내용 또한 사실상 노장철학을 한층 심화시킨 것이었다.

현학의 지향점은 유가의 사회사상과 노장의 자연사상을 융합·조화시키는 데 있었다. 물론 현학의 발전에 불교가 끼친 영향도 적지 않았다. 선불교와 현학은 사상적·철학적 측면에서 상호 삼투하면서 서로 영향을 끼쳤다. 일종의 노장학이라 할 수 있는 현학은 불교와 융합·교류할 만한 측면이 많았다. 선불교는 그 태동 과정에서부터 노장 사상에 많이 물들었고 사유체계·표현문법 등에서 서로 쉽게 융화할 수 있었다.

선문답의 전형, 선승들이 드는 불자(拂子) 등도 그 기원을 거슬러 올라가면 현학과 깊은 관련이 있다. 물론 석가모니 당시로까지 거슬러 올라가면 인도 불교에서도 그 전형이나 관습을 찾을 수도 있다. 그러나 불교 선종의 태동 배경이 중국이라는 지역적 특성을 가지고 있다는 점을 고려하면 현학과의 관련성이 훨씬 실감 있고 생생하다.

선문답의 전형

|

죽림칠현의 영수이면서 대장장이 일을 한 현학자요, 거문고의 명

인이기도 했던 혜강이 반대 정파에서 그의 동태를 살피러 온 종회가 한창 풀무질을 하고 있는 자신에게 접근하자 거들떠보지도 않고 계속 풀무질만 했다. 얼마를 있다가 종회가 떠나가려 하자 혜강이 입을 열었다.

혜강: 무슨 얘기를 듣고 와서 무엇을 보고 가시는가?
종회: 들은 바를 듣고 본 바를 보고 가오.

혜강과 종회의 문답은 후일 선문답의 전형이 되었다. 물론 선문답의 기원을 석가모니와 가섭의 영산회상 '염화미소(拈花微笑)'로 거슬러 올라갈 수도 있다. 또 혜능 조사의 대법(對法: 일명 대법상인·二道相因)에 그 이론적 근거를 연관시킬 수도 있다. 그러나 '염화미소'는 너무 멀리 떨어져 있는 시간의 간격이 있고 혜능 조사는 현학시대보다는 시대가 뒤진다.

선불교의 종사(宗師)들이 사용하는 불자도 현학에서 청담(淸談)을 할 때 사슴이나 고라니 꼬리털을 매단 깃대를 들어 올려 상대방에 대한 동의 여부와 담론의 시말을 표시했던 것이 그대로 전해진 것이라고 볼 수 있다. 물론 인도 불교에서 사용한 파리채를 기원으로 하는 법구(法具)라고도 한다. 필자는 동아시아 선불교의 태동 배경을 상기할 때 전자의 견해가 보다 설득력이 있다고 본다.

특히 선승들의 법의(法衣)가 검은색이었다는 점은 선불교와 노장-현학의 밀접한 연관성을 상징하는데 이론의 여지가 있을 수 없다. 원래 도가 도사들의 복색(服色)이 검은 색이었다. 선종 승려들도 초기에는 흑색 법의를 입었다. 흑색 법의는 '검을 치'자를 써서 치의(緇衣)라고도 하는데 동진 시기에는 승려들을 '치류(緇流)'·'치의'라고 했다.

흑색이나 치색은 하늘의 색깔인 현색(玄色)을 구체화한 색이다. 현색은 현재까지도 구체화된 색깔이 없는데 '어두운 청색(dark blue)'·'거무스름한 색'·'검푸른 색' 등으로 표현하나 딱히 이거다 하는 크레용이나 염료가 나와 있지 않다. 『설문해자』에 따르면 '현색'은 "유원함을 뜻하는데 흑색과 빨간색을 혼합한 색(幽遠也 黑而赤色爲玄)"이라고 해설하고 있다. 또 치색은 "비단의 검은 색(帛黑色也)"이라고 했다.

노장에서 하늘의 색깔인 '현'은 곧 도를 상징한다. 『천자문』에도 "하늘천 따지 검을현(天地玄…)"으로 하늘의 색을 '현'이라 하고 있다. 도사·선승들의 검은 복색은 자신들의 법의가 바로 '도복(道服)'이라는 자부심을 간직한 엄청난 의미를 갖는다. 선림에서는 후일 하늘색인 현색에 근원을 둔 흑의를 먹물로 구체화시켜 천에 먹물 염색을 해서 법의를 만들었다. 한국 불교의 선승들 중에는 아직도 '먹물 옷'을 입거나 검은 색 복지의 법의를 입는 예가 간혹 있다.

근래에는 스님들의 법복이 회색 옷감으로 통일되다시피 했지만 회색도 도를 상징하는 현색에 근원하는 흑색의 아류임을 감안하면 복색 자체가 엄청난 의미를 가지고 있다. '먹물 옷'을 자학적으로 폄하하는 경우도 없지 않지만 하늘색을 대신해 먹물 염의한 그 복색은 바로 '도인'임을 상징한다. 그래서 도인인 훌륭한 스님을 만인의 스승이 되는 '선지식(善知識)'이라 한다.

먹은 중국에만 있다. 그 먹을 갈거나 원료를 사용해 염의한 '먹물 옷'은 동아시아 선불교의 독특한 복색이다. 인도 불교의 승려 복색은 적색이다. 중국 불교 사료(史料)에 따르면 위진남북조 시대 승려들의 옷이 치의(緇衣)로 보편화 됐다. 송나라 석지반 스님의 저술인 『불조통기』는 "제나라 무제가 장천사의 현창·법헌 두 승려에게 강남북 불교를 나누어 관장케 함으로써 이들 두 승려를 '흑의 이걸(黑衣二杰)'이라 했다"는 기록이 있다. 원나라 석념상 스님의 저술인 『불교통재』에는 "혜림이라는 승려가 황제의 두터운 신임을 받아 정사에 깊이 관여해 '흑의재상(黑衣宰相)'이라 했다"는 기록도 있다.

치의와 백의(白衣)는 승과 속을 가르는 비유로도 사용됐다. 승려의 법호와 법명에도 흑색·치색의 본원인 현색의 '현(玄)'자를 예부터 지금까지도 많이 사용한다. 도를 상징하는 '현'자 법명·법호는 현장(玄奘)·현랑(玄郞)·현고(玄高)… 등등 수없이 많다.

현색을 구체화한 먹색(흑색)은 현학과 선불교의 대표 브랜드 같은 색이다. 현·불사상의 색체적 상징이기도 한 현색(먹색)은 동아시아 수묵 산수화 발생과 발전·성숙의 사상적 배경이 되기도 했다. 수묵 산수화의 바탕색을 먹색으로 결정하는 데는 다음 세 가지 요건을 충족시킬 수 있어야 했다.

1) 수묵 산수화 성립의 사상적 배경
2) 사상적 배경의 영향을 받는 사회 심미 심리의 선택
3) 자연색

위의 세 가지 요건을 충족시킬 수 있는 색깔이 현색(먹색)이었다. 현색은 높고 아득히 먼 천공(天空)이 나타내는 심원한 색이었다. 수묵 산수화는 그처럼 높고 심원한 철학 사상을 담고 있다는 것이다.

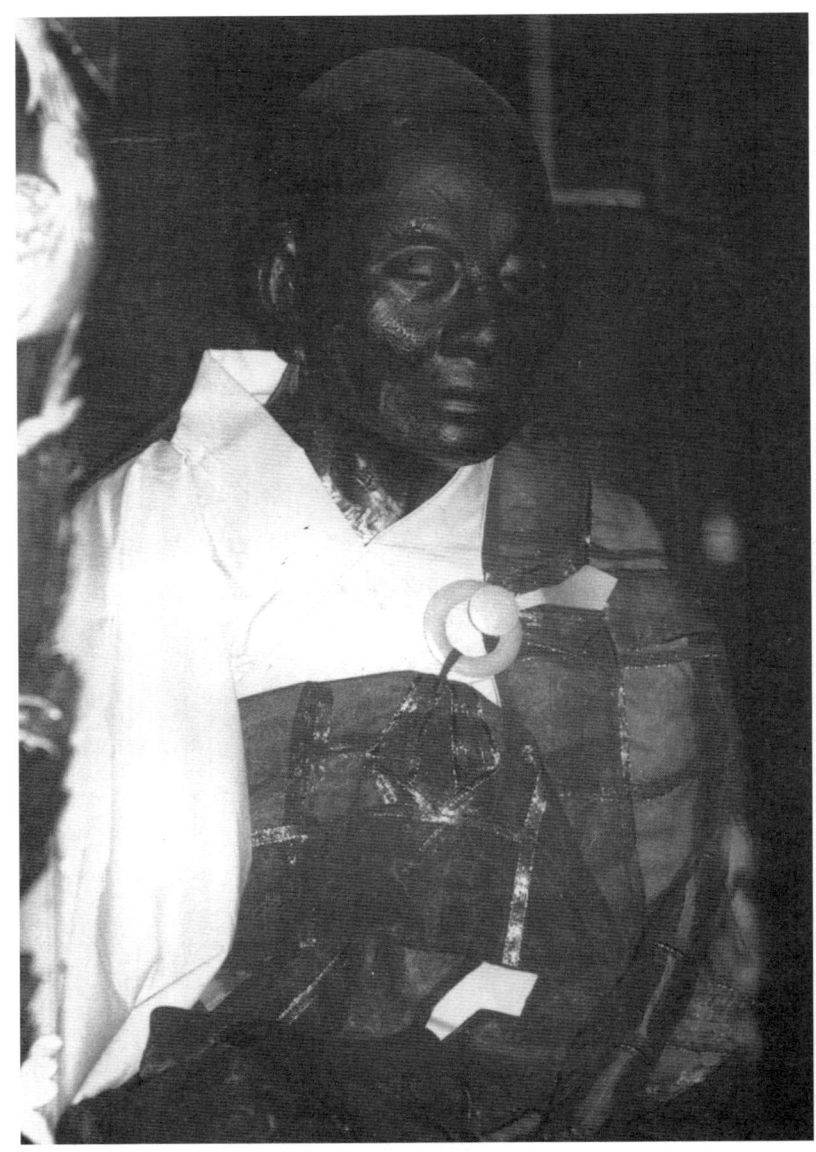

중국 광동성 남화선사 조사전에 봉안돼 있는 6조 혜능 대사 진신상

'현학(玄學)'이라는 명칭 자체가 명확히 설명하기 어려운 심오한 형이상학이라는 뜻인 것처럼 수묵화의 먹색 또한 그와 같은 사상적 배경을 가졌다는 것이다.

먹색이 수묵 산수화의 바탕색이 된 것은 선승들의 복장으로 치의가 보편화된 것과 궤를 같이해 먹색이 수묵화의 자연색이 됐다. 선불교가 도가로부터 흡수, 재생해 낸 선사상의 '현(玄)'이 내포하고 있는 구체적 내용은 유원(幽遠)·청담(淸談)이었다. 수묵을 자연색으로 한 것은 선가의 자연사상과 일치한다.

사람들은 자연 속에서 먼 곳의 산수를 바라보고 산봉우리와 구름·비, 푸르고 짙은 산수의 갖가지 색깔이 뒤엉켜 현색을 이룰 때 심미감과 함께 자연과 합일을 이룬다. 그와 같이 나타난 현색은 인공적인 색이 아니다. 『역대명화기』의 저자인 당나라 장언원은 "현색은 5색(자연계의 색)의 어머니다"라고 했다.

흑색은 마조가 제자 서당지장과 백장회해를 평하면서 서당의 머리는 희고, 백장의 머리는 검다고 했던 "장백해흑(藏白海黑)"에서 보듯이 '오도(悟道)'의 상징이기도 하다. 선을 공부하는 사람은 묵색으로 표현되는 산수를 통과해야 심령 중의 선도(禪道)를 감오하는 이른바 즉사이진(卽事而眞)의 선적 깨달음을 체득할 수 있다. 선승들이 붓글씨와 수묵화를 힘써 익히는 선림의 전통도 바로 이와 같은 선 수행의 일환이다.

'분별심을 버리라'는 선불교와 노장의 실천적 종지(宗旨)는 전적으로 일치한다. 선불교가 이상적 인격으로 제시하는 '대종사'·'진인'도 노장에서 가져온 용어로 뜻하는 바가 같다. 임제의현 선사가 최상의 해탈자로 제시해 강조한 '무위진인'의 진인도 장자가 제시한 인격자다.

> 사람에게는 남과 북의 분별이 있으나
> 불성에는 본디 남북의 구별이 없다.(人卽有南北 佛性卽無南北)
> – 『단경』 3절

6조 혜능 대사의 법문집이며 사실상 돈오 남종선의 종경(宗經)인 『육조단경』에 나오는 법문이다. 1500년 전 봉건 군주사회에선 상상하기 어려운 자유 평등사상과 해방사상을 드러낸 혁명적인 정치 선언이기도 하다.

미개한 남쪽 지방의 땔나무꾼이었던 혜능이 5조 홍인 조사를 찾아가 부처가 되고 싶다며 입실을 청했다. 이때 홍인 대사가 "너 같은 야만의 오랑캐가 어떻게 부처가 될 수 있겠느냐?"고 하자 혜능이 포효한 폭탄선언이다. 이는 『장자』 「제물론」이 설파한 만물제동의 절대 평등사상과 같은 맥락의 법문이고 '인성 해방'을 부르짖은 절규였다.

노장의 도는 절대 평등이다. 야만이라고 무시하지 않고 문명인이라고 우대하지 않는다. 하늘은 황제라고 존경의 눈빛을 보내고 나무꾼이라고 무시하는 태도를 보이지 않는다. 이른바 노자가 설파한 '천도무친(天道無親: 하늘은 절대 편애하지 않는다)'이다. 이처럼 선불교의 불성과 노장의 도는 그 본질이 절대 평등이다. 제4장에서 인용했던 남양혜충 국사가 당 대종 황제의 궁중 초청 법문에서 황제의 질문에 특별한 관심과 눈길을 주지 않자 질책하는 황제를 향해 하늘을 가리키며 "저 허공이 황제께 특별한 눈길을 줍니까?"라고 반문한 '허공부잡안(虛空不眨眼)' 화두도 이 같은 절대 평등을 설파한 것이다.

> 인간의 자성은 엄청나게 넓고 커서 마치 해와 달·지구를
> 모두 포용하는 허공과 같다.(世人性空)
>
> — 『단경』 24절

> 자성은 만법을 다 포용하기 때문에 크고 위대하다.
> 따라서 만법은 모두 자성 안에 있다.(性含萬法是大 萬法盡在自性)
>
> — 『단경』 25절

선불교의 자성과 노장의 도는 다 같이 허공에 곧잘 비유된다. 이는 자성의 다른 이름인 '공(空)', 도의 다른 이름인 '무(無)'가 모두 텅 빈 진공(眞空)을 본질로 하고 있다는 얘기다. 그래서 동아시아 선불교는 인도 불교의 '공' 대신 '무'를 많이 사용했고 선종에서는 '무'를 즐겨 사용한다.

무심·무념·무상·무주·무문관(無門關) 등과 같은 예가 바로 그것이다. 또 선종은 도·무위법·대종사 같은 노장 용어들을 '불법'·'큰스님'을 뜻하는 용어로 그대로 사용한다. 선어록들을 읽다 보면 『노자』·『장자』의 설법과 같은 문법의 법문이나 문답을 많이 접하게 된다.

마음의 용량은 한 없이 크고 넓어 마치 허공과 같다.
(心量廣大 猶如虛空)

— 『단경』 24절

사람의 마음은 생각과는 관계가 없으며
그 근원은 본질적으로 공적하다.(人心不思 本源空寂)

— 『단경』 42절

선불교는 여기서 교학의 불성, 노장의 도를 '중생의 마음(衆生心)'으로 대체하고 "마음 밖에 따로 부처가 없다(心外無佛)", "마음이 곧 부처다(卽心卽佛)", "무심이 바로 불법 진리다(無心是道)"라는 선지(禪旨)를 내놓았다.

이에 따라 돈오 남종선의 선장(禪匠)들은 하나같이 인간이 하늘(자연)로부터 품수한 원래의 청정무구한 본심이 곧 부처라는 '평상심시도(平常心是道)'를 설파하는 데 일생을 보냈다고 해도 지나친 말이 아니다. 평상심이란 일상생활에서 배고프면 밥 먹고 졸리면 잠자는 자연 섭리를 따르는 중생들의 마음이다. 인간의 본래 마음은 시비와 분별이 없고 어떠한 소유욕도 없는 백지와 같은 순일(純一)한 세계라는 것이 선과 노장의 심성론이다. 돈오 남종선은 인간의 순일한 마음을 뜻하는 '자성'을 불성·도의 다른 이름으로 사용하면서 거듭거듭 강조한다.

평상심시도는 "①귀족 승려에 대한 반항 ②문벌 귀족의 전통 관념에 대한 반항 ③평민 생활의 신성성과 존엄성 긍정 ④금욕주의 불교로부터의 해방"을 내포하고 있는 돈오 남종선의 중요한 선사상이다.(周裕鍇 저, 『中國禪宗與詩歌』 p.10)

유가의 『중용』에 나오는 "하늘이 품부한 성을 따르는 것이 도다(率性之謂性)"라는 말도 선종의 평상심시도와 같은 맥락이다.

불학자 방립천은 『불교철학』에서 불교 경론 중 교학의 '일심(一心)'을 가장 깊이 천착한 명저인 『대승기신론』의 핵심 요지 〈일심이내론(一心二內論)〉을 다음과 같이 요약했다.

"일심은 마음의 근본이며 천지의 근본이다. 일심은 우주의 마음이다. 그것은 세간과 출세간의 물질과 정신의 일체 현상의 본질이며 중생이 본래 가지고 있는 성불의 주체이자 근거다. 일심은 세계의 본원이며 일체 경계를 포괄하는 세계의 정체(整體)이다."

『대승기신론』의 '일심'은 인간 해탈의 주체를 넘어 우주·인생의 본체와 같은 높이를 갖는 '절대'의 색체를 띠고 있다. 그래서 일심을 '우주의 마음(universal mind)'·우주령(宇宙靈)·우주정신이라 칭하기도 한다. 장자의 만물은 나와 더불어 하나가 된다는 '만물여아위일(萬物與我爲一)사상'과 일심은 같은 맥락이다.

그 좋아함도 하나이고 그 좋아하지 않음도 하나이다. 그 하나도 하나이고 그 하나 아닌 것도 하나이다. 그 하나(무위·자연)는 하늘과 무리를 이루고 그 하나 아닌 것은 인위(人爲)와 무리를 이룬다. 하늘과 사람이 서로 이기려고 하지 않으니 이를 진인(眞人)이라 한다.

- 『장자』「대종사」

장자는 천인합일의 경지에 이른 사람, 즉 도와 하나 된 사람을 '진인'이라고 했다. 천인합일의 경지는 요원한 순일의 경계다. 이지러진 도와 훼손된 하늘의 회복이 바로 해탈이고 견성이다. 장자는 이어 순일한 경계로 들어가는 길을 다음과 같이 간명하게 안내한다.

> 자연의 안배에 따르고 순응하면
> 요원한 순일의 세계에 들어갈 수 있다.(安排而去化 乃入于寥天一)

주관적 독단에서 벗어난 우주의 마음, 하나의 마음으로 세계를 보면 대소·장단이라는 사물의 본질적 차이가 인정되지 않는다. 이 모두를 그저 '하나'라고 말할 수 있다. 이것이 분별심을 일으키기 이전의 '지극한 앎'이며 『장자』「제물론」이 말하는 "천지가 나와 더불어 생겨나고(天地與我竝生), 만물은 나와 더불어 하나가 되는(萬物與我爲一)" 만물 평등의 세계다.

> 모든 것을 평등하게 보는 것이 곧 공덕이다.(平直是德)

- 『단경』 34절

혜능의 절대 평등사상은 『단경』 3절의 "불성에는 남북의 차별이 있을 수 없다(佛性無南北)"에서 출발해 위와 같이 보다 구체적이고 강렬한 교시(敎示)의 성격으로 강조되고 있다. 장자와 혜능의 평등사상은 우주 본원[道]과 인간의 근원적 성품(불성)에 근거하는 '절대성'을 다 같이 가지고 있다.

장자는 「제물론」에서 이것과 저것의 분별을 넘어선 경지, 상호 대립을 없애줄 수 있는 무차별 세계를 '도추(道樞)'로 비유했다. 도추란 문을 안팎으로 열고 닫는 데 쓰이는 문의 지도리다. 도추는 무차별 절대 평등의 상징이다.

대법(對法)

대법은 6조 혜능 조사가 삼과(三科) 법문을 설정하여 36대법의 운용 방법을 명시, '상대'에서 '절대'에 이르는 독창적인 선리와 교수법을 제시하여 전승시킨 돈오 남종선의 중요 선지(禪旨)다. 일명 대법상인(對法相因)·이도상인(二道相因)·촉배관(觸背關)이라고도 한다. 유(有)는 그 반대인 무(無)로 말미암아 발생, 성립되고 무 또한 상대적인 유를 존재 근거로 하고 있다는 것이 그 요지다.

3과란 음(陰)·계(界)·입(入)이 전개하는 5온·12입·38계를 가리키는데 모든 작용은 자성에 의해 일어난다는 것을 설명하는 것이다. 대법을 자유로이 활용하면 상대적 대립 관념으로 야기된 분별심을 소명시키고 체용일여·생사일여로 통일되는 '하나(一)'라는 절대 진리를 터득할 수 있다. 혜능 조사는 대법을 운용하는 구체적 방법을 다음과 같이 제시했다.

> 누가 "어둠을 무엇이냐?"고 물으면 "밝음이 그 원인이며 밝음이 침몰하면 어둠이 된다"고 대답하라. 밝음으로써 어둠을 나타내고 어둠으로써 밝음을 나타내 래거(來去)가 서로의 존재 근거가 되어 중도라는 의미가 완성된다. 그 밖의 질문에도 모두 이와 같이 하라.
> (設有人問 何名爲暗 答云 明是因 暗是緣 明沒卽暗 以明顯暗 以暗現明 來去相因 成中道義 餘問悉皆如此)
> — 혜은 본 『단경』 38절

혜능의 대법(일명: 對待法)은 쉽게 말해 '동(東)'을 물으면 '서(西)'로 대답하라는 모순어법이고 흔히 말하는 상식과 배치되는 '동문서답'이다. 우리가 흔히 선문답을 동문서답의 대표처럼 여기는 것도 여기에서 연유한다.

> 문: 어떤 것이 대선지식입니까?(如何是大善知識)
> 답: 사람을 죽이고도 눈 하나 깜짝하지 않는다.(殺人不眨眼)
> — 『전등록』 권11 「풍혈연소 선사」

살인을 하고도 눈 하나 까딱 않는 사람이 덕망 있는 큰스님이고 스승의 자격을 갖춘 종사(宗師)라니 대체 이런 패륜이 어디 있단 말인가! 대승 불교가 가장 중시하는 계율은 불살생(不殺生: 생명 존중사상)이다. 아래와 위가 뒤집힌 정신 이상자의 횡설수설 같다. 그러나 이 선문답은 임제종 양기파의 대선지식 풍혈연소 선사와 한 학인의 유명한 법거량으로 기록되어 오늘날에도 동아시아 선림에 풍미하는 선구다. 이 선문답은 선과 악·성(聖)과 범(凡)이라는 양 극단(양변)을 함께 포용하는 혜능의 대법을 여법하게 운용했다고 할 수 있다. 그 선지는 선과 악·성과 범이라는 상대적인 양변의 한쪽만을 선택하는 '편애', 즉 분별심을 버리고 본래의 한 물건도 없는 공·무의 세계로 돌아가 자성(自性)을 반조하라는 것이다. 선은 이같이 상대가 되는 양극단을 충돌시켜 이원적(二元的)인 대립 개념들의 상대성(양변)을 제거해 나간다. 그 결론은 하나이면서 둘이고 둘이면서 하나인 통합론적인 일원론(一元論)의 범주에서 우주 만법을 '대긍정'하는 것이다.

문: 어떤 것이 청정법신입니까?(如何是 淸淨法身)

답: 똥 속의 구더기가 머리를 들었다 박았다 한다.(屎裏蛆兒 頭出頭沒)

― 『오등회원』 권6 「호주사명 선사」

앞의 선문답과 똑같은 정(淨)―예(穢)·청(淸)―탁(濁) 대법의 법문이다. 대법상인은 이원 대립적인 인식으로 인한 지성적 편집(집착)을 파괴해 지성과 논리를 초월한 자성 체험을 목적으로 한다. 대법은 지성·신념·고행의 수행으로부터 벗어난 '자성 관조', 즉 견성(見性)의 방법으로 제시한 독창적인 수행방편이다. 주관과 객관의 소멸이 그 주요 내용인데 생사·장단·고저 같은 대립 개념들을 하나로 통일하고 궁극적인 그 실상은 공임을 깨닫는 것이다. 지성적인 인식은 피아의 구분, 자아와 외물의 대립, 축적된 분별 지식을 기초로 성립된다.

호주사명 선사와 한 학인의 정예(淨穢) 선문답은 모든 존재의 원래 본래면목에는 깨끗함과 더러움 같은 이름도, 분별도 없었다는 것을 일깨워 주었다.

> 내가 너희에게 세 가지 범주의 가르침과 36대법을 운용하는 방법을 설명하겠다. 사물에 대한 생각을 내고 들일 때 즉시 상대가 되는 양쪽 가장자리를 떠나 양쪽 중 하나를 편애하거나 선택하는 데서 떠나 상대에서 절대에 이르도록 해야 한다. 너희는 모든 것을 설명할 때 그 본성[本體]과 형상[現象]에서 떠나지 말라. 어떤 사람이 법을 물으면 무엇이든지 대칭되게 하고 모든 것이 서로 쌍을 이루게 하라. 왜냐하면 그것들은 서로를 생기게 하고(무 속에 유가 내함되어 있고 유 속에 무가 들어 있는) 이중성을 완전히 깨달아 결국에는 상대적인 양변이 위치할 곳이 없게 될 것이다.
> (舉三科法門 動用三十六對 出沒卽離 兩邊 說一切法 莫離於性相 若有人 問法 出語盡雙 皆取法對 來去相因 究竟二法盡除 更無去處)
> — 곽붕 교석 『돈황본 단경』 45절

혜능의 대법은 비지성적·비논리적 정신 체험을 통해 돈오에 이르는 깨달음을 자극하는 선가의 독특한 교수법이다.

출몰즉리양변(出沒卽離兩邊)

대법 법문의 핵심 구절이다. 성(聖)을 물으면 범(凡)으로, 동쪽을 물으면 엉뚱하게 서쪽을 가리켜 상대적 양변에 집착하는 분별심을 소멸시키는 이이제이(夷以制夷)의 교수법이다. 대법은 일상적인 언어 사용을 파괴하는 선불교의 수사법으로 궁극적으로는 우리의 이성적이고 의미론적인 언어 사용에 의해 파악될 수 없는 도를 깨닫는 방법이다. 중도의 깨달음을 위해 일상적 언어의 규정성을 타파한다는 점에서 선종의 대법은 시어(詩語)의 특징과도 상통한다.

선종의 언어 사용은 직관적이며, 역설적이며, 함축적이다. 불립문자(不立文字)라는 종지를 내세워 문자를 부정하면서도 문자를 사용하는 이율배반으로 인해 선가의 언어는 언어의 외연적 의미보다 언어가 일으키는 정서적 반응, 이미지적 반응 내지는 연상적 반응 등이 일으키는 내연적 의미가 더 중시된다.

일체의 사물은 상호 연관성을 가지고 있다. 이러한 상호 의존적인 연관성을 인식해야만 분별적인 대립과 모순으로부터 벗어날 수 있다. 이러한 이원론적 대립을 벗어나 일원론의 세계로 들어서야 우주 정체성(整體性: The whole one)의 진상을 볼 수 있다.

선체험은 비지성적인 정신 체험이다. 이러한 정신 체험은 선과 악을 둘로 구분하는 이원 대립의 분별심을 떠난 일원론적 통합으로 사물을 인식할 때에만 가능하다.

직관적이고 순간적인 비지성적 체험에서는 순간 체험이 응고돼 영구화하면서 지성적 체험의 한계를 초월하게 된다. 지성적 개념의 대립과 상인적(相因的) 관계(연관성)를 소멸시킴으로써 순간적으로 무지성적 심경에 도달한다. 이때 자성에 복귀하게 된다. 한마디로 분별심을 버린 관조를 통한 자성 복귀다. '출몰즉리양변(出沒卽離兩邊)'이란 유와 무를 둘로 나누는 분별심을 버리라는 얘기다.

 무는 유가 있으므로 존재하고 유는 무라는 상대적 존재에 의지해야만 성립한다. 유무가 함께 새끼줄처럼 꼬여서 구성된 그 '하나'가 우주의 실체라는 것이 노장의 학설이고 고대로부터 이어지는 음양설이다. 선가는 우주 존재를 형성하는 이러한 유와 무, 마음과 경계(사물)를 다 버리는 무분별의 분별, 즉 공(空)의 자리에서 있는 그대로의 만물을 포용함으로써 한 수 위의 해탈 경계를 지향한다. 유와 무의 상대성을 극복한 중도가 곧 부처이지만 그 부처도 없는 '무불(無佛)'의 경계, 곧 부처의 자리에도 머물지 않고 집착하지 않는 부주열반(不住涅槃)으로 끊임없는 변화의 파도를 함께하는 것이 구극의 해탈이다. 돈오 남종선은 이를 "부주(不住)를 본(本)으로 한다"는 종지로 내세운다.(『단경』 17절)

 천지·일월·음양·유무·범성 등등의 개념들은 상호 대립적이면서 상인(相因: 의존) 관계를 가지고 있다. 이러한 상대적인 대립 개념 중 한쪽을 선택하는 변견(편견)에 떨어져 집착하는 데서 분별심과 번뇌·계교(計較)가 야기된다. 혜능은 상대적 모순 개념인 변견을 깨부수는 데 대법을 사용했다. 유를 물으면 무로, 성(聖)을 물으면 범(凡)으로 대답해 변견에 대한 집착을 버리고 중도를 지향하도록 하는 게 '출몰즉리양변'의 목적이다. 초연 심태로 자성을 관조하도록 변견으로 변견을 파괴하는 이열치열의 방법과 동일한 것으로 본질적으로 비지성적·비논리적 방법이다. 혜능의 대법은 후대 기봉(機鋒)·방할(棒喝)로 발전, 깨달음을 이끄는 교육방편으로 활용됐다. "어떠한 경계에도 오염되지 않음으로써 언제나 자유로운(不染萬境以常自在)" 초연한 인격을 최고 이상으로 하는 선종의 깨달음은 노장과 현학이 전개한 이상 인격보다 한 수 위다.

유와 무, 귀와 천이 한 뿌리라는 우주 본체를 똑바로 꿰뚫어보고 상대적 대립면의 한쪽을 간택해 집착하는 변견(분별심)으로부터 벗어나 이들 대립 항들이 각각 서로의 존재 근거가 된다는 상인(相因)을 인식하는 것이 곧 깨달음이다. 이러한 깨달음은 곧 우주정신과의 합일을 이루면서 우리에게 정신적 평화와 집착·번뇌로부터의 해방을 가져다주면서 허공과 같은 열린 마음으로 만법을 포용하는 대긍정의 세계로 진입하게 한다.

혜능 이후의 선종 선학 발전은 ①자성 이해 ②대법상인(對法相因)의 기봉·방할 ③구체적 인격 이상 등으로 요약할 수 있다. 돈오 남종선은 무념(無念)·무상(無相)·무주(無住)를 3대 종지로 표방하고 무심·무억(無億)·무집착을 통한 무의식적 정신 체험(선 체험)을 하도록 했다.

> 여기 나의 법문은 첫째로 무념을 종지로 삼고 무상을 본체로 삼으며 무주로써 근본을 삼는다. 무상이란 형체를 인정하면서도 그 모습에 사로잡히지 않음을 말한다. 무념이란 그 사물을 생각하면서도 그 생각에 얽매이지 않음을 말한다. 무주란 사람의 본성이기 때문에 세상의 선악이나 미추, 또는 원망이나 친

절, 자극적인 말이나 속임수 이 모두가 가짜 모습으로서 실체가 아니라고 생각하고 원수를 보복할 생각을 말고 순간순간의 의식 속에서 지나간 일을 생각하지 않음을 말한다.

(我此法門 先立無念爲宗 無相爲體 無住爲本 無相者 於相而離相. 無念者於念而不念 無住者 人之本性 於世間 善惡好醜 乃至寃之與親 言語觸刺欺爭之時 普將爲空 不思酬害 念念之中 不思前境)

- 혜은본 『6조 단경』 17절

혜능의 선지 중 '무상(無相)'은 반야 공관사상과 같은 맥락이다. 모든 존재의 대대(對待)적인 차별상으로서의 분별적인 두 개의 상(相)이 없는 제법 실상, 곧 공이라는 일상(一相)의 도리를 말한 것이다. 구체적인 차별상과 별도의 무상이 있는 것이 아니라 차별상 그대로가 무상이며 다양한 상을 갖추고 있는 것이 곧 무상이라는 논법이다. 무상은 진여·보리·열반 등의 본질적인 속성을 묘사하는 말로도 쓰인다.

무념은 한편으로 치우친 견해, 즉 변견에 집착하지 않는 마음이다. 그것이 곧 "상념 속에 있으면서 생각을 않는 것"이다. '무념'은 법해본(돈황본) 『단경』에는 없으나 혜은본 『단경』에 나오는 유명한 선구, "사람이 물을 마셔봐야 스스로 물의 차고 더움을 알게 된다는 여인음수 냉온자지(如人飮水 冷溫自知)"가 아주 간명하게 말해 준다. 이 선구(禪句)는 혜능이 5조 홍인 대사로부터 의발(衣鉢)을 전수받고 남쪽으로 내려갈 때 그를 추격했던 도명 상좌가 마음을 돌려 대유령에서 혜능에게 '한 소식' 전해줄 것을 청했을 때 거량한 대유령 선문답에서 유래했다.

혜능이 도명에게 전해준 소식은 이런 것이었다.

"선도 악도 생각하지 말라. 그 때의 너의 본래면목은 어떤 것인가?"

도명 상좌는 이 한다디에 크게 깨치고 "여인음수 냉온자지"라는 깨달음의 감탄을 토했다. 도명 상좌는 선악 양변을 모두 떠나 초지성·초공리적 자성으로 무의식적 정신 체험을 했을 때 거울에 비치는 자신의 존재 근원을 또렷이 볼 수 있었던 것이다. 본래면목에는 선악의 분별도, 어떤 지식도, 명예도 귀천도 없고 일(一)자로 뻗어 있는 지평선 같은 절대 평등만이 있을 뿐이었다. 이러한 선적 체험은 몸과 마음·마음과 경계(주관과 객관)가 하나로 통일된 태고의 원시 경계에서 가능할 수 있었다. 선체험은 극히 개별적인 각자의 독창성과 재현 불가능한 일회성이라는 독특한 특징을 가지고 있다. 따라서 선체험에는 따르거나 모방해야 할 공식도 전범(典範)도 없다.

선체험은 일종의 '원시 경계' 체험이며 '심미 경계' 체험이다. 이러한 선체험의 경계를 이끄는 지성적 사로(思路)와 논리적 분석을 떠나 있는 종사(宗師)들의 반문성 질문으로는:

혼돈이 여러 부류(部類)로 분리되기 전은 어떠한가?(混沌未分時 如何)

부처도 중생도 없을 때는 어떠한가?(無佛無衆生時 如何)

어떤 것이 공겁 전의 자기인가?(如何是 空劫前 自己)

어떤 것이 부모에게서 태어나기 전 너의 본래면목인가?(父母未生

前 本來面目)

등이 있다.

심미 경계의 체험은 무정물을 포함한 모든 존재의 근원인 찬란한 생명의 약동과 가치를 정관(靜觀)하는 가운데서 그 아름다움을 만끽하고 소중히 여기는 것이다. 물론 자신의 생명에 대한 심미(審美)도 포함된다. 혜능의 독자적 선학 이론인 대법은 내적으로는 『유마경』의 불이법문(不二法門)·대승 중관론(中觀論) 등과 외적으로는 노장의 유무상생론(有無相生論)·화복동거(禍福同居)·체용일여론(體用一如論) 등을 그 기반으로 하고 있지만 훨씬 진일보한 창의성을 가지고 있다.

현상세계는 상대적 대립항들이 횡적으로 연결되어 있는 대우적(對偶的) 현상이다. 쉽게 말해 유와 무, 미와 추가 새끼줄처럼 꼬여서 상대적 짝을 이루면서 현상적 존재를 형성하고 있다. 대우란 양변(兩邊), 즉 상대를 이루는 두 개의 극단(가장자리)을 말한다. 이러한 양극단은 사람들에게 분별과 간택을 유도하면서 무한 번뇌를 안겨준다.

해공제일(解空第一)의 승조 대사는 비유비무(非有非無)·동즉정(動卽靜)의 중관 이론을 제시, 양극단을 하나로 통일하는 일원론을 제시했다. 동과 정이 상호 의존적이라는 그 이론의 핵심은 전적으로 노장의 관법과 동일하다.

화로구나! 거기에는 복이 기대어 있다. 복이로구나! 거기에는 화

가 잠복해 있구나.(禍兮 福之所倚 福兮 禍之所伏)

— 『노자』 58장

화와 복이라는 양변이 고정되어 있지 않음을 일깨우는 노자의 설법이다. 화인가 하면 그것이 복을 가져오고 복인가 하고 좋아하다 보면 그것이 화가 된다. 현상계의 모든 것은 생멸을 거듭하면서 끊임없이 변화한다. 그 변화는 한 순간도 멈춤이 없다.

우리가 익히 알고 있는 '새옹지마(塞翁之馬)'라는 고사도 바로 이런 화복의 동거(同居)를 잘 설파하고 있다. 옛날 변방 노인의 아들이 말에서 낙상해 다리를 크게 다쳐 절음발이가 되는 '화'를 당했는데 후일 전쟁터에 나가야 하는 병역을 면제받아 전쟁에서 자칫 생명을 잃을 수도 있는 불운을 면하는 '복'이 됐다는 것이다. 현상계의 모든 대립항들은 이처럼 언제든지 뒤바뀌는 '전도'를 거듭하면서 존재한다.

존재론적으로도 노자는 "유와 무는 서로의 존재 근거를 제공하면서 서로를 살려준다(有無相生)"고 했고 그 뿌리로 돌아가면 같은 하나일 뿐 둘이 아닌데 다만 "같은 곳에서 나왔으면서 이름이 다를 뿐(同出異名)"이라고 역설, 현상계의 대립적인 양변을 '하나'로 통일했다.

혜능의 독창적인 대법은 본체와 작용이 동전의 앞뒷면처럼 서로 연관돼 체가 바로 용이고 용이 곧 체라는 '즉체즉용(卽體卽用)'의 체용일여론을 자성(불성)에 적용해 "한생각에 깨달으면 중생이 곧 부처(一念若悟 卽衆生是佛)"(『단경』 30절)라고 설파했다. 혜능의 이 법문은 후일 마조에 이르러 "이 마음 그대로가 곧 부처(卽心卽佛)"라는 조사선의 핵심 선지로 발전했다.

장절말과 오언생은 혜능의 대법을 "어느 정도는 노장의 연속이지만 장자적 전통을 한층 발전시켜 나름의 창조적인 논지를 완성했다(某種程度上 延續了莊子的 傳統)"는 독창성을 높이 평가했다.(張節末 저, 『禪宗美學』 p.106 · 吳言生 저, 『禪宗詩歌境界』 p.174)

혜능선의 '무념'은 선사상사에서 대단히 중요한 의미를 갖는다. 결로부터 말하면 혜능선의 사상적 귀착점은 '공'이 아니라 '유(有)'라는 주장이다. 그 논리의 근거는 혜능선의 종지인 "무념은 망념을 갖지 않는 것이지 한 생각도 절대 없다는 것이 아니며 정념(正念)은 진여의 작용(현상)이기 때문에 무라고 할 수 없다는 것"이다.(郭朋 교석, 『단경』 p.17)

곽붕은 "진여가 염(念)의 체고 염은 진여의 작용[用]"이라고 본다. 정념의 존재를 부인하면 곧 역동성을 결여한 생명 단절의 공(空)에 추락하고 만다는 것이다. 이 점은 남종선이 북종선과 크게 다른 점이기도 하다.

혜능 〈득법게〉에 나오는 "본래 한 물건도 없다(本來無一物)"도 후대 하택신회 선사의 법손들이 '불성상청정(佛性常淸淨)'을 바꾸어 놓았다는 사실과 설승본 『단경』에 나에게 "한 물건이 있다(吾有一物)"는 설법이 나오는 점 등을 고려할 때 혜능선은 공종(空宗)이 아니라 비공종(非空宗)이라는 것이다.

'염(念)'은 일종의 직각적인 내면적 성찰[內省] · 명상을 가리킨다. 무념은 『반야경』의 '무분별심'과 같은 것이지 일체가 공일 뿐이라는 『금강경』의 '반야성공(般若性空)'이 아니라는 것이다. 혜능의 "세상 사람들의 자성은 공하다(世人性空)"는 법문은 자성이 허공처럼 광대하다는 뜻이지 절대 진리로서의 진유(眞有)도 없다는 것이 아니라는 것이다. 따라서 혜능의 법문은 "진유는 공이 아니다(眞有不是空)"라는 입장이라고 본다.

혜능선이 비공종임을 증명하는 『단경』 구절로는 26절의 "생각할 때 망상이 있으면 곧 진실로 있는 것이 아니다. 생각 생각마다 행함이 있으면 이를 진실이 있다(當念時有妄 有妄卽非眞實 念念若行 是名眞有)"고 한다는 법문을 제시한다. '염념약행 시명진유'가 『혜은본』 등 여타의 『단경』에는 "시명진성(是名眞性)"으로 되어 있다. '진유'와 '진성'은 같은 뜻이다. 이처럼 혜능의 법문은 진유·진성이 있음을 강조하기 때문에 '공종(空宗)'이 아니라는 것이다. 곽붕은 또 '본래무일물(本來無一物)'은 혜능의 선사상이 아니며 혜능선은 『금강경』의 반야 공관사상도 아니라고 역설한다.

어쨌든 혜능선의 제1종지인 '무념'은 마조에 이르러 '평상심'으로 발전하면서 초불월조(超佛越祖)의 조사선과 월조분등선(越祖分燈禪)의 핵심 선사상으로 굳혀져 오늘에 이르고 있다.

구지 선사의 '한 손가락(一指)'은 멀리는 석가모니의 '염화미소(拈花微笑)'로부터 노장의 근원적 진리인 우주 본체로서의 도와 우주 존재 형태, 혜능선의 본래면목, 평상심(무심), 불립문자 등을 상징하는 풍부한 다의성(多義性)을 가진 신체 언어(body language)다. 구지 스님의 한 손가락이 뜻하는 '하나(一)'는 종교 사상일 뿐만 아니라 정치·사회·예술 사상으로도 널리 조명될 수 있는 넓고 깊은 철학적·사상적 의미를 담고 있다.

촉배관(觸背關)

혜능의 대법을 일명 '촉배관'이라고도 한다. 촉배관이란 어떤 물음에 즉각 그와 배치되는 이원적인 대립 개념을 제시, 지성적인 사로와 상식적인 논리를 차단시켜 당혹스러운 모순 속에서 전혀 새로운 무의식적인 정신 체험을 통해 모순의 관문을 통과하도록 하는 것이다.

문: 어떤 것이 중도입니까?
답: 모든 개념이 대립적으로 마주하는 가장자리(兩邊)이다.
문: 왜 중도의 뜻을 묻는데 그 반대인 '양변'이라고 답하십니까?
답: 변죽을 설정하지 않으면 중도도 성립하지 않는다. 모든 사상(事象)은 서로 말미암기 때문이다. 그 뜻이 어찌 수승하지 않으냐?

여산의 간(看) 선사와 한 학인의 선문답이다.

문: 어떤 것이 불변하는 상(常)입니까?
답: 무상(無常)이 상이다.
문: 상을 묻는데 왜 무상이라 하십니까?
답: 무상이 있으므로 비로소 상을 설명할 수 있게 된다. 무상이 없다면 상의 뜻도 없다. 그래서 무상이 상이라고 한 것이다.

진(眞) 선사와 한 학인의 선문답이다. 모두 『신회어록』에 나오는 사례다.

혜능은 『단경』 45절 법문 끝에 "공에 사로잡힌 사람들 중에는 문자가 소용없다고 하는 사람이 있으나 그렇다면 경전을 비방하는 것이 될 뿐만 아니라 문자가 없다면 사람들은 말도 못한다"고 하면서 문자와 말의 관계를 논하고 있다. 그는 결론으로 취사(取捨)가 서로 상관적 존재 원인이 되고 있음을 알아 대립되는 두 입장을 떠나 양쪽 다를 포용하도록 했다.

보통 사람들은 사물의 현상·모양·개념을 언어로 인식, 판단할 때 자각하지 못하는 가운데서 변견(한쪽 극단의 견해)에 빠져 분별심·계교·번뇌를 야기한다. 대법상인의 '상인'은 유관계(有關係)나 대립의 의미를 갖는다.

앞의 두 선문답은 지성적 이원 대립구조를 이용해 지성적 편견을 타파하고 지성을 초월한 정신적 자성체험을 하도록 하고 있다. 지성이란 곧 사람의 인식인데 외부 세계와 내부 세계를 개념적으로 정립해 놓고 본체로 돌아가면 하나인 주관과 객관을 둘로 나누어 나와 외부의 사물을 대립시키는 작용을 말한다. 이러한 지성은 주관과 객관·나와 사물을 모순 대립과 상호 의존관계로 본다. 이처럼 사물을 대립적 관계로 인식하면 이율배반적인 모순에 빠지게 된다. 장자는 모순적인 이원대립의 미혹을 극복하는 수단으로 '부지의 지(不知之知: 지성의 인식 한계를 깨달음), 목적과 수단의 전도 등을 통해 극복하고자 했다.

혜능의 돈오 남종선은 비지성적 설명을 통한 정신 체험으로 인식하는 순간 체험을 응고시켜 영원화함으로써 지성사변적 인식의 미혹으로부터 탈출시키고자 했다.

인간은 통상 마음이라는 GPS를 따라서 생각을 일으키고 그 생각이 복과 화, 시와 비 같은 상대적인 양변의 극단 중 하나를 취사선택한다. 선불교는 이 같은 양 극단 중의 택일을 '분별심'이라고 하여 절대 금기시 한다. 노자가 설파한 "복 뒤에 화가 숨어 있고 화 뒤에는 복이 잠복해 있다"고 하면서 모든 현상의 상대적인 존재 원인을 하나로 통합하라고 했던 설법을 상기하면 쉽게 이해할 수 있다.

이 세상 누가 어느 것이 불변하는 절대 '화'고, 어느 것이 절대 불변의 '복'인 줄을 알겠는가? 이 물음은 결국 그런 것이 없다는 뜻이다. 노자의 설법은 이 세상은 대립항들이 서로의 '존재 원인[相因]'이 되어 이 세계가 형성되어 있으니 화와 복을 둘이 아닌 하나로 포용하는 자연의 운행방식을 모델로 삼아 생활하고 통치하라는 것이다.

> 백로는 날마다 씻지 않아도 희고 까마귀는 날마다 검은 칠을 안 해도 검으니 흑백이란 본래 그러하다. 새삼 희다 검다 떠들어 댈 것이 없다.
> (天鴝不日浴而白 烏不日黔而黑 黑白之朴 不足而爲辨)
>
> – 『장자』「천운」

홀로 존재하는 무애의 경지에 이른 절대적 인간, 천상천하유아독존인 해탈자는 그 자신이 하나의 존재이면서 물(物)의 차원을 초월해 있다. 때문에 사물에 이끌리지 않고서 '물'로써 존재할 수 있다. 위의 백로와 까마귀도 그런 존재다. 자연으로부터 품수한 자신의 색깔에 검은 색이 싫다고 백색을 취사선택하려는 편견이 전혀 없다. 인간의 본래 자성도 백로와 까마귀의 색깔과 같이 어떤 분별심도 없는 천연 그대로의 순수한 '자연'이다.

덕산방·임제할(德山棒 臨濟喝)

혜능의 대법상인(對法相因)은 후일 조사선 시대로 들어서면서 기봉(機鋒)과 방할로 발전했다. 기봉과 방할은 돈오 남종선의 특징적인 교수법으로 선종의 대표적 종지인 '불립문자'와도 관련이 있는 '신체 언어'로서 혜능의 대법이 그 직접적인 근원이다. 직각 돈오적인 기지가 날카롭게 번뜩이는 언변과 몽둥이 구타, 고막을 찢는 고함소리가 진동한 당·송대의 선림은 그 자체가 흥미 만점이고 통찰할 만한 '종교극'의 무대였다.

덕산 선사가 어느 날 법석(法席)을 열고 수시(垂示: 법문)했다.
"너희들이 옳게 말해도 30방을 때리고, 틀리게 말해도 30방을 때리겠다."

'덕산방'이라는 화두를 선림의 유명공안으로 자리 잡게 한 덕산 선감의 법문이다. 선사들은 제자들의 온갖 잡생각을 한순간에 벌초하듯 끊어버리기 위해 이처럼 모순과 전도의 아성으로 몰아넣는다.

특히 덕산의 경우 극한적이고 철저하다. 이 법문은 유(有)도 아니고 무(無)도 아니니 오직 삼라만상의 본질인 공(空)의 한가운데에 서 있으라는 이른바 공관중도(空觀中道)를 설하고 있다.

절대공(絶對空)의 세계에서는 옳고 그르다는 구분이 있을 수 없다. 물론 공이 현상계로 나타나 두두물물로 구체화됐을 때는 정답과 오답, 시와 비를 수용한다. 그러나 선은 이러한 현상계의 분별을 결코 본체로는 볼 수 없다고 선언한다. 유·무를 초월한 '절대'의 입장만이 모든 존재의 본래 자리라는 것이다.

이야기는 이렇게 이어진다. 덕산의 법문을 전해들은 임제가 그의 상좌 낙포(洛浦)를 보내 검증을 했다. 임제는 낙포에게 말하길, "덕산을 찾아가서 옳게 말한 사람이 왜 30방을 맞아야 하느냐고 물어라. 그래도 때리려고 하거든 몽둥이를 잽싸게 잡아채 그를 밀어붙여라"라고 일렀다. 낙포가 덕산을 찾아가 시키는 대로 했다. 그랬더니 덕산은 아무 말도 하지 않고 방장실로 돌아가 버렸다.

낙포는 돌아와서 임제에게 그대로 고했다. 임제는 "처음부터 그 친구를 수상히 여겼지. 그래 너는 진정한 덕산을 보았느냐?"고 물었다. 낙포가 대답할 말을 찾느라 애를 쓰자 임제는 낙포를 한 대[一棒] 갈겼다.

우선 덕산과 낙포의 거량을 보자. 덕산이 방장으로 돌아간 것은 '자성'에로의 회귀를 뜻한다. 방장실은 선문에선 자성을 상징한다. 임제가 덕산을 "수상히 여겼다"고 한 것은 한 가락 하는 선장(禪匠)으로 보았다는 찬사다. 선은 역설(逆說)을 즐겨 쓰기 때문에 지독한 욕설이 더없는 칭찬이요, 존경일 때가 많다.

이제 남은 문제는 임제가 낙포를 후려갈긴 소식이다. 임제의 방은 덕산의 경지를 말르 형용하려는 낙포의 개념적 사유를 쳐부순 것이다. 그리고 덕산이 방으로 돌아감으로써 '공관중도'의 경지까지도 초월하고자 한 돈오의 소식을 일깨운 가르침이다. 임제가 낙포로 하여금 덕산의 몽둥이를 빼앗아서 한바탕 되받아 치게 한 것은 몽둥이로 친다는 바로 그 사실까지도 부정한 것이다. 즉 이미 중도(中道)가 되면 그 중도마저 초월하여 몽둥이질을 통해 형성된 제한(공의 경지)을 해제시켜야 한다. 조사선은 공을 깨달아 공에 안주하는 이른바 '낙공(落空)'을 철저히 금기시한다.
　따라서 선지식들은 공의 세계조차도 버리고 백척간두진일보(百尺竿頭進一步)하는 부주열반(不住涅槃)을 거듭 강조, 구극열반에 이르는 깨달음을 진정한 해탈의 목표로 설정한다.
　그러나 낙포는 비록 임제의 뜻을 받들어 행하기는 했지만 자기가 행한 행동의 의미를 모르고 있었다. 그래서 임제가 낙포에게 "진정한 덕산을 보았느냐?"고 물은 것이다. 낙포의 행동에 덕산이 방장실로의 회귀로 대응한 것은 부주열반의 구극(究極)에 도달한 경지를 상징한다. 구극열반이란 곧 자성이다. 그러니까 자성을 상징하는 방장실로의 회귀는 구극열반에 든다는 의미다.
　낙포는 덕산을 찾아가 행한 자신의 행위 속에 이런 엄청난 의미가 들어 있었다는 것을 모르고 임제의 물음에 입을 열어 무슨 말을 하려고 함으로써 관념적 사유체계를 벗어나지 못한 채 망념에 휩싸여 있는 자신의 마각을 드러내고 말았다. 그래서 임제는 그를 한바탕 두들겨 팬 것이다. 임제의 몽둥이질은 육체를 때리는 체벌이 아니라 낙포의 망상을 두드려 부수는 자비로운 가르침이다. 임제의 방은 낙포가 덕산과 거량한 일을 마음속에 남겨놓고 그로부터 표출해 내려는 견해를 없애버렸다는 상징성을 갖는다. 이는 낙포가 한 행위는 다른 사람(임제)의 의도였고 진짜로 중도의 이치를 보려면 자기 스스로가 노력해 깨달아야 한다는 가르침이기도 했다.

저 유명한 '덕산의 방'에 대해서는 일찍이 그의 제자 암두전활 선사(828~887)가 다음과 같이 말한 바 있다.

> "덕산 노인은 항상 흰 몽둥이 하나만 준비해 놓고 있다가 부처가 오면 부처를 치고, 조사가 오면 조사를 치니 누가 그와 겨룰 수 있겠는가!"

덕산과 임제는 비록 법계상으로는 각각 청원행사계, 남악회양계로 다르지만 공통점이 많았다. 특히 과격성과 구극을 지향하는 절대성은 같은 맥락이었다. 『송고승전(宋高僧傳)』(권12)은 "임제의 설법이 덕산과 비슷하다"고 기록하고 있다.

> 덕산선감 선사가 어느 날 저녁 대중들에게 소참(小參) 설법했다.
> "오늘 저녁엔 묻지 말라. 묻는 자는 40방을 때리겠다."
> 이때 한 승(僧)이 앞으로 나와 절을 올리자 덕산은 곡괭이 자루 모양의 경책(警策)으로 그의 머리통을 후려쳤다.
> 묻는다: 왜 아무 말도 안 했는데 때리십니까?
> 답한다: 너, 어디서 온 중이냐?

묻는다: 신라에서 온 중입니다.

답한다: 네가 당나라에 오는 배에 오르기 전에 30방을 때렸어야 했다.

덕산선감(德山宣鑑: 782~865)과 신라승의 선문답이다. '덕산의 몽둥이질(德山棒)'은 임제의현 선사의 고함질과 함께 '덕산방 임제할(德山棒 臨濟喝)'이라는 성구(成句)를 남기면서 지금까지도 한·중·일 선림에 풍미하는 유명한 화두이고 학인들을 교육하는 선종의 별난 가풍이다. 위의 선문답은 '덕산방'이라는 화두를 낳은 계기의 하나가 됐다.

특히 이 선문답은 선림에서 손꼽히는 격외(格外)의 선문답으로 '격하어(隔下語)'라 부르기도 한다. '격하어'란 규격에 들어맞지 않음, 훌륭한 역량, 마음에서 우러나오는 솔직한 말을 뜻한다. 즉 동문서답의 전혀 엉뚱한 대답으로 학인을 깨침의 경지로 인도하는 뛰어난 기량을 보여주는 선사의 한마디를 말한다. 이렇게 규격에 맞지는 않으나 훌륭한 역량이 유감없이 발휘된 선문답을 선가의 전문 용어로 '격하어'라 한다.

소참은 일정한 시간과 장소를 정하지 않고 수시로 하는 설법을 말한다. 방장이나 주지의 진산식(晉山式: 취임식) 때, 또는 초하루·보름 등에 하는 설법은 대참(大參)이라 한다. '참'은 참문(參問)을 말하는데 질의응답을 하는 법거량(法擧揚), 즉 선문답이다. 선종 사찰의 진산식 때 하는 법거량은 큰 잔치 분위기다. 방장이나 주지가 경책이라는 곡괭이 자루 같은 몽둥이를 들고 수미단(須彌壇)에 올라서면 선승들이 벌떼처럼 몰려들어 큰 목소리로 마구 질문을 해댄다. 소참과 대참, 또는 수시로 참문 오는 학인들을 선지식(善知識: 학덕과 지혜가 높은 선사)이 경책으로 두드려 패는 것을 '방'이라 한다.

화두로 돌아가 보자.

신라승을 후려친 덕산의 방이 전해주는 소식은 과연 무엇일까? 덕산은 입을 벌려 질문하는 자만 때리겠다고 했다. 그런데 신라승은 전혀 말을 하지 않았다. 다만 절을 해 예를 올렸을 뿐이다. 얼핏 보기엔 이만저만한 모순이 아니다. 약속 위반이다. 이래서 멀리 신라로부터 구도행각 차 찾아온 운수납자는 당돌하게도 "왜 때리느냐?"며 따지고 달려들었다. 그러나 덕산은 "너, 어디서 온 놈이냐?"고 뚱딴지같은 반문을 한다.

화두는 두 갈래로 갈라져 있다. 즉 신라승의 "왜 때리느냐?"는 질문과 덕산의 엉뚱한 반문 "어디서 온 놈이냐?"는 크나큰 간격을 느끼게 하는 동문서답이다. 이른바 격하어다. 그런데 전혀 방향이 다르고 초점이 맞지 않은 이 격하어가 무엇에 의지해 한 곳으로 통일돼 뛰어난 선문답으로 칭송된단 말인가. 마치 동서로 갈라지듯 전혀 방향이 다른 질문과 응답이 한 곳으로 연결되면서 엄청난 의미를 담은 화두가 되는 기막힌 언어 구사의 연금술은 선가의 독특한 교육방법이며 장기다.

덕산의 격하어는 몽둥이로 '망념'을 후려침으로써 한 곳으로 연결돼 깨달음이라는 엄청난 결과를 가져온다. 이 화두를 이해하려면 먼저 몽둥이질과 엉뚱한 반문이 갖는 상징성을 이해해야 한다. 몽둥이질과 반문은 둘 다 망념을 두드려 부순다는 상징이다. 생각을 일으켜 사량분별(思量分別)의 꾀를 내려는 망념을 박살내버리겠다는 것이다. 왜냐하면 진정한 마음의 본체를 보기 위해서는 상하·고저로 나누는 분별심을 일으키는 일체의 의식작용이 정지한 심행처멸(心行處滅)의 자리에 서야 하기 때문이다. 따라서 덕산이 신라승을 후려친 몽둥이질은 망심이 일기 이전의 마음 본바탕으로 돌아가라는 자비로운 충고다.

말을 입 밖에 낸다는 것은 벌써 마음속에 한 생각(망념)이 일어났다는 증거다. 물론 아무 생각 없이 튀어나오는 외마디 소리도 있다. 실은 이것이 진짜 무의식의 심층에서 잠자고 있는 자성이다. 가령 자기 이름을 부를 때 므심결에 '예' 하고 대답하는 행위는 사량분별 이전의 무의식이라고 할 수 있다.

덕산이 "묻지 말라"고 한 것은 계교가 끼어든 언어체계를 부정한 것이다. 그러나 언어를 사용하지 않는 다른 방식은 부정하질 않았다. 신라승은 그래서 예를 올리는 행동언어로 대응했다. 그러나 덕산은 신라승의 배례도 언어와 몸짓을 구분한 분별심의 소산으로 보고 그 분별심을 때려 부수겠다고 후려갈겼다. 더 나아가 네 놈이 신라를 떠나기 전에 30방을 갈겼어야 했단다. 결국 언어 이외의 방식까지도 부정해 버린 것처럼 보인다.

아니다. 덕산의 몽둥이는 일체 망념의 단진(斷盡)을 노리고 있다. 원래가 그는 절대주의자다. 그는 늘 실오라기 하나 걸치지 않은 벌거숭이 알몸 같은 투명한 본래의 심지(心地)를 요구한다.

덕산에게는 당나라에 유학, 견성을 하겠다는 신라승의 생각도, 말과는 다르다고 구분하는 그의 배례행위도 모두 공리적이고 이기적인 망심으로밖엔 보이지 않았다. 신라승은 차라리 어떠한 거량도 하지 말고 덕산을 혼자 남겨둔 채 돌아가거나 묻지 말라는 말을 하기 전의 혀를 좀 내보여달라고 대드는 게 나았을지도 모른다.

덕산이 신라승에게 "신라를 출발하기 전에 30대를 때렸어야 했다"고 한 것은 그렇게 했더라면 네가 더욱 진일보했을 텐데 라는 아쉬움을 나타낸 것이다. 이는 중이 지금 활발한 행위를 전개하고 있으니 그러한 활동을 가능케 하는 생각[念頭]을 일으킨 상념(想念)을 몽둥이로 때려 부수어 없애겠다는 날카로운 대응이다. 그래야만 깨침에 이를 수 있기 때문이다. 따라서 덕산의 방이 목적하는 바는 일념도 일어나지 못하게 함으로써 무심으로 돌아가 자신의 자성을 철견(徹見)케 하려는 교육방법이다. 덕산이 신라승에게 말한 '30방'은 참선정진의 첫 관문인 '망념 소탕'을 하지 못한 학인들에게 내리는 가르침이다.

그래서 '덕산의 방'이 선림에 회자한 이후 선지식들이 학인을 가르칠 때 처음 찾아와 절을 하거나 질문을 하면 우선 주장자나 불자로 머리·어깨 등을 후려갈기는 게 하나의 불문율(不文律)처럼 유행했고 급기야 화석화해 흉내 내기에 그치는 폐단을 야기하기도 했다. 초관(初關)을 통과하지 못한 학인들을 깨우치려는 덕산의 30방은 '심행처멸'의 해탈 경지로 이끄는 갸륵한 가르침일 때만 그 위력을 갖는다. 역대 선지식들을 흉내 내는 모방이나 단순한 관행으로 하는 몽둥이질은 아무 의미가 없다. 한 가지 아쉬운 점은 이 화두에 등장하는 신라승의 이름이 전혀 확인되지 않는다는 점이다.

잠시 사족을 붙인다면 양(洋)의 동서를 막론하고 "자식을 가르치는 데 회초리를 아끼지 말라"는 격언까지 남긴 교수법의 '회초리론'도 잘못에 대한 단순한 벌칙만이 아니라 선림의 '방'처럼 모든 잡생각을 비우고 오직 공부에 열중하라는 의미까지 포함됐다고 볼 수 있다는 생각이다. 선문에서의 공부는 자기성찰을 통한 내면자증(內面自證)이지만 세속의 공부는 교과과정의 가르침을 익히는 점이 다를 뿐이다. 우리는 어떤 일을 하든 그 일에 관한 생각 이외의 다른 모든 생각을 비워야 한다. 선방의 수행정진도, 산업현장의 노동도 똑같은 원리다. 이것이 바로 성실성이고 근면이고 경제적 용어로는 효율, 능률이다.

덕산의 방은 후대 선사들의 어록에 수없이 등장했다. 운문문언 선사는 덕산의 방에 대해 다음과 같이 자문자답했다.

> 묻는다: 납승은 반드시 본분을 체득해야 한다. 어떤 것이 납승의 본분인가?
> 답한다: 덕산 화상의 몽둥이다.

덕산의 방이야말로 납승들의 본분사(本分事)인 깨침을 안내하는 가장 훌륭한 교육법이요, 지름길이라는 찬사다. 선승들은 참으로 이상한 사람들이다. 스승이 제자를 무조건 몽둥이로 두들겨 패고 제자들은 또 이를 기꺼이 맞으며 크나큰 영광으로 받아들인다. 좀 실성한 사람들 같아 보일지도 모른다. 왜 선지식들의 방을 맞으면 영광스러운 일일까? 사디즘도 마조히즘도 아니다. 선지식들은 맞아서 깨칠 만한 사람한테나 몽둥이질을 하지 아무나 때려 주는 게 아니다. 따라서 학인들은 스승의 몽둥이를 맞아야 비로소 선방이라는 학교 입학자격을 얻는 셈이다. 그러니 영광스럽지 않겠는가. 이래서 스승의 몽둥이질은 자비로운 제자사랑 행위였으며 상처를 남기기는커녕 다시없는 보약이 됐다.

맞지 않으려면 깨달아라!

선지식들의 몽둥이질에 들어 있는 무언의 가르침이다. 스승의 매를 '구타'로 규정, 무조건 금하는 게 민주화인지를 되묻게 하는 한마디다. 선림에 최초로 몽둥이질·메꽂기·걷어차기 등과 같은 구타(?)를 본격 도입한 사람은 마조도일 대사였다.

어느 날 한 중이 마조를 친견하러 왔다. 마조는 땅바닥에 원을 하나 그려 놓고는 말했다.
"원 안에 들어가도 맞고 안 들어가도 맞는다."
중이 서슴없이 원 안으로 들어가 버렸다. 마조는 원 안에 서 있는 중을 주장자로 후려쳤다. 중이 말했다.
"저를 때리신 건 옳은 처사가 아니십니다."
마조는 주장자를 짚고 이내 사라졌다.

'마조원상(馬祖圓相)'이라는 이 화두가 바로 선림 구타의 시초다. 중은 어떻게 해도 얻어맞을 수밖에 없다. 이렇게 해도 저렇게 해도 때리겠다는 마조의 선언은 스승의 구타가 입·불입(不入)을 구분하는 분별심을 없애 학인을 깨우치기 위한 수단이라는 걸 암시한다. 마조는 말한다.

"원 안에 들어가고 안 들어가는 네 행동이 중요한 게 아니다. 필요한 것은 오직 너의 깨침이다. 몽둥이질은 너를 각성시키기 위한 것일 뿐이다. 맞지 않으려면 깨쳐라!"

학인은 건방을 떨었다. 원 안에 들어간 것은 원융 무애한 깨침의 경지를 이룬 절대자임을 과시한, 즉 성불했다는 자만이다. 감히 어디라고 마조 앞에서 그 따위 자만을 부리다니…. 거기다가 나 같은 부처를 때리는 건 잘못이라고 대들기까지 했으니 정말 싹이 노랗다. 마조는 기가 찼지만 그래도 스승의 자비를 베풀어 때려 주었다. 또 마조는 아무 말 없이 주장자를 짚고 돌아가는 행위를 통해 친절히 가르쳐 주었다. "너 혼자 남겨 둘 테니 방금 일을 잘 생각해 보고 깨침의 소식이 오기를 기다리라"고 말이다. 마조에게는 다음과 같은 선문답도 있다.

묻는다: 달마가 서쪽에서 온 뜻이 무엇입니까?
답한다: 네 뜻은 무엇이냐?
(중이 똑같은 질문을 되풀이하자 마조는 한 대 쥐어박고 나서 일갈했다.)
"아마 지금 내가 너를 때리지 않았다면 후일 제방(諸方)의 선지식들이 나를 크게 비웃을 것이다."

마조는 여기서 한 대 쥐어박는 구타를 통해 네가 곧 달마고, 부처인데 부처를 왜 네 자신을 떠난 밖에서 찾느냐고 일깨운다. 마조의 구타는 백만 불짜리 선물이요, 가르침이다. 이래서 선가에선 수많은 학인들이 스승한테 두들겨 맞는 것을 고맙게 생각하면서 즐겨 왔다. '덕산방'은 임제의 할과 함께 '방할(棒喝)'이라 칭해지면서 모든 번뇌를 일거에 박살내는 절단중류(截斷衆流)의 방편으로 널리 활용돼 왔다.

임제의현 선사의 '전유물'처럼 알려져 있는 '할'은 학인의 참문이나 법문 중에 선사들이 내지르는 고함소리다. 할의 사용 목적은 방의 그것과 똑같다. 할의 유래는 마조 대사로 거슬러 올라간다. 백장 회해 선사가 그에게 불법 대의를 묻는 참문(參問)을 하다가 두 번이나 호된 할을 맞았다고 한다.

백장 선사가 어느 날 대중들에게 수시(垂示)했다.

> 불법은 예사로운 일이 아니다. 내가 지난날에 마조 대사의 두 번째 할을 맞고는 3일 동안 귀가 먹고 눈이 멀었느니라.
> —『전등록』권6

임제의 할은 이렇게 마조-백장-황벽-임제의 법계(法系)로 이어져 온 선림의 학인 지도 방편이다.

> 묻는다: 잘 왔는가, 잘못 왔는가?(善來 惡來)
> 답한다: (고함을 지른다.)
> 묻는다: 다시 말해 봐라. 다시 말해 봐!
> 답한다: (역시 고함을 지른다.)
> 묻는다: (주장자로 후려쳐버린다.)

임제 선사가 묻고 한 비구니가 답한 선문답이다. 선어록에는 비구니·노파가 적지 않게 등장한다. 이들 여성들은 대체로 한가락 하는 선객이고 때로는 지혜의 상징이기도 하다. 특히 노파는 적광정토(寂光淨土)의 열반세계를 상징한다. 그래서 풋내기 선승은 오히려 이들에게 한 수 배우기도 하고 혼쭐이 나기도 한다. 그러나 반대로 노익장의 선승이나 눈 밝은 납자(衲子)들한테 걸려들면 오히려 패배의 쓴맛을 되씹는 수난을 당한다. 화두 '선래 악래'의 경우는 비구니가 혼쭐이 나는 경우다.

임제가 비구니에게 던진 물음 속에는 다음과 같은 뜻이 내포되어 있다. 네가 부처를 구한다는 등의 망령된 마음을 가지고 왔다면 잘못 온 것이고, 일체의 마음을 비운 무심(無心)으로 왔다면 잘 온 것이다. 선은 언제나 '무심'이라는 단 한 가지만을 요구한다. 그 밖에는 어떠한 것도 요구하지도 바라지도 않는다. 우리가 드넓은 우주세계와 일체가 되어 마음껏 뛰놀 수 있는 '절대 자유'를 누리지 못하고 마치 새장 안의 새처럼 갇혀 있는 것은 갖가지 생각을 일으키는 마음 때문이다. 돈·명예·권력·예쁜 여자·해외여행·생과 사 등의 온갖 생각에 묶여서 대우주 속으로 뛰어들지 못한다. 또 우주는 이러한 망념들에 결박되어 있는 사람을 받아들이지도 않는다.

절대 자유의 세계는 망심(妄心)에 포박되어 있는 죄수를 결코 환영하지 않는다. 임제는 비구니에게 "너를 죄수로 봐야 하는가, 아니면 자유인으로 환영해야 하는가?"라고 묻고 있다. 다시 말해 '네가 지금 무심인가, 망심인가?'를 보여 달라는 요구다.

이에 비구니는 할(喝)로 대답했다. '할'은 원래 임제 선사의 '전매

특허'다. 모든 망상을 한순간에 두드려 부수어 세속적인 인간의식의 흐름을 문득 절단(截斷)해 버리는 일체단진(一切斷盡)의 방편으로 고함소리[喝]를 늘상 사용한 것도 임제다. 그러나 비구니의 할은 이러한 '임제의 할'이 아니었다. 그녀가 지른 고함소리는 선림에 하나의 전통으로 굳어진 화석화한 임제의 할을 그저 흉내 낸 데 그친 '모방의 할'이었다.

할은 아무 때나 써먹는 게 아니다. 임제의 질문이 아무 의미 없는 것이라면 '할'은 훌륭한 대답이 된다. 그러나 임제의 질문은 의미심장하다. 다시 말해 '할'로써 때려 부수어야 할 망념이 아니다. 그런데 여기다 대고 '할'을 하다니…. 이것이 바로 후대에 문제가 된 할의 남용이다. 이때는 오히려 '침묵'을 했어야 한다. 침묵은 잘 왔다는, 마음을 비웠다는 상징성을 가질 수 있다. 대표적인 예의 하나가 '유마 거사의 침묵'이다. 임제는 자신이 발명한 할의 네 가지 용법을 직접 다음과 같이 밝힌 바 있다.

> "어떤 때는 한 할이 금강왕보검(金剛王寶劍) 같고, 어떤 때는 대지 위에 웅크리고 있는 황금털 사자[金毛獅子] 같고, 어떤 때는 어부가 고기를 찾기 위해 사용하는 장대와 그림자 풀[探竿影草] 같고, 어떤 때는 하나의 할이 할 작용을 하지 않는다.[不作一喝用]"

금강왕보검은 절대 부정의 대기(大機)로 교외별전의 소식을 전하는 것을 뜻한다. 단칼에 망상을 제거하고 심인(心印)을 전하는 위력이다. 금모사자는 지혜의 화신인 문수보살이 타고 다녔다는 사자로 선사의 탁월한 기량을 상징한다. 하나의 할에는 선사의 역량이 총 결집된 사자후의 효력이 있다는 이야기다. 탐간영초는 고기를 한 곳으로 모이게 해 그물로 잡는 어부의 기략(機略)과 같은 선사의 기지와 전략이다. 할의 정당성과 효용성은 그 속에 이러한 기략이 깃들어 있을 때만 인정된다. 네 번째의 부작일할용은 어떠한 소리나 형태도 갖지 않는 할, 즉 '침묵'과 같은 것이다. 이는 할이라는 게 아무 필요 없는 깨우침의 경지다.

할이 갖는 네 가지 효력은 일체의 번뇌 망상을 베어버리는 일, 사자처럼 포효할 수 있도록 자아를 깨우쳐 주는 일, 견성을 열어주는 안내역, 깨달은 도인의 경지를 나타내는 일 등이다. 따라서 그 비구니가 진짜 깨달음의 경지를 보이고자 했다면 네 번째 할(침묵)을 해야 했다. 결국 비구니의 할은 앵무새처럼 흉내 낸 '할'에 불과했음이 탄로 났다.

임제는 그녀의 첫 번째 할을 무시하고 다시 기회를 준다. '다시 말해 보라'고. 그러나 비구니는 아둔하기만 하다. 또다시 똑같은 할을 되풀이했으니 말이다. 한 소식 들을 만한 소양조차 없는 '푼수'였다고나 할까. 그저 덮어놓고 고함소리만 질러댄 것이다. 임제는 구제 불능이라 여기고 들었던 주장자로 비구니를 내리쳤다. 선에서는 흔히 사가(師家)의 매질[棒]은 역량을 인정하는 '인가(印可)'의 암시로 받아들여진다. 그러나 비구니가 임제한테 얻어맞은 방은 이런 인가가 아니라 육체를 아프게 하는 '기합'이다. 정신이 번쩍 들게 하려는 통속적인 매질이다. 그녀는 할이 어떤 때는 옳지만 다른 상황에서는 틀릴 수도 있다는 걸 모르고 아무 데나 마구 사용했다. 그러니 얻어터져 마땅했는지도 모른다.

비구니는 임제의 물음에 공손히 '차수'를 하거나 '침묵'을 했어야 했다. 불법의 원점, 또는 본체자성을 상징하는 절[拜]이나 깨달음의 경지를 보이는 소리 나지 않는 '할'만이 영광스런 인가의 방을 얻을 수 있었다. 물론 배례(拜禮)나 침묵이 논리적으로 외운 것이거나 관념적인 단순한 지식으로 짜낸 '꾀'라면 전혀 쓸모가 없다. 선은 4지 선다형 문제를 맞추는 식의 습득한 지식은 절대 용납하지 않는다.

(「덕산방 임제할」은 졸저 『중국선불교답사기』 권1·4권에 썼던 것을 전재했다.)

혜능이 『단경』 17절에서 밝힌 돈오 남종선의 3대 종지인 무념·무상·무주는 각각 『장자』의 심제(心齊)·좌망(坐忘)·조철과 같은 맥락이다. 무념은 현대적 문법으로 바꾸면 '생각(지식)의 해체'다. '심제'는 마음을 비움이다. 지식의 해체는 단도직입적으로 말하면 인간의 이성에 의해 만들어진 속임수를 내던지라는 말이다. 마음 비움의 구체적 대상은 ▲자아의식 ▲언어적 사고 ▲여러 가지 감정 등이다.

무상은 형상(이미지)의 해체다. 구체적으로는 자아의 해체다. 무주는 시·공의 해체다. 이는 곧 깨달음을 뜻하는 장자의 조철(朝徹)로서 그 구체적 내용은 생사의 초월이다.

> 공을 이루고도 차지하지(붙들고 집착하지) 않는다. 무릇 차지하지 않으니(집착하지 않으니) 때문에 떠나지 않는다.(영원하다.)
> (功成而不居 夫唯不居 是以不去)
>
> — 『노자』 2장

괄호 안은 필자가 선불교적으로 의역한 것이다. 원문의 거(居)와 거(去)는 유·무와 같은 상호 의존적인, 즉 상대적인 대대(對待) 관계다. 이룬 공적 영원하려면 그 공적에 집착하지 말아야 한다는 얘기다.

열반에 도달했다고 거기에 주저앉아 붙들고 집착하면 그 자체가 또 하나의 집착이고 번뇌가 된다. 때문에 선문에서는 '열반에도 머물지 말라(不住涅槃)'고 경책한다. 이 세상에 무엇도 집착할 만한 것이라곤 없다. 왜냐하면 모든 존재의 근원은 '공(空)'이기 때문이다. 무주를 본(本)으로 함은 시공을 초월해 모든 집착을 버리고 본래적 존재의 근원인 '공'으로 돌아간다는 얘기다. 선과 노장에선 공[無]만이 영원하다.

4. 신체 언어와 침묵의 웅변

과학은 설명할 수 있는 것을 설명하고, 시는 설명할 수 없는 것을 설명하고, 선은 설명해서는 안 되는 것을 설명한다. 설명해서는 안 되는 것을 설명하려면 통상의 언어 문자나 개념·논리로는 불가능하다. 설명할 수 없는 것을 설명하는 시는 상징이나 역설·모순어법·반어법 등을 동원한다. 그러나 이것으로는 충분치 않다. 선도 시가의 갖가지 표현법을 빌어 설명해서는 안 되는 불법 진리[道]를 드러내 보이고자 하지만 만족하지 못한다. 그래서 독자적으로 창안한 것이 신체 언어와 방할·원상(圓相) 같은 고도한 상징체계다. 구지 스님의 '한 손가락'은 선림의 존숙(尊宿: 도가 높은 스님)들이 보여준 대표적 신체 언어이고 말 없는 무언의 가르침이다.

노자도 말 없는 가르침, 말을 바꾸면 '침묵의 웅변'을 누차 강조했다. 노자가 말한 말 없는 가르침, 불언지교(不言之敎)는 개념적인 언어 표현으로는 절대 진리인 도의 심원한 뜻을 밝힐 수 없다는 언어 문자의 한계성과 세속 일상에서 말과 문자가 일으키는 갖가지 모순을 해결하려는 하나의 방편이었다. 노자의 '불언지교'와 선학의 신체언어·방과 할·불립문자·기봉은 같은 맥락이라 할 수 있다.

인간의 삶에서 가장 중요한 요소는 마음이다. 사람의 심장을 상형화한 문자인 '심(心)'은 모든 인식의 주체이고 모든 창조의 근원이다. 불교는 인간 세상의 문제가 마음에서 발생하고 마음으로 그 문제들을 해결할 수 있다고 본다. 장자도 같은 관점이다. 장자는 세상 문제를 풀어내는 요결로 "물(物)을 타고 마음을 즐기라(乘物以遊心)"고 했다.(『장자』「인간세」) 주관적 유심주의다. 불교 선종도 철저한 주관 유심주의다. '유심'이란 어떤 마음인가? 외물을 이용한 내 마음의 즐김을 뜻한다. 세상을 나의 무대·관객들로 삼아 연출하는 영상을 세상이라는 스크린에 비추는 것이다.

'승물(乘物)'은 중국 선불교가 인도 불교와의 차별성을 갖는 중요 사상이다. 바람과 물결을 탈 줄 모르면 바람에 휩쓸리고 물에 빠진다. 마치 윈드서핑과 같다. 윈드서퍼는 바람이 셀수록 파고가 높을수록 신나게 놀이를 한다. 그러나 바람과 물결을 탈 줄 모르는 사람은 바다에 빠지고 바람에 휩쓸리고 만다. 놀이하는 마음으로 물(物)을 타는 것이 곧 마음을 즐기는 것이다.

세상 문제가 마음을 흔드는 것은 그 원인이 '언어'에 있다. 생각과 언어가 결합해서 쏟아내는 말이 마음을 흔들어 놓는다. 상대에게 뱉는 말은 바람이 물결을 일으키듯 마음을 뒤흔들어 감정의 물결을 일으키며 말의 바람은 말하는 자신과 상대에게 함께 감정의 파고를 북돋운다. 감정의 격랑이 서로 교환되면 마치 죽임을 당하는 짐승의 울부짖음과 같이 거세게 폭발한다.

이 때 순수한 마음으로 돌아가 마음의 격랑을 잠재우고 일체의 물결이 일지 않는 평온한 바다에 안김으로써, 다시 말해 '평상심'으로 회귀해 사물을 타고 노는 마음이 될 수 있다. 구지 스님의 한 손가락은 이와 같은 마음, 즉 평상심을 가리킨 것이기도 하다.

> 너에게 주어진 피할 수 없는 것에 네 마음을 맡기고 네가 가는 길을 풍요롭게 하는 것이 가장 좋다.(託不得已以養中)
>
> — 『장자』「인간세」

마음에 묻힌 자 마음으로 깨어나야 한다. 마음이 깨어나면 그 깨어난 마음으로 생명을 꽃피워야 한다. 마음이 다치지 않는 방법은 '있는 그대로를 받아들이는 마음가짐'이다. 돈오 남종선의 핵심 종지인 '무념(無念)'은 마음을 비우는 것이다. 즉 자아의식의 해체인데 마음속에 일어난 생각들을 모두 지우는 것이 바로 무념이다. 이는 장자의 '심재(心齋)'와 같은 것이다.

> (마음에서 언어적 인식 활동을) 비우는 것을 마음의 재계라 한다. 소리는 귀로 듣지 말고 마음으로 들으며 마음으로도 듣지 말고 기(氣)로 들어라! 듣는 것은 귀에서 그치고 마음은 외부의 신호만 받아들이는데 그쳐라.(虛者心齋也. 無聽之以耳 而聽之以心 無聽之以心 而聽之以氣 聽止於耳 心止於符)
>
> — 『장자』「인간세」

듣는 그 자체는 언어의 인식 활동이 아니다. 그러므로 듣는 것은 문제가 되지 않는다. 마음이 외부의 신호에서 그침은 무엇인가? 마음이 신호에 대해 그저 신호(자극)로서만 느끼고 언어적 판단을 하지 말라는 뜻이다.

장자는 이처럼 마음에서 인식 활동을 통해 지식을 만들지 말 것을 강력히 권유한다. 마음의 언어적 활동을 그친 후 마음의 기 활동은 어떤 것인가? "기라는 것은 그 본질이 비어 있기 때문에 사물에 제대로 반응할 수 있다(氣者也虛而對物者也)"는 장자의 말은 기가 마음과 별도로 존재하는 다른 어떤 것이 아니라 '비어 있는 마음'이 바로 '기'이기도 하다는 것이다. 즉 마음이 언어적 인식 작용을 하지 않으면 곧 기로써 작동한다는 뜻이다. 마음을 비운다의 '비움'의 대상은 '언어적 인식 활동'이다. 마음을 비움은 유와 무·명과 암 같은 상대주의적 인식(분별심)을 없애는 것이다.

장자는 사람이 산다는 것은 '마음이 지속적으로 움직여 가는 과정'이라고 본다. 따라서 인생 문제를 해결하는 돌파구는 마음일 수밖에 없다. 시시때때로 다가오는 안팎의 자극에 마음을 어떻게 가져야 마음이 다치지 않을까? 방법은 주어진 상황을 있는 그대로 받아들이고 순간의 감정에 마음을 고착시키지 않는 것이다. 그래서 돈오 남종선은 "마음 밖에 따로 부처가 없다(心外無佛)" 하고 "이 마음 그대로가 바로 부처(卽心卽佛)"라는 법문으로 '무념'의 종지를 풀어서 교화한다.

이제 구지 선사의 '한 손가락'이 뜻하는 선학적 의미를 좀 더 깊이 천착해 보자. 선과 노장의 교화법(교육 방법)은 상통하는 점이 많다. 대자연의 이치[佛法]를 터득, 실천하는 것은 멈추어 있는 물[自心]을 거울삼아 스스로 얻는 것이지 누가 가르쳐 주고 배워서 얻을 수 있는 것이 아니다. 이른바 자득(自得)하는 것이다. '자득'이란 마음속에서 구하던 것을 얻어 만족하는 것이다. 자신의 정신적 질곡을 푸는 것도 스스로 푸는 것이지 다른 사람, 제3자가 풀어줄 수 있는 게 아니다.

달마 대사는 후일 2대 조사가 된 혜가 스님이 찾아와 "제 마음이 몹시 불안하니 좀 안정시켜 달라"고 청하자 "불안한 그 마음을 나에게 내놓아 보라"고 했다. 마음은 구체적인 형상을 갖춘 사물이 아니다. 혜가는 "그 마음을 아무리 찾아보아도 내보여줄 수가 없다"고 했고 달마가 "그렇다면 너는 이제 불안한 마음으로부터 해방됐다"고 하자 단박에 돈오했다. 3조 승찬 대사와 4조 도신 대사 간에도 같은 문법의 심지법문(心地法門)이 있다.

도신: 청하옵건대 해탈 법문으로 이 몸의 속박을 풀어 주시옵소서.
승찬: 누가 너를 묶어 놓았는가?
도신: 저를 묶어 놓은 사람은 없습니다만….
승찬: 그렇다면 너는 이미 한껏 자유롭다. 그런데 어찌해 해탈을 구하고 있단 말인가?

선종 3대 조사인 승찬 대사(?~606)에게 어느 날 사미 시절의 도신 사미(580~651)가 찾아와 참문한 선문답이다. 12세의 그 사미는 후일 제4대 조사가 됐다. 중국 선불교는 당 중기 이후 이상적인 불교 인격을 가리키는 여래·보살이라는 용어 대신 조사·부처라는 표현을 즐겨 사용했다.『임제록』은 "현재의 마음이 변치 않는 것을 살아 있는 '조사'라 부른다고 설명했다.

선불교가 이상적인 인격을 간명 직절하게 표현한 '조사'라는 말은 중국 선종을 '조사선'이라는 말로 특징지으면서 인도선·석가모니선보다 우위라는 자부심을 내심에 깔고 있는 동아시아 선불교의 트레이드마크가 됐다. 부처와 동격자, 또는 부처 이상(?)의 인격자를 상징하는 '조사'라는 칭호는 초조 달마부터 6조 혜능까지 6명에게만 공식 호칭됐지만『조당집』·『전등록』 등의 선어록에 화두를 남긴 당·송대 거물 선사들에게도 조사라는 호칭을 붙이기도 한다. 후대에는 조사급 선사들이 수 없이 배출되어 어떤 한 사람을 법맥 전등자로 지정하기가 어려울 정도의 난형난제(難兄難弟)였기 때문이다.

임제 선사의 조사론은 오늘을 살아가고 있는 우리의 평상심이 변치 않는 것은 그것이 평범한 매일 매일의 생활방식이기 때문이라는 데 기초한다. 이는 일상 속에서 살아 숨 쉬고 있는 마음이 바로 조사이며, 참된 부처[眞佛], 가장 구체적인 인간본질이라는 얘기다.

달마-혜가, 승찬-도신 조사의 선문답이 설파하고 있는 법문의 핵심은 마음의 문제는 '자득(自得)'할 수밖에 없다는 것이다. 임제 스님의 조사론이 강조한 '주체적인 인격자'는 어떠한 것에도 의지하는 바 없는 자유로운 현실의 주체임과 동시에 일체의 내외적 조건을 거부하는 가장 엄격한 부정(否定)에서 살아가는 사람이다. 조사는 가장 사사로운 개인주의자이며 동시에 가장 창조적인 확고한 주체성이 그 본질이다.

이 같은 불교 선종의 조사는 노장의 도덕관이 강조하는 '진인(眞人)'과 일맥상통한다. 노장의 인간관은 허무라는 대도(大道)로부터 생겨나는 자연의 화생(化生)이 곧 인간 존재의 근원이라고 본다. 당·송 8대가의 한 사람이며 중당(中唐)의 대유학자인 한유(768~824)는 이 같은 노장의 인간관에 기초한 도덕관을 "자신의 내부에 충족하며 외부의 지배를 받지 않는 것이 덕이며, 그것을 따라가는 것이 도"라고 풀이했다.

혜능 조사가 출가 전 땔나무 장사를 하던 시절 한 탁발승이 탁발을 청하는 염불 중의 한 구절을 듣고 발심했다는 유명한 『금강경』의 "응무소주이생기심(應無所住 而生其心)"은 마음속에 머물고 있는 기억 같은 것들을 없애고 순수한 원래 상태의 마음(무념)으로 마음을 드러내라는 것이다.

> 마음속에 쌓여 있는 지난날의 기억들을 모두 잊어버리고 원래의 생기 있는 생명의 상태로 돌아가라.(忘而復之)
> — 『장자』 「대종사」

장자의 설법은 『금강경』 법문, 선종의 '무념 종지'와 같은 맥락이다. 순간순간 역동적으로 움직이는 삶에 충실하는 것이 삶의 참된 모습이고 삶의 전부다. 참으로 제대로 된 '노닒(遊)'은 즐거움만 있을 뿐 즐거움의 기억이 남지 않는다. 달리 말하면 주어진 순간순간에 '존재함'을 온전하게 느끼는 것이다. 왜냐하면 무엇을 의식하고 행동하는 것은 이미 그 행동이 의식에 구속당하는 것이므로 자유롭지 못하고 마음에 걸림이 있게 되기 때문이다. 장자가 "노는 바조차 없는 것(所遊者虛)"이 진짜 노니는 마음이라고 한 것은 자기의식으로부터의 자유로움을 애써 드러낸 표현이다. 돈오 남종선의 '무념'은 무엇도 의식하지 않는 마음이다.

> 도를 자득한 지극한 사람은 자기라는 자아가 없다.(至人無己)
> ─『장자』「소요유」

이는 지인에게는 자아가 없다는 뜻이 아니라 지인은 편견에 사로잡힌 자신을 초월한다는 것이다. 편견에 사로잡힌 자아란 세속적 가치(공적·명예 등)에 좌우되는 자아를 말한다. '무기'는 더 이상 초탈할 것이 없는 경지에 이르렀다는 뜻이다.

주자학파의 성리학풍은 '극기(克己)'를 주장해 욕망을 극복하는 데 많은 노력을 기울이다가 끝내 풀지 못하고 그 안에서 사는 삶을 무미건조하게 끝내는 반면, 노장의 '무기(無己)'는 인간의 지략과 욕망을 벗어나 정신적 해방을 얻고 속세의 욕정에서 빠져나와 감정을 벗어난 태상(太上)의 경지에 도달하고자 한다. 이 같은 '우주적인 자아'를 지향하는 노장의 정신은 유가 정신과 큰 차이점을 가지고 있다. 선이 목표하는 '깨달음'이라는 것도 노장의 '우주정신'과 같은 것이다.

선과 노장은 '허정(虛靜)'을 귀히 여긴다. 텅 비어 있음을 말하는 '허'는 진중하다는 뜻이기도 하다. 즉 자만하지 않고 겸손함인데 ▲넓은 도량 ▲객관 사물을 거울처럼 그대로 반영하는 것을 구체적 내용으로 한다. 노자·장자와 도가의 3대 거장인 열자는 어떤 사람이 "선생은 왜 '허'를 귀하게 여기십니까?"라고 묻자 "허의 경지에서는 귀천(분별심)이라는 것이 없습니다"라고 답했다. '허'는 하나로 통일된 일체 평등의 세계를 상징하기도 한다.

'정'은 근본으로 돌아간다는 의미다. 노자는 "뿌리로 돌아가는 것을 일러 정이라 한다(歸根曰靜)"고 했다. 만물은 천태만상이지만 최종적으론 그 근본으로 돌아간다. 그 '근본'은 곧 도를 가리킨다. 조주 스님의 '만법귀일(萬法歸一)' 화두가 뜻하는 일(一)도 바로 이 일이고 구지 선사가 들어 올려 보이는 '한 손가락'도 같은 의미의 일이다. 허와 정은 다 같이 만물 평등과 모든 존재의 근원, 즉 도를 나타내는 공간적·시간적 양태를 구체화시킨 표현이다.

> 길은 사람이 다녀서 만들어지고 사물은 이름을 붙여서 그러한 것이 된다.(道行之而成 物謂之而然)
> — 『장자』「제물론」

이 세상 존재하는 모든 사물 자체에는 옳음(可)과 옳지 않음(不可), 그러함(然)과 그러하지 않음(不然)의 구분이 없다. 이러한 대립적 개념들은 우리가 일상생활의 편리함을 위해 사물에 붙인 이름일 뿐이다. 이는 인간이 걸어 다님으로써 길이 만들어지고 사물의 이름 또한 인간이 붙여 놓아 그런 이름이 생긴 것과 똑같은 원리이다. 인간의 주관이 개입될 때 "이름은 실체를 가리킨다(名以指實)"는 언어의 역할이 변질된다. 그 결과 수없이 많은 독단이 만들어지고 갖가지 가치들이 결탁한다. 차별적 대립은 사물의 본래 모습이 아니라 인위적 결과일 뿐이다. "사물에는 완성과 훼멸의 차별이 없으며 결국 하나로 통일된다(凡物 無成與毁 復通爲一)"는 것이 노장이 강조하는 포일(抱一)사상의 핵심 내용이다.(『장자』「제물론」)

구지 스님의 '한 손가락'은 분별심 타파·만물 평등·주관적 편견 제거·평상심·우주정신·자성·체용일여의 도·부처 등과 같은 구체적 내용들을 상징하는 다의성을 지니고 있다. 모든 불교 사상과 선종의 종지를 똘똘 뭉쳐 담은 구지 스님의 한 손가락은 그래서 다시 없는 '침묵의 웅변'이고 말이 없는 큰 가르침이 된다. 손가락 하나를 세워 보이는 것과 같은 신체 언어가 설명해서는 안 되는 선지를 설명하면서 침묵의 웅변이 됐던 사례들을 살펴보자. 그 하나가 석가모니의 '염화미소(拈花微笑)다.

염화미소

|

불가의 도는 번뇌를 벗어나는 길이고 노장의 도는 만물과 하나 되는 길이다. '염화미소'는 석가모니가 꽃을 들어 대중에게 보이자 가섭만이 미소로 응답한 인연이다. 조사선의 불립문자·교외별전(敎外別傳)의 종지를 드러낸 첫 무언의 법문이다. 가섭을 불교 선종의 초조로 삼는 조통설(祖統說)의 근거이기도 하다. 선종 전등(傳燈)의 상징인 '염화미소'의 전거는 『연등회요』 권1이다. 이 선종 전등록은 1183년 성립됐다. 1004년 성립된 『경덕전등록』에는 없다. '염화미소'

의 핵심전법 내용인 '정법안장·열반묘심'이라는 문구도 『전등록』에는 나오지 않는다. 후대 선림이 선종의 전등사(傳燈史)를 만드는 과정에서 가탁(假託)한 조통설이라고 봐야 한다.

어쨌든 '염화시중'이 뜻하는 상징성은 선종사에서 중요한 의미를 갖는다. 노자의 '불언지교'와 '구지일지'도 이와 상통하는 맥락의 불립문자 법문이고 선림 특유의 신체(동작)언어다. 석가모니로부터 정법안장(正法眼藏: 참된 법의 눈)과 열반묘심(涅槃妙心: 열반의 놀라운 정신)의 전법을 이끌어낸 가섭의 미소는 삼라만상을 있는 그대로 수용하는 '태고의 마음'을 상징한다. 석가모니가 꽃을 들어 올린 무언의 신체 언어가 뜻하는 바는 다음과 같다.

'산·강·땅·해·달·바람과 비·인간·동물·풀과 나무 등 모든 상이, 한 부류들의 사물들이 이제 여기저기에서 보입니다. 그것들이 꽃을 드는 것입니다. 삶과 죽음·오고 가는 것도 꽃의 다양한 형태이고 곧 꽃이 빛나는 것입니다'라는 뜻이다.

석가모니가 높이 들어 올린 꽃은 다양한 형태의 세계를 상징한다. 그 꽃은 존재하는 모든 것들이 살고 죽고 오가는 우주의 운행을 보여준 것이다.

가섭의 미소가 뜻하는 바는 다음과 같다.

"가섭이 그 꽃이 되는 독특한 변화가 일어나는 사건을 가리킨다. 가섭의 얼굴이 미소 속으로 부서졌다. 그 자리는 석가모니의 손에 높이 들린 꽃의 얼굴이 차지했다. 가섭의 미소 짓는 얼굴은 세계 자체이기도 하다. 그 얼굴은 삶과 죽음으로, 오고 가는 것으로 존재한다. 그런 얼굴은 그때그때마다 머무르는 사물들의 얼굴이기도 하다. 이렇게 자아가 제거되어 텅 비워진 꽃의 얼굴은 자아를 가리지 않고 산과 강·땅·해와 달·바람과 비·인간·동물·풀과 나무를 내뿜고 수용하고 혹은 되비춘다. 꽃의 얼굴은 태고의 친절이 흘러넘치는 장소이기도 하다. 태고의 미소는 친절의 깊은 표현이다. 얼굴의 딱딱함이 부서져 자타의 경계가 없어지는 곳에서, 즉 그 얼굴이 누구의 얼굴도 아닌 얼굴로 변신하는 곳에서 태고의 미소가 깨어난다"는 것이다.

　다소 문학적이고 철학적인 해설이지만 실존 전체의 전환이 이루어졌다는 얘기다. 한마디로 말하면 깨달음의 문이 열린 것이다. 석가모니가 꽃을 들어 올려 시중(示衆)한 무언의 신체 언어가 설한 법문이 이처럼 엄청난 실존의 전환, 인식의 변화, 깨달음을 이끌었다는 점에서 신비롭기까지 하다. 구지 선사의 '한 손가락'도 이와 같은 엄청난 상징성을 갖는다.

> 말하지 않는 가르침은 무위의 유익함인데 천하에는 그 경지에 도달할 자가 드물다.(不言之敎 無爲之益 天下希及之)
> 　　　　　　　　　　　　　　　　　　　　　　　　— 『노자』 43장

　감산 대사는 노자의 이 설법을 다음과 같이 풀이했다.

"앞에서 '사람이 사람을 훌륭하게 가르치지 못하는 것은 말이 있기 때문이다'라고 했다. 말이 있으면 유위(有爲)의 자취가 있게 마련이고 자취가 있으면 그것을 해낸 자신의 교묘한 지혜를 믿게 되며, 지혜를 믿으면 자신의 재능이 많다고 여기고, 자신의 재능을 믿으면 자기의 능력을 뽐내면서 오만하게 된다. 일반적으로 제멋대로 하기를 좋아하면 쉽사리 패배한다. 이는 말이 있는 가르침이며 유위의 무익함이다. 유위가 이처럼 무익하다면 '불언지교'는 무위의 유익함이며 그 경지엔 천하에서 도달할 자가 드물리라는 것을 알리라.

불언지교는 아무 말도 않는 '나 몰라라'식의 침묵으로 일관하는 가르침을 말하는 것이 아니다. 노자가 보기에 말(言)은 어떤 존재나 가치를 일정한 테두리 안에 가두어 놓은 것이다. 예를 들면 '사랑을 눈물의 씨앗'으로 정의 내리는 것이다. 그러나 사랑은 꼭 눈물의 씨앗으로만 한정될 수 없다. 아름다운 장미꽃일 수도 있고, 찬란한 태양일 수도 있고, 황홀한 꿈일 수도 있다. 노자 철학의 요지를 밝힌 『노자』 1장의 첫머리 구절 "도를 도라고 말하면 이미 불변의 진리가 아니고 이름을 이름으로 부르면 또한 불변의 이름이 아니다(道可道非常道 名可名非常名)"도 바로 이런 언어의 한계성을 지적한 것이다. 선에서도 불법 진리를 입을 열어 말하고 설명하는 순간 그 진리를 곧바로 왜곡하게 된다는 '개구즉착(開口卽錯)'을 거듭 강조한다. 그래서 노자는 불언지교만이 이 세계의 진상에 접근할 수 있는 교육이 될 수 있다고 강조한 것이다. 선림이 심오한 불법 진리의 세계를 불립문자·언어도단(言語道斷)·심행처멸(心行處滅)의 경계라고 설하는 것도 노자가 말하는 언어의 한계성과 같은 맥락이다.

노자는 이미 앞에서 불언지교의 구체적 내용을 설명하면서 그 중요성을 강조했다.

> 성인은 무위하는 일을 하며 말없는 가르침을 행한다. 만물이 잘 자라는 것을 보고도 그것을 자신이 시작한 것이라 말하지 않고, 잘 살게 해 주고도 소유하지 않으며, 무엇을 해도 자기의 뜻대로 하려 하지 않는다. 공이 이루어져도 그 공을 내세우지 않는다. 오로지 그 공 위에 머물지 않기 때문에 버림받지 않는다.
> (是以聖人處無爲之事 行不言之敎 萬物作焉而弗始 生而弗有 爲而弗志 功成而弗居 關唯弗居 是以弗去)
>
> – 『노자』 2장

노자가 말하는 불언지교의 내용은 무소유와 무공덕행이다. 이는 바로 '선계무욕(禪界無欲)'과 같은 것이다. 부모는 자녀를 낳았지만 그 자녀를 물건처럼 소유해서는 안 된다. 공덕을 행했다고 뽐내고 다니면 그 공덕은 자칫 멸시의 대상이 되기 십상이다. 선은 정신적인 무소유와 과도한 욕망으로부터의 탈출을 강력히 요구한다. 노장사상도 이 점에 아주 철저하다. 소욕무위(少欲無爲)의 삶을 사는 것이 결국 해탈이고 열반이다. '무위'는 텅 빈 마음이 구현된 것을 말한다. 노장의 무위는 드넓은 도량과 거울처럼 객관 사물을 그대로 반영하는 '허(虛)'와 같은 뜻이다.

석가모니의 염화와 가섭의 미소는 모두 실제로 가리키는 그 무엇이 없다. 다만 인식상의 착각을 활용하여 깊이 막혀 있는 모든 관념(언어 문자)을 뽑아내는 철거 도구와 같은 것이다. 필자가 앞에서 염화와 미소의 의미를 중언부언 해설했지만 궁극적인 선과 노장의 경계에서는 용납될 수 없는 '못된 짓'이다. 그저 기껏 철거 도구가 원활하도록 기름칠을 해 보는 효과라도 있으면 해서일 뿐이었다. 진짜 깨달음과 소요유(逍遙遊)의 자리에는 어떤 말도 문자도 있을 수 없다. 유구무언일 뿐인 황홀한 경계고 대자유의 세계다.

노자는 "모른다 함은 안(自得)이고 안다 함은 밖(認識)"이라고 했다. 그래서 그는 "진짜로 아는 사람은 말하지 않고 말하는 자는 제대로 알지 못하는 사람(知者不言 言者不知)"이라고 했다.(『노자』 56장)

노장의 '무(無)'도 불언의 도이고 불가의 선도 불언의 법(法)이다. 시비와 사려(思慮)를 버리는 것이 선과 노장의 '무'다.

공자도 제자 자로에게 "눈만 마주치면 이미 마음이 통하거니 다시 말을 들을 필요가 있겠느냐(目擊而道存 不可容聲)"고 했다. 이는 석가모니가 연꽃 한 송이를 들고 법상에 올라 시중(示衆)했을 때 오직 가섭만이 빙그레 웃었다는 저 유명한 염화시중과 똑같은 소식이다. 이른바 선불교의 근원인 이심전심(以心傳心)의 교외별전이다. 석가모니가 "열반의 현묘한 마음과 형상을 떠난 진실한 상(相)인 미묘 법문을 문자에 의존하지 않고 교설 밖에 별도로 가섭에게 전하노라"고 했던 것과 공자의 설법은 다같이 '이심전심'의 전등(傳燈)이다. 부처도 노자도 공자도 모두 언어 문자가 가지는 진리 표현의 한계성을 절감했던 것 같다.

조주 선사는 언어 문자의 희롱을 일삼는 학인에게 "노랑 주둥아리 닥쳐라"라고 했고 황벽 선사는 "말없는 마음이 곧 도(無心是道)"임을 역설했다. 노자는 "말이 많으면 결국에는 궁벽해질 수밖에 없다(多言數窮)"고 했다. 선과 노장은 말이 없는(분별심이 없는) 마음, 즉 '무심(無心)'을 설하고 공자는 '생각에 삿됨이 없음(思無邪)'을 역설한다. 다 같이 순수한 한 마음(一心)을 종지로 한 설법이다.

염화미소의 연꽃 한 송이와 구지 선사의 한 손가락은 똑같이 '하나'라는 일치점을 가지고 있다. 이는 꽃과 손가락에 방점이 있는 것이 아니라 '하나'에 더 큰 의미가 있음을 유념할 필요가 있다.

노장은 '대일(大一)' 또는 현동(玄同)이라는 말로, 선은 '불이(不二)'라는 말로 각각 절대 평등을 설파한다. 용어는 다르지만 뜻하는 바 의미는 똑같다. 노자는 사람을 추구(芻狗)라 했다. 사람을 제사 지낼 때 쓰고 버리는 짚으로 만든 풀강아지와 같다고 한 것은 사람이나 지렁이, 밥이나 똥이 다 같이 평등함을 강조한 것이다. 이를 노자는 '대일'이라 했고 선에서는 불이법문(不二法門)이라 하여 절대 진리의 '하나'로 상징화했다.

'불이'는 둘이 아닌 하나라는 말인데 만법이 돌아가는 근원인 일(一)을 말한다. "똥 막대기가 바로 부처"라는 운문 선사의 화두 〈간시궐(乾屎橛)〉은 노자의 '추구'와 같은 맥락의 절대 평등을 강조한 수승한 법문이다. 장자는 "성인에게는 처음부터 하늘도 없고, 처음부터 인간도 없고, 처음부터 시작도, 사물도 없다"(『장자』「칙양」)고 했다. 무엇에도 편애하는 마음을 갖지 않는 것이 우주정신이라는 얘기다.

구지일지는 방할·침묵·기봉 등과 함께 절대 진리를 설명하는 데 역부족인 언어 문자의 한계성을 극복하고자 하는 간절한 원력이 담긴 선림의 '언어 아닌 언어' 신체 언어(body language)다.

나는 말을 하지 않고자 한다. 하늘이 무슨 말을 하더냐? 사시(四時)가 운행하고 만물이 생장할 따름이다.(豫欲無言…)
— 『논어』「양화편」

공자는 말로는 설명할 수 없어 말없는 우주 운행법칙을 빌려 지극한 진리를 위와 같이 설파하고자 했다. 구지 선사의 한 손가락 법문도 공자와 같은 '절규'가 담긴 친절한 법문이었다.

예수와 구지 선사

"당신들 가운데 죄 없는 사람이 먼저 돌을 던지시오."
예수는 이 말을 하고는 다시 몸을 굽혀 땅에 무언가를 썼다. 그러자 나이 많은 사람부터 하나하나 떠나갔고 예수와 바리사이들한테 붙들려온 여인만 남았다. 그때야 예수는 "나도 단죄하지 않습니다. 그리고 이제부터 다시는 죄를 짓지 마시오"라고 했다.
— 『요한복음』 8장 1~11절

비기독교인들도 많이 알고 있는 유명한 성서 대목이다. 이야기의 전반부는 예수가 '침묵의 웅변'으로 바리사이들을 깨우친다. 바리사이들이 예수를 시험하기 위해 간음하다 붙잡힌 여인을 끌고 와서 "모세의 율법에 간음한 여자는 돌로 치라"고 했는데 당신께서는 뭐라고 하겠느냐고 했다. 예수는 아무 말 없이 몸을 굽혀 땅에 무언가를 쓰기만 했다. 그들이 연거푸 물으며 대답을 재촉해도 유구무언이었다. 시달리다 못한 예수가 몸을 일으켜 한 말이 위에 인용한 대목이다.

이 성경 구절과 화두 '구지일지'는 비교해 볼 만한 유사점이 있다. 첫째는 예수나 구지 두 사람 다 지적으로는 해결할 수 없는 문제를 기발하게 풀어낸 점이다. 둘째는 그 해결의 방법이 양쪽 다 침묵의 응답이었다. 셋째는 장광설의 설법보다 간결하고도 쉬운 기봉(機鋒)을 드러냈다. 넷째는 양쪽 모두 벌한다든가 벌하지 않는다는 이분법적인 상대적 견해(분별심)를 초월, 죄와 벌을 하나로 통일한 높은 차원의 경지다. 이 성구(聖句)가 보여주는 분별심의 초월·간결하고 쉬운 기봉·침묵의 신체 언어·말없는 가르침 등은 선과 노장의 별난 특징이기도 하다.

"네가 설교하는 사랑의 가르침을 따르면 이 여자도 용서해야 한다. 그러면 유대인 최고 법률인 모세의 율법을 어기게 되는데 너는 무슨 권리로 이 율법을 어기는가? 만약 이 여자를 돌로 쳐 죽여야 한다면 네가 설교하는 사랑의 가르침과 모순된다. 자, 어찌하겠는가?"

바리사이들은 이렇게 예수를 다그쳤다. 예수는 침묵으로 응대하여 분별심에 사로잡힌 그들의 죄와 벌에 대한 잘못된 인식을 바로 잡아주었다. 신체 언어는 표현할 수 없는 말로 말하는 사람 전체를 이야기한다. 보통사람도 마음 속 깊은 생각은 말로 표현할 수 없어 '몸'으로 이야기한다. 더구나 인간의 고귀한 고상하고 뜻 깊은 행위인 종교 체험은 말로 다 표현할 수 없고 몸 전체로 이야기하거나 '마음의 말'로 전하는 수밖에 없다. 이것이 이심전심이고 방할이고 침묵이고 신체 언어다.

빈스윈거의 '신체 언어'가 이를 잘 증명해 준다. 정신과 의사인 그의 진료를 받은 여성 가운데 애인을 만나고 싶은데 어머니의 엄한 금족령으로 뜻을 이룰 수 없자 어느 날부터 심한 트림과 딸꾹질을 하다가 병으로까지 발전한 젊은 여인이 있었다. 빈스윈거 교수의 정신과를 찾은 그 여인은 어머니에 대한 울분을 몸으로 이야기하고 있었던 것이다. 그녀의 딸꾹질과 트림은 바로 신체 언어였다.

깨달음이란 인간 '실존의 전환'이다. 이와 같은 엄청난 사건은 말로 설명할 수 없다. 말로 아무리 설명해 보아야 '그림의 떡'에 불과하다. 그림의 떡은 먹어서 배부를 수 없다. 가짜다. 신체 언어는 그 행위에 자신의 전 인격을 투입함으로써 충만한 의미를 갖는다. 구지 선사의 한 손가락에는 이와 같이 그의 전 인격이 뭉쳐 있다. 학인들의 불법 진리에 대한 나름의 지성적 세계는 구지 선사의 손가락 하나를 세우는 '무의미', 달리 말해 그의 전 인격을 쏟아 부은 그 '엄청난 힘'에 압도되어 박살이 나면서 전혀 무의미한 것이 되어버리고 만다. 이때 곧추세운 구지의 한 손가락은 사람의 지성적 지혜를 죽인 '살인검(殺人劍)'인 동시에 학인의 전인적 실존을 전환시켜 새 사람으로 살려낸 '활인검'이기도 하다.

예수가 바리사이들에게 응답한 침묵의 신체 언어는 언뜻 보기엔 패배한 것 같지만 분별심을 버리라는 엄청난 이야기를 했다. 예수의 침묵은 살인검이면서 활인검의 역할을 동시에 해냈다.

"당신들 가운데 죄없는 사람이 먼저 저 여인에게 돌을 던지시오."

간명 직절하고 쉬우면서도 날카로운 기봉이다. 예수의 침묵은 무의미한 것 같았지만 엄청난 의미가 가득 차 있었고 날카로운 '기봉'은 바리사이들과 여인의 실존을 전환시켜 새 사람으로 살려낸 활인검(活人劍)이었다.

동경대학을 나온 일본인 가톨릭 사제인 가도와키 가키치(門脇佳吉) 신부는 자신의 저서 『선과 성서』에서 "인간이 말없이 다른 사람들을 가르치고 그들을 변화시킬 수 있는 힘을 가지고 있다는 사실을 깨달은 것은 최근의 선 공부 과정을 통해서였다"고 토로했다. 그는 선 수행을 본격적으로 하면서 여러 화두를 참구했고 선과 기독교의 공통점에 대해 깊이 천착했다.[이 대목의 예수 이야기는 그의 책 『구지수지(俱胝竪指)』 공안' 대목(pp.62~68)을 발췌 요약했다.]

깨달음이란 무엇인가?

깨달음은 불교 수행의 간절한 목적이며 성불(成佛)의 필요충분조건이다. 그 의미는 사물(사태)에 부딪쳐서 앎이 찾아오거나 몸으로 겪어서 터득하는 창조적 앎이다. 사람의 본성에는 모두 깨달음의 능력이 있다. 마치 부싯돌이 가진 불씨와도 같은 깨달음의 능력은 반드시 두드려 치는 충격(수행)이 있어야 그 실마리가 드러난다. 즉 체험 속에서 창조적 사유 결과를 획득하는 것이다.

사람의 심장을 상형화한 글자인 마음 심(心)과 나 오(吾)가 결합한 한자의 깨달음을 뜻하는 '오(悟)'자는 ①깨달아 정신 차리다 ②마음으로 깨닫다 ③훤히 깨닫다 ④깨우쳐 알다의 뜻을 가지고 있다.

선불교의 깨달음은 한마디로 '직관'이다. 오(悟)는 직관의 일종이다. 선불교가 말하는 직관은 서구 학자들이 말하는 감성 직관과 이성 직관을 다 포함하고 추상 사유·형상 사유·영감 등의 특징을 그 안에 총괄하고 있다.

중국 불교 학자 슝스리(態十力: 1885~1968)는 "깊이 자각하고 확실하게 이해하는 방식"을 깨달음이라고 했다. 깨달음의 또 다른 이름이라고 할 수 있는 '직관'의 특징은 다음과 같다.

①사물에 접했을 때 오는 감성 인식에서 이성 인식으로 비약한 체험을 통해 획득하는 창조적 사유의 결과라는 점.

②'오(悟)'는 사람의 본성에 근원하기 때문에 정상적인 사고를 지니고 있어야만 오성(悟性)을 지닐 수 있음.

③'오'는 일반적인 경험을 초월하는 깊은 깨침의 특성, 즉 돈오(순간적인 움켜쥠), 직관적 툭 트임, 잠재적 목적 등이다.

직관(깨달음) 사유는 형상을 기초로 하고 정감을 매개로 하며 이취(理趣)를 귀결로 하는 사유다. 정감과 이취 관계는 이취는 정감으로 전해지고 정감은 이취로 인해 드러나며 생각(연상)은 끊임없이 겹쳐서 나타난다.

직관은 합리적이진 않지만 오묘하다. 허(虛)에 걸터앉아서 실(實)

을 관조하는 직관은 드넓은 '형상 너머의 형상(象外之象)'으로 이어지는 연상(聯想)을 펼치고, 더 나아가 도가 만상을 하나로 꿰뚫는 원만함에 다다를 수 있다.

> 대저 선(禪)의 길은 오묘한 깨침에 있고 시의 길 역시 오묘한 깨달음이다. 맹호연의 학식은 한유에 비해 한참 뒤지지만 그의 시는 한유보다 뛰어나다. 이는 한결같이 오묘할 뿐이다. 깨달음에는 투철한 깨달음이 있고 하나쯤 알고 반쯤 이해한 깨달음이 있다.
>
> — 엄우 저, 『창랑시화』

송나라 엄우가 제창한 이른바 '묘오론'이다. 깨달음에는 '오묘한 깨달음(妙悟)'의 비결과 돈·점(頓漸)의 문제가 있다. 필자는 우선 엄우가 말한 시의 오묘한 깨달음으로 도연명과 원호문의 다음 시구를 들고 싶다.

> 이 가운데 참뜻이 있어 설명해 보려 하나, 이미 말을 잊어버렸네.(此中有眞意 欲辯已忘言)

도연명의 〈음주〉라는 시에 나오는 구절이다. 저녁 때 새들이 잠자려고 짝을 지어 돌아오는 모습에서 깊고 오묘한 우주 진리를 깨달아 그것을 말로 설명해 보려 하나 도저히 언어 문자로는 드러낼 길이 없다는 경외감의 토로다.

눈앞에 시구가 있으나 말로 표현할 수 없고, 그저 마음만 아득히 높아진 느낌일세.(眼前有句道不得 但覺胸次高崔嵬)

금나라 원호문의 〈태산을 유람하다(遊泰山)〉에 나오는 시구다. 태산을 보며 느낀 자연의 신비를 시로 읊고자 하나 도저히 말이 튀어나오질 않고 마음만 하늘 높이 치솟은 기분이라는 것이다. 언어의 표현을 넘어선, 그저 가슴만 두근거리며 어렴풋이 느껴지는 그 어떤 높은 경지를 이보다 더 적절히 묘사할 수 있을까? '꿀 먹은 벙어리'는 꿀의 달콤한 맛을 도저히 말로는 표현할 수가 없다. 기껏 달콤한 웃음을 지어보이는 방법밖엔 없다. 언어의 표현을 넘어선 그저 가슴만 두근거리는 경지를 벙어리가 아닌 대시인으로서 문자로 표현해낼 수 있는 오묘한 깨달음이라 할 만하다. 선가의 묘오는 다소 신비하고 때로는 황당한 감마저 없지 않지만 시인들의 절묘한 시어 속에 나타나는 묘오는 그래도 가시적으로 느낄 수가 있다.

깨달음에서 돈·점의 문제는 오랜 동안 논의가 있어왔고 지금도 논쟁이 그치지 않고 있다. 우리나라에서도 '백파 논쟁'을 비롯한 많은 쟁론이 있었다. 전종서는 『담예록』에서 "깨달음은 느리고 빠른 차이가 있다. 이는 근기의 예리하고 우둔함, 상황의 순조로움과 거슬림 등에 달려 있다"고 했다. 이미 6조 혜능 대사도 돈·점의 문제에 대해 "불법에는 돈·점이 없고 다만 사람 따라 영리하고 우둔함이 있을 뿐(法無頓漸 人有利鈍)"이라고 밝힌 바 있다.(『단경』 16절)

묘오·돈오와 같은 직관(깨달음)의 특징인 신비주의·비(非) 자각성·비이성·재연(再演) 불가능성 등은 많은 논란이 있어 왔지만 오늘날의 직관 사유를 이해하는 데 중요한 의미를 갖는다. 먼저 구체적 직관의 사례로 많이 예시되는 사령운(385~433)의 〈연못 누각에 올라(登池上樓)〉에 나오는 시구를 보자.

연못 둑에는 봄풀 돋아나고(池塘生春草)
정원의 버드나무에는 새가 지저귀네.(園柳變鳴禽)

만고 절창구인 사령운의 이 시구는 그가 오랫동안 병석에 누워 있다가 봄이 와서 연못 누각에 올랐을 때 어떤 꾸밈도 없는 무심한 마음으로 느낀 경물에 대한 '직관'이었다.

송나라 섭몽득(1077~1148)은 『석림시화』에서 "예컨대 '지당생춘초 원유변명금'이라는 시구가 있다. 세상 사람들은 이 시구의 기교를 이해하지 못한다. 기이함을 찾으려고 하기 때문이다. 이 시의 기교는 바로 무엇을 하려고 마음먹은 바 없고 사람이 갑자기 경물(景物)과 만나 그 틈에 문장을 이루었지 재고 깎을 겨를이 없었는데 보통의 인정(人情)으로는 도달할 수 있는 것이 아니다. 시인의 절묘한 곳은 당연히 이를 근본으로 삼아야지 생각하느라 힘쓰고 많이 어렵다면 제대로 이해할 수 없다"고 했다. 사령운은 불교를 좋아했고 여산 동림사의 혜원 대사와도 두터운 친분을 쌓았으며 불교 관련 글(논문)도 남겼다. 선과 시는 여러 측면에서 일치하는 점이 많고 그 중의 하나가 다 같이 '직관'을 중시한다는 점이다. 원호문은 『시론』에서 "시는 선객에게 비단 위에 수를 더하는 금상첨화가 되고 선은 시인에게 옥을 깎는 칼이 된다(詩爲禪家添花錦 禪是詩家切玉刀)"고 했다. '시선일치'는 사공도-엄우로 이어지면서 당·송 대에 선취(禪趣) 물씬한 명시들을 많이 남겼다.

직관은 감흥이 일어나 정신이 사물을 이해하는 영감이다. 이 책 상권에서 왕휘지가 흥이 일어 친구 대안도의 집을 밤새워 찾아갔다가 문 앞에서 흥이 다해 돌아온 이야기를 위진남북조 시대 사대부들의 대표적인 풍류로 소개한 바 있다. 왕휘지가 그의 영감이 흥에 겨워 친구를 찾아갔다가 흥이 다해 돌아온 것은 예술 창작에 하나의 규칙처럼 되어 있다. 예술 창작에서 이처럼 생생하게 '틀'에 맞는 실례는 많다.

영감이 촉발돼 형상을 초월하고 부류(部類)를 초월하는 심미(깨달음)로 진행되거나, 또는 비슷한 것을 만나 다른 유사한 것을 알게 되거나, 비슷한 것을 만나 모든 것들을 원만하게 꿰뚫게 되는 오묘한 깨달음을 낳고 창조적 성과를 거두는 예는 선과 시에 아주 많다. 역시 상권에서 소개한 오도자가 배민의 검무를 구경하고서 형상을 초월하고 부류를 초월한 창작의 영감을 끌어낸 이야기도 이와 같은 전형적인 예라 할 수 있다.

선의 경우 영운지근 선사가 만개한 복숭아꽃을 보고서 깨달은 '영운도화(靈雲桃花)' 화두와 유철마 비구니가 위산영우 선사를 찾아갔다가 선사가 낮잠에 들자 작별인사도 없이 내심 "당신은 낮잠을 실컷 즐기시오. 나는 돌아가고 싶으니 가겠소"라며 떠나간 일화도 예술인들의 영감과 흥 같은 직관의 감흥이다.

오묘한 깨달음이 '비자각적'인 특징을 가지고 있음은 사령운의 '지당생춘초…' 시구에서 쉽게 볼 수 있다. 사령운은 봄풀이 돋아나는 생기를 의식적으로 살피고 느끼려는 의도가 전혀 없었다. 다만 봄날 산책을 나선 것뿐이었다. 그러나 그는 갑자기 돋아나는 새싹들을 보고 자연의 운행법칙을 새삼 깨닫는 영감이 새싹처럼 파릇파릇 돋아났던 것 같다. 물론 자신의 병이 쾌유해 새싹 같은 건강이 회복되기를 바라는 형이하학적인 바람도 없진 않았겠지만 수식어 하나 없는 직관적인 그의 시구는 너무 평범하면서도 많은 연상을 일으킨다.

묘오, 특히 돈오는 재연(再演) 불가능성의 특징을 가지고 있다. 심종건은 『개주학화편』에서 "만약 어제 그렸던 것을 그대로 하려고 해도 어제의 그것에 미치지 못한다. 왜 그런가? 반드시 어떻게 하려면 곧 정신이 흥취를 가로막기 때문이다"라고 했다.

직관 사유(깨달음)는 묘오를 포함하는데 그 생성의 기초가 있어야 한다. 깨달음을 위한 선수행·점수(漸修)도 이런 기초다. 예술의 입장에서 보면 "밖으로는 조화를 스승으로 삼고 안으로는 마음의 근원까지 터득한(外師造化 中得心源)" 기초 위에서 깨달음이 일어나지 요행수로 터득할 수 있는 것이 아니다.

불교 선종의 깨달음과 예술적 깨달음의 사유 이론은 동아시아 유형의 '창조적 직관 이론'이다. 이는 물감론(物感論)의 기초 위에서 수행을 실천하는 가운데 진리를 철저하게 깨닫는 사유 방식이다. 그것은 감성 직관·추상 사유와 다르다. 그 깨달음의 사유방식은 "사물에 감흥하여 흥취를 일으키는 가운데 정신이 세속을 초월하여 터득하는 방식이며, 마음을 해맑게 하여 사물을 음미하고 동시에 도를 관조하는 방식이고, 잠재적 사유와 현재적(顯在的) 사유를 하나로 융합시키고 이성 직관과 감성 직관을 포함하는 동시에 묘오를 가장 아름다운 형식으로 간주하는 사유 방식이다"(푸전위안(浦震元) 저, 『의경』 pp.596~597)

슝스리(熊十力)는 "영감·직관·돈오는 어깨를 나란히 하는 동아시아 깨달음의 사유방식으로 감성인식이나 이성인식보다 높은 최고의 인식 단계"라고 했다. 슝스리는 깨달음의 인식은 개념의 때가 완전히 씻겨나가고 사유 주체와 사유 대상의 대립이 모두 사라진 '광경구망(光境俱忘: 마음과 사물을 다 같이 버림)'의 단계에 들어서야만 비로소 오묘한 이치를 파악할 수 있다고 생각했다. 이는 불교 선종이나 노장이 설파하는 해탈 사유방식과 전적으로 같은 맥락이다.

장자의 '상망(象罔)' 우화를 깨달음의 비유로 다시 한 번 상기해 볼 필요가 있다. 『장자』「천지」편에 나오는 상망은 황제가 잃어버린 아무도 찾지 못하는 현주(賢珠: 도)를 찾아냈다. 의인화된 도의 이름인 상망이라는 단어는 그 뜻을 이해하기가 좀 어렵다. 여혜경은 "『장자의(義)』에서 '상'은 없는 것이 아니고 '망'은 있는 것이 아니며 밝지도 어둡지도 않아서 현주를 찾을 수 있었다"고 했다.

천구잉은 『장자금주금석(莊子今註今釋)』에서 "비유하자면, 도는 감각 대상이 아니므로 감관과 언변은 모두 현주를 찾을 수 없었다. 상망이 그것을 찾은 것은 무심으로 도를 터득한 것을 비유한 것이다. 마음의 작용이나 지혜의 교활함을 다 없애버리고서 고요하고 무심한 상태라야만 도를 깨달을 수 있다"고 해설했다. 장자가 말한 '심재(心齋)'도 바로 이것이다. 진리를 깨닫기 위해서는 우선 마음을 비워야 한다.

"장자의 상망 우화는 실제로 사변(思辨)을 체인(體認)과 융합시키는 동아시아의 창조적 직관 사유방식 또는 사유 상태를 말한 것이다. 다만 이러한 잠재와 현재(顯在)가 서로 아우르는 깨달음(직관) 사유가 이성을 넘어서야만 비로소 경(境)을 이(理)로 깨닫고 도라는 현주를 획득할 수 있다. 이러한 경계는 비이성적인 광기나 단순한 잠재의식의 표출과는 달리 '자연과 사람이 합일'되고 '사물(객체)과 내(주체)가 서로를 잊는' 과정 중에 오묘한 자연을 깨닫는 것이다. 즉 마음의 거울을 깨끗이 닦는 중에 대우주 생명의 본체 및 창조적 변화와 활발한 유행(流行)의 규율을 깨닫는 것이다."(포진원 『의경』 pp.599~600)

이는 상권 제3장 산시산(山是山)에서 인용했던 반산보적 선사의 게송 '광경구망(光境俱忘)'과 똑같은 깨달음의 사유 방식이다. 직관 사유는 도와 일체화 층위를 이루는 데 중요한 영향을 끼친다. 그 영향에는 주목해야 할 세 가지 특징이 있다.

그 하나가 촉발이다. 즉 불러일으키는 작용인데 부류의 초월(만물평등) 시공 합일체 형성(생사 초월)이 그것이다. 촉발의 특징은 형상으로 하여금 감정을 촉발하는 것이다. 사람의 감정이 사물에 감응하여 움직이고 사물에 호응하여 느끼고 정신이 세속을 초월하여 이치를 터득하는 것이다. 촉발은 상외지상(象外之象)·미외지지(味外之旨)를 풍부하게 일으킬 수 있다.

촉발은 이드(원초적 자아)·에고(자아)·슈퍼에고(초자아)라는 서로 다른 층위의 심리 욕구를 낳으면서 인간의 생리본능과 일상생활의 상식 이성 및 도덕 이상 등 다양한 차원의 경험, 풍부하고 복잡한 인격 구조를 형성하게 된다.

욕구·정감·이성의 구조는 모순되면서도 통일적이기도 하다. 선과 노장은 욕망을 가볍게 여기지만 금하지도 않는다. 정감과 이성의 상생(相生)을 중시, 즉 욕망을 경시하지만 금지하지 않기 때문에 직관 사유의 촉발을 통한 우주 생명과의 일체화를 아주 쉽게 이끌어 갔다.

부류의 초월

깨달음(직관)의 사유는 내재적 초월 방식이기 때문에 분명하게 부류(部類)를 초월하는 특징을 갖는다. 깨달음은 본질적으로 자연과 사람이 합일하는 대우주 생명을 깊이 체득하는 것이다. 선과 노장은 유·무정물 다 같이 우주 대생명을 공통으로 지니고 있다고 보기 때문에 삼라만상이 모두 자신의 존재 발전규칙을 가지고 있고 공통된 기(氣)와 이(理)를 원래부터 갖고 있다고 믿는다.

그러나 이러한 만물 평등의식은 내재적으로는 가질 수 있지만 현재적으로 사람이 소가 될 수는 없다. 사람이 소와 평등하다고 해서 외양간에서 자고 먹으며 살 수는 없다. 남전보원 선사가 법당에 자주 소를 끌고 들어와 시중하길 한 마리의 소가 되라 하고 자신이 죽은 후에 아래 마을의 한 마리 농우가 되겠다고 한 것은 내적인, 즉 정신적 초월이지 형상적·현재적(顯在的)으로 소가 된 것은 아니다. 위산영우 선사도 사후 아랫마을의 한 마리 소로 다시 태어나길 바랐다. 이러한 부류의 초월은 선사들이 거듭거듭 강조하는 바이지만 실제로 외형적·현재적 평등의 실현은 불가능한 내재적 초월이다. 외형적으로 사람이 소와 같은 모양이 될 수는 절대로 없기 때문이다.

내재적 초월이 도와의 합일을 이루는 방법은 두 가지가 있다. 하나는 상식을 따라서 도와 합일을 이루는 인상합도(因常合道)다. "잔디 한 포기도 귀중한 생명이니 함부로 밟지 말라"는 생명 존중의 상식과 합치하는 도와의 합일이다.

다른 하나는 상식에는 어긋나지만 이치에는 딱 들어맞는 반상합도(反常合道)다. 한 큰스님을 수행한 시자가 법당에서 부처를 향해 가래침을 뱉자 주지가 몹시 화를 내며 시자를 꾸짖었다. 그러자 시자는 "부처님 법신이 우주 안에 가득하고 없는 곳이 없다하는데 그러면 부처님 법신이 없는 장소를 가리켜주면 거기에 가서 뱉겠소."라고 했다. 주지는 더 이상 말을 잇지 못했다. 이는 법당 안에서는 기침도 크게 하지 말라는 계율상의 상식에는 어긋나지만 도리에는 딱 들어맞는다.

허를 뛰어넘어 실을 관조하는 직관 사유는 만상을 하나로 꿰뚫음으로써 '상외지상'으로 부류를 초월하는 속성을 지닌다. 성리학의 대가인 정호는 〈가을날 우연히 읊다(秋日偶吟)〉라는 시에서 다음과 같이 관조했다.

> 만물을 고요히 들여다보니 모두 평화를 얻었고
> 네 계절의 아름다움은 인간과 일체가 되어 운행하네.
> 도는 천지 간 형체 없는 것과 통하고
> 생각은 바람과 구름이 변하는 가운데도 들어 있구나.

(萬物靜觀皆自得 四時佳興與人同 道通天地有形外 思入風雲變態中)

    정호의 관조 자세는 불교의 '법신원응(法身圓應: 비로자나불의 원만한 응신)'과도 상통하는 깨달음(직관)이다. 직관 사유가 갖는 또 다른 하나의 영향은 시공합일(時空合一)이다.

    『노자』는 "완전무결한 성공에는 무엇인가 모자라는 듯함이 있고(大成若缺)"(45장), "큰 소리는 들리질 않고 큰 모습은 구체적인 모양이 없다(大音希聲 大形無象)"(41장), "훌륭한 기교는 보잘것 없는 듯하다(大巧若拙)"(45장)고 한다.

    문인화를 비롯한 예술 창작에서 형상을 간략하게 하고 선문답이 간명직절(簡明直截)하지만 그 뜻은 무궁무진한 언외지의를 함축하는 것은 이 같은 천인합일 사상과 시공합일체를 지향하는 선과 노장의 웅지로부터 비롯된 시공관에 기초한다. 들리지 않는 소리가 가장 크고, 모습이 없는 모양이 가장 큰 모양이라는 역설은 시공의 합일에서 나온다. 간략히 처리한 실상으로 풍부한 허(虛)를 가리키고, 모자라고 빠진 듯한 실상으로 완전한 허를 나타내고, 상식에 반하는 논리로 도와의 합일을 드러내는 선과 노장의 기봉은 때로는 놀랍고 때로는 통쾌하다. 동양화의 뚜렷한 특징으로 흔히 '여백(餘白)의 미'를 손꼽는다. 그 여백은 산수와 새·꽃·그림 속에 사람의 '기'가 왕래하는 곳이고 그림에 못 다 넣은 풍경과 소재들이 그려져 있는 또 하나의 그림이다. 이렇게 텅 비어 있으면서 충만한 허와 실의 통합은 시공합일에 바탕 한 직관사유로부터 비롯된 것이다.

어둠이 있어야 밝음이 있다

사진을 뜻하는 영어 photograph의 어원은 photo(빛)와 graph(그리다)다. 즉 빛으로 그린 그림이 사진이다. 카메라의 어원은 라틴어 카메라옵스큐라(cameraobscura: 어두운 방)다. 어두운 방 작은 구멍으로 빛을 통과시켜 반대쪽 벽에 바깥의 풍경이 맺힌 게 사진이다. 그런데 필름에 찍힌 사진을 밝게 드러내는 현상과 인화에는 또다시 어둠이 필수적이다. 현상과 인화는 암실이 아니면 안 된다. 이렇게 사진이라는 그림을 그려내는 데는 빛과 어둠이 교차해야 한다.

우리 인생도 화려한 꽃길만을 걸을 수는 없다. 소박한 숲길이나 들길에서 가끔 멈춰 서서 들꽃들을 만나도 좋다. 어차피 빛과 어둠, 낮과 밤을 지나야 하루가 간다. 깨달음이란 게 그렇게 거창한 것만도 아니다. 숲길을 편안히 걷는 마음도 깨달음일 수 있다.

비트겐슈타인의 관조

깨달음은 일종의 직관이고 직관은 일종의 관조다. 직관에는 반드시 관조가 따라야 한다.

"모든 의식적 활동을 멈춘 그 자리에서 있는 그대로를 직관하라."(Don't think but look!)

오스트리아 철학자 루드비히 비트겐슈타인의 명언이다. 기존의 개념적 사고에 따른 판단을 하지 말고 보고 느끼기만 하라. 열린 마음으로 사물의 진면목을 꿰뚫어 보라. 사물을 있는 그대로 바라보는 마음가짐을 가져라. 분별심(개념적 사고)을 버려라.

비트겐슈타인의 명언은 선과 노장이 강조하는 '관조'를 영어 표현으로 아주 간명하게 밝혔다. 선과 노장은 이미 오래 전부터 관조[直觀]를 철학적·종교적 측면에서 깊이 천착해 왔다. 시·회화·서예·음악 등의 문화예술 분야에서도 관조가 작품 창작 및 심미 감상과 관련한 미학의 중요 테마였다.

관조의 사전적 의미는 '사물을 꿰뚫어 살핌'이다. 사물 본연의 상태를 관찰하는 것이 관조다. 철학적으로는 자연이 가지고 있는 자기 초월의 힘과 어울리는 마음이다. 무념과 통달의 경지에 도달한 마음이 아무런 편견 없이 사물을 바라보는 장자의 '이명(以明)'이 바로 관조다. 『장자』 「제물론」의 '인시(因是)'와 같은 사물 인식 태도이기도 하다. '인시'는 사물 그 자체의 존재 이유를 그대로 긍정하는 태도인데 여기에는 개념적 사고의 포기, 마음을 비움(생각을 버림) 등이 반드시 따라야 하고 저절로 솟아나는 마음[直觀]으로 사물을 곧바로 바라보아야 한다.

> 성인은 어떤 것에 의존하여 생각하지 않고(개념적 인식을 하지 않고) 자연 그 자체를 가만히 비추어 본다.(聖人不由 照之於天)
> – 『장자』 「제물론」

우리가 다른 어떤 것에 의존하지 않고 특정한 개념을 구성하는 것은 불가능하다. '밝음(明)'이라는 개념은 '어둠(暗)'이라는 상대가 없으면 성립하지 않는다. 인간 사고의 내재적 특성 때문에 발생하는 상호의존적 짝개념(분별심), 즉 유와 무, 장과 단 같은 상대적 분별을 벗어나 사물을 제대로 볼 수 있는 유일한 방법은 개념을 구성하지 않고 의식으로 사물을 그저 바라보는 길밖에 없다. 이것이 바로 시비 논쟁과 번뇌의 원인인 분별심을 버리고 사물(자연) 그 자체를 있는 그대로 바라보라는 'Don't think but look!'이 뜻하는 핵심 메시지다. 관조와 직관이라는 것도 이런 것이다.

'조지어천(照之於天)'은 개념적 인식을 하지 않고 자연 또는 사물 그 자체를 가만히 마음에 비추어 본다는 뜻이다. 개념적 사고 없이 사물을 관조하는 '인시'의 태도를 가지면 사물의 세계는 이것(유)이 저것(무)이 될 수 있고 저것 또한 이것이 될 수 있음을 받아들인다.

다른 것에 의존한 개념 구성의 방법으로 사물을 이해하는 방식은 상대주의에 빠져 시비 논쟁을 비롯한 온갖 개념적 대립 논쟁에 빠져들 수밖에 없다. 그러나 우리가 개념 구성의 방법을 쓰지 않고 사물을 관조하는 입장에 서면 유와 무를 구분하여 번뇌 망상을 일으키는 상대주의적 대립개념(분별심)을 넘어설 수 있다. 유·무 회통을 받아들이고 한걸음 더 나아가 이것과 저것에서 시비 세계가 형성될 수 있음도 받아들인다면 '시비에 묶이지 않는 시비 판단'이라 할 수 있다. 마음의 안팎에 있는 여러 자극에도 불구하고 마음의 지도리(道樞)가 형성되면 어떤 상황에 대해서도 인시의 태도가 나타나 대응할 수 있게 된다.

사물의 본체를 보는 것이 관조다. 옛사람은 월식을 "유성이 달을 먹는다"고 했고, 현대인은 "합리적인 천체 운행이다"라고 한다. 고대인과 현대인이 어떻게 논쟁을 하든지 간에 월식은 예나 지금이나 똑같이 일어나고 있을 뿐이다. 일체의 분별심과 아집을 버릴 때 사물의 본체가 뚜렷이 보인다. 월식이 어떠한 이유로 생기든 달의 본체에는 변함이 없다.

구지 선사의 '한 손가락'은 상호 의존적인 대립을 근본으로 돌아가 통일하고 둘이면서 하나이고 하나이면서 둘인 불일불이(不一不二)가 가능한 체용일여(體用一如) 속성을 가진 그 본체, 즉 '하나(一)'를 관조하라는 법문이기도 하다. 도의 본체, 더 구체적으로 말하면 도추(道樞)를 관조해야만 깨달음에 이를 수 있다는 얘기다.

노자의 도를 개념화하면 도가 아니라는 "도가도비상도(道可道 非常道)"나 그와 같은 의미를 갖는 선의 '불립문자(不立文字)'가 우리에게 가르쳐 주고자 하는 것은 어떤 관념에도 구속됨이 없이 모든 의식적 활동을 정지한 채로 사물을 있는 그대로 직관[觀照]하라는 것이다. 그렇게 하면 존재 자체(본래면목)가 드러나게 된다는 것이다. 이 경우 존재 그대로의 현시(顯示: 도의 나타남)와 도의 통찰[觀照]은 다른 별개의 것이 아니다.

장자는 '무위'만이 진실로 즐거운 것이라고 거듭 강조한다. 최상의 즐거움은 무위의 쾌락, 즉 세속적인 쾌락을 탐내는 데 시달리지 말고 삶을 조용히 관조할 수 있는 마음의 여유에 머물러 보라는 것이다. 『장자』「지락」편에 나오는 우화 '사람과 해골의 대화'에 다음과 같은 이야기가 나온다.

해골이 말했다. "죽음의 세계는 위로 왕도 없고 아래로 신하도 없소. 또 봄·여름·가을·겨울의 변화도 없다네. 시간과 공간에 대한 부담도 없이 자연 그대로의 흐름에 몸을 맡긴 채 그냥 세월을 보내는 거라네. 인간 세상의 제왕이 누리는 즐거움도 이보다 더할 수는 없을 것이네."(死 無君於上 無臣於下 亦無四時之事 從然以天地爲春秋 雖南面王樂 不能過也)

인간 세상에서 그러도 절대의 즐거움을 맛보려면 마음이 '여유'에 머물러야 한다는 얘기다. 여기서 말하는 '여유'는 곧 관조이기도 하다. 시간과 공간을 초월한 마음으로 자연을 관조해 자연의 흐름을 따르는 것이 절대의 즐거움일 수 있다는 것이다. 이 때의 관조는 즉 직관이며 깨달음이기도 하다.

삶에서 가장 어려운 것 중의 하나가 서로의 다툼이다. 옳고 그름에 대한 논쟁은 서로 대립하기 때문에 생겨난다. 장자는 이런 대립을 해소하고 싶다면 "자연의 도로 화해하라(和之以天倪)"고 말한다.(『장자』「제물론」)

어떤 것에도 옳음이 있으면 그 상대인 '옳지 않음'이 있다. 시와 비, 그러함과 그러하지 않음은 언어상의 구별일 뿐이다. 그런 구분을 하지 않거나 언어를 사용하지 않고 사물 자체의 상황에 따라 그 변화에 순응하면 몸을 망치지 않고 천수를 누릴 수 있다. 예컨대 더우면 부채질 하고 추우면 옷을 껴입는 것이다.

같은 말이라도 시간과 공간·인간관계에 따라 옳을 수도 옳지 않을 수도 있다. 그래서 장자는 먼저 말하거나 평가하지 말고 사물 자체의 원래 모습이 드러나게 하라고 한다. 왜냐하면 언어로 말하는 것과는 상관없이 드러나야 할 것은 드러나기 마련이기 때문이다. 관조는 이러한 사물의 본체를 통찰, 보이진 않지만 그 안에서 살아 움직이고 있는 도를 보는 것이다. 그 도를 보는 것이 곧 깨달음이다. 그래서 달마는 『관심론(觀心論)』을 저술, 마음의 본체를 관조할 것을 간곡히 당부했던 것이다.

장자는 관조를 통해 분별심을 제거하는 방법을 다음과 같이 제시했다.

> 삶과 죽음을 잊고, 옳고 그름을 잊고, 모든 것을 무궁한 경지에 놓고 무궁한 경지에서 머문다.(忘年忘義 振於無竟)

여기서 '무경(無竟)'은 도를 말한다. 모든 것은 도에서 나와 도로 돌아간다. 이 같은 전체적인 시각에서 본다면 논쟁이나 분별은 쓸모없다는 것이 장자의 생각이다. 선불교도 똑같은 맥락이다. 선사들의 모든 법문에는 그 밑바닥에 '분별심 제거'와 '평상심시도'를 깔고 있다고 할 수 있다. 구지 선사의 '한 손가락' 법문도 예외가 아니다. 마르틴 하이데거는 "세계와 사물을 '경이'라는 근본 기분 속에서 경험하라."고 했다. 이는 종교적 회심을 촉구하는 것이라 할 수 있다.

"인간이 '경이(驚異)'라는 근본 기분에 사로잡힌다는 것은 이를 통해 전적으로 새로운 인간으로 다시 태어나는, 다시 말해 인간의 혁명적 변화가 이루어지는 사건이라 할 수 있다."(박찬구 저, 『삶은 왜 짐이 되었는가』 p.97

하이데거가 말하는 '경이라는 근본 기분'은 선이 말하는 깨달음과 같은 의미를 갖고 봐야 한다. 그리고 '근본 기분'이 관조·직관을 말한 것이라고 본다면 비트겐슈타인의 'Don't think but look!'와도 같은 맥락이다. 그렇다면 노자와 장자—선불교—하이데거—비트겐슈타인은 관조[直觀]를 통한 '깨달음'을 다 같이 강조하고 있는 셈이다. 이는 완전히 필자의 자의적인 견해다. 세부적으로는 각각 특정한 관점과 견해가 있을 수 있고 필자가 너무 비약적으로 해석한 '졸견(拙見)'일 수도 있다.

상대방의 감정과 상태를 읽는 논리적인 추측은 느끼는 것보다 강도와 정확도가 약하다. 가령 상대방이 눈을 지그시 감고 있을 때, 논리적 추측은 '깊은 생각에 잠겨 있다'지만 직접 느낌은 피로해 잠시 쉬는 상태임을 직감할 수 있다. 드라마를 보다가 주인공을 따라서 감정이입하여 우는 것도 논리적인 동조가 아니라 직접 느낌이다. 선은 직접 느낌[直感]을 중시한다.

선문(禪門)에서는 사가(師家)의 주장자로 머리통을 얻어맞았을 때 '아! 아프다'가 견문각지(見聞覺知)를 그대로 드러낸 정답이지 생각을 일으켜 머리가 나쁘다거나 질문이 돼먹지 않았다는 경책으로 추측하는 것이 용납되지 않는다. 선은 논리적 추론을 인위적인 문화체계에 찌든 때려 부수어야 할 낡은 틀로 본다. 그래서 논리적 사고 체계를 죽이고 직각적 인식 체계로 새롭게 태어나는 대사(大死) 후의 부활이 곧 깨침이다.

노자의 진지(眞知), 반성적인 앎(回光反照)도 이 같은 직각적 인식을 기반으로 한다. 직관·직각·직감은 한 집안에 사는 인식 방법이다. 직감은 그 실례를 당·송 대 대시인들의 선취시(禪趣詩)에서 보다 실감 있게 접해 볼 수 있다.

어디든 사람 사는 곳에 들어 묵으려고, 산골 계곡물 건너 나무꾼에게 물어본다.(欲投人處宿 隔水間樵夫)

– 왕유의 시 〈종남산〉 중

　왕유의 시구 '격수문 초부'는 눈에 보이는 그대로를 직감, 직관한 것이지 나무꾼을 찾거나 혹은 나무꾼을 만나면 그렇게 묻겠다는 의식이 전혀 없었고 산속을 배회하다 저물어 마침 나무꾼이 보이자 직각적으로 물어본 것이다. 또 다른 그의 시 중 "긴 강(황하)에 지는 해는 둥글다(長河日落圓)"는 시구가 있다. 이 시구 역시 있는 그대로를 직관한 것이지 한 점의 논리적 추리나 깎고 다듬은 흔적이 없다.
　청나라 왕부지는 그의 시론서 『강재시화』에서 "'장하일락원'은 애초에 정해진 것이 있어서 쓰인 것이 아니고 '격수문초부' 시구도 전혀 생각으로 얻어진 것이 아니다. 이것이 바로 선가에서 말하는 현량(現量: 직관·직감)인 것이다"라고 했다.
　『장자』「대종사」편에 나오는 '견독(見獨)'도 비트겐슈타인이 말하는 사물을 있는 그대로 보는 관조다.
　사물을 볼 때 다른 사물과의 관련성을 기준으로 보거나 인간의 가치를 투영해서 보지 않는 것이 '견독'이고 관조다. 우리는 다른 사람을 볼 때 그를 누구와 비교하고, 쓸모와 재능을 본다. 한 송이 꽃을 볼 경우도 내가 좋아하는 색깔과 모양인지, 내가 알고 싶어 하던 꽃인지를 생각하고 그 꽃을 다른 꽃과 비교해서 본다.
　곽상은 장자의 '견독'을 다음과 같이 주석했다.

"만나는 그대로 편안하게 여기며 그것과 연결되어 있는 앞뒤의 관계를 잊어버리는 것을 견독이라 한다."

한마디로 있는 그대로 본다는 얘기다. 마음을 비워 내부에 아무런 걸림이 없는 상태면 견독이 가능하다. 내면이 허심·조철(朝徹: 돈오. 마음이 원래 자리로 되돌아간 상태)의 경지에서 사물을 투철하게 보는 단계, 곧 깨친 자의 관조에 들어가면 세상과 제대로 만나고 자연과 동화될 수 있는 기반이 마련된다. 여기가 바로 사물의 변화에 완전 동화돼 순간순간 존재하는 모든 것들을 마음껏 누리고 느끼는 불생불사의 해탈경계고 열반이다. 불생불사(不生不死)는 영생을 뜻하는 것이 결코 아니다. 한마디로 삶과 죽음을 의식하지 않는 것이 곧 불생불사다.

살아 있음을 잊으면 죽지 않으며 살아 있음에 집착하면 살 수 없다.(殺生者不死 生生者不生)
― 『장자』「대종사」

진덕명의『경전석문』은 살 생 자의 '살(殺)'을 잊다(忘)로, 생 생 자의 '생(生)'을 힘쓰다(務)로 풀이하여 "삶을 잊으면 죽지 않을 것이고 삶에 힘쓰면 살지 못한다"고 해석했다. 대종사(도인)의 삶은 자연의 일부로서 변치 않는 영원을 바라지 않고 자연의 전부가 되어 '변하는 영원'이 되는 것이다. 그래서『장자』「대종사」는 "늙음으로 나를 편안하게 해 주고 죽음으로 나를 쉬게 한다(佚我以老 息我以死)"고 했다.

역시 「대종사」 편에 맹자반과 자금장이 친구 자상호의 주검 앞에서 가야금을 타며 노래를 불렀다. 그들은 "아! 상호여, 아! 상호여, 그대는 참된 세계로 돌아갔는데 아직 우리는 사람으로 남아 있구나!"라고 노래했다.

그들의 노래는 죽음이 삶보다 더 좋다는 얘기가 아니다. 죽음의 두려움을 극복한 삶의 여유로움을 노래한 것이다. 여유로운 삶에서 죽음을 바라보면 친구가 함께 있다가 집으로 돌아간 것처럼 느껴질 뿐이다.

5. 추사(秋史)의 불이선란(不二禪蘭)

추사 김정희의 〈불이선란(不二禪蘭)〉은 일명 '부작란(不作蘭)'으로도 불리는 유명한 그림이다. 화제와 함께 선취 물씬한 제화시(題畵詩)가 난향 못지않은 선의 향기를 풍긴다. 추사의 이 난화는 그림과 제화시를 문화 예술적 측면에서 주로 감상해 왔지만 2018년 정치적 측면의 감상과 제화시의 해석상 오류를 비평하는 이성현의 『추사난화(秋史蘭話)』가 출간돼 큰 파문을 일으켰다.

어쨌든 그림 제목부터가 유마의 '불이선(不二禪: 법문)'이 붙어 있고 제화시에도 불이선이 나와 추사가 선(禪)을 빌어 드러내고자 했던 화의(畵意)가 어떤 것이었는지 살펴보는 여유를 갖고자 한다. 물론 이 그림은 선적인 냄새가 나기도 하지만 심오한 선리시(禪理詩)나 선화라고 보기는 어렵다. 추사가 제화시에서 밝힌 '화의'는 구지 선사의 한 손가락이 뜻하는 '하나', 즉 둘이 있을 수 없는 진리·천리·법

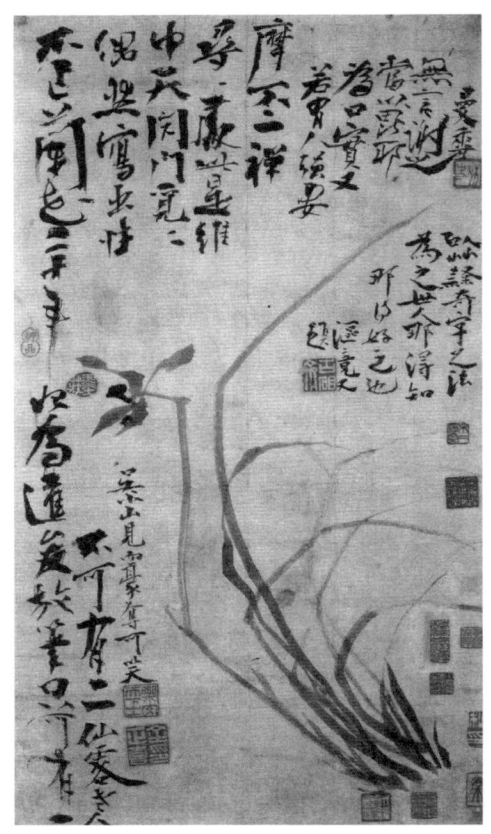

추사 화, 〈불이선란〉, 개인 소장

도 같은 '절대'를 말하고 있다는 점에서 추사의 선에 대한 이해가 상당했던 것 같다.

추사의 〈불이선란〉 그림은 예술적 작품성보다는 화면을 빽빽이 메우고 있는 4개의 '제화시'가 관심을 모으고 감상의 포인트가 되어 왔다. 특히 제화시가 보여주는 추사의 서권기(書卷氣: 학식)와 문자향(文字香: 글재주)은 선비다운 지성미를 보여준다.

예술적 감상

우선 제화시 감상을 위해서는 한문으로 쓰인 4개의 시를 한글로 옮겨 해석하는 데서부터 시작해야 한다. 그림의 상단 좌측으로부터 시작하는 7언4구의 시가 〈불이선란〉의 주(主) 제화시다.

不正(作)蘭花二十年(난 그림을 그리지 않은 지 20년)
偶然寫出性中天(우연히 본성의 참모습을 난으로 쳐 냈네.)
閉門覓覓尋尋處(문을 닫고 거듭 비교하며 찾은 곳,)
此是維摩不二禪(이것이 바로 유마불이선의 증거네.)

추사의 7언시는 "약유인강요위구실(若有人强要爲口實) 우당이비야무언사지(又當以毘耶無言謝之) 만향(蔓香)"으로 이어진다. 이에 대한 추사 연구가들의 해석은 하나같이 다음과 같다.

"만약 어떤 사람이 억지로 요구하며 구실을 삼는다면 또한 마땅히 비야리성의 유마 거사처럼 무언으로 사양하리라. 만향."

끝의 만향은 '난향이 오래도록 있기를', 혹은 '난향이 멀리까지 퍼지길'이라는 뜻인데 대체로 추사의 또 다른 호로 본다. 이 점도 정치적 감상에서는 7언시의 바를 정(正) 자를 지을 작(作) 자로 임의 해석한 근본적인 문제와 함께 문제점으로 지적된다.

추사는 343개의 호를 사용했다고 하는데 '추사' 바로 전에 사용한 호가 '현란(玄蘭)'이고 추사의 명필로 손꼽히는 '명선(茗禪: 차가 곧 선이다)'도 그의 호다. 그의 불교 관련 호로는 '나가(那迦: 부처)'·'단파 거사(檀波居士)'·'육식두타(肉食頭陀: 고기 먹으며 수행하는 승려)'·'설우 도인(雪牛道人: 부처의 설산 수행)'·'찬제 거사(羼提居士)'·'불로(佛老)' 등이 있다. 그러나 분명한 것은 추사는 유학자로서 불가의 학문을 연구하고 익혔을 뿐 승려일 수도 없고 승려가 되고자 한 적도 없다.

오른쪽 중간의 7언 2구 제2 제화시:

    以艸隸奇字之法(초서와 예서, 기이한 글자를 쓰는 서법으로 그렸으니)
    爲之世人 那得之(세인들이 어찌 알 수 있으며 좋아할 수 있으랴.)
    漚竟又題(구경이 또 다시 쓰다.)

하단 왼쪽의 제3 제화시:

    始爲達夋(俊) 放筆(처음에 달준에게 주려고 그린 것이다.)
    只可有一 不可有二(다만 하나가 있을 뿐이지 둘은 있을 수 없다.)
    仙客老人(선객노인)

여기서도 갈 준(夋) 자를 준걸 준(俊) 자로 바꾸어 '달준'을 사람 이름으로 해석했다는 오류가 지적된다.

오른쪽의 제4 제화시:

    吳小山見而豪奪 可笑(오소산이 이 그림을 보고 얼른 빼앗아 가려는 것

을 보니 가소롭다.)

제3 제화시 오른쪽의 작은 글씨로 된 글이 제4 제화시다. 여기서는 '가소(可笑)'가 문맥상 제3 제화시에 연결돼야 한다는 견해도 있다. 필자가 추사의 〈불이선란〉의 예술적 감상에서 관심을 갖는 부분은 제화시고 특히 제화시에서 언급된 유마의 불이선이다. '유마일묵(維摩一黙: 일명 유마 묵연·유마 불이법문)'이 추사의 제화시에서 어떤 필의(筆意)를 가지고 있으며 이 장에서 논하고 있는 '구지일지'와도 상통하는 바가 있는지를 살펴보는 것이다. 유마와 불이법문은 불교 전문용어이고 특히 언설을 초월해 있는 심오한 부처님 법은 둘이 아닌 절대적인 하나임을 뜻하는 '불이'는 선사상의 중요한 대목이다. 당대의 한학자인 임창순은 추사의 제화시에 나오는 '유마 불이선'을 다음과 같이 풀이했다.

> "유마 불이선은 『유마경』 「불이법문품」에 있는 이야기다. 모든 보살이 선열(禪悅)에 들어가는 상황을 설명하는데 유마는 최후까지 아무 말도 하지 않았다. 이에 모든 보살들은 말과 글자로 설명할 수 없는 것이 진정한 법이라고 감탄했다는 내용이다. (추사가) 이것으로 난화를 설명한 것은 곧 지면에다 그리는 것보다는 마음속으로 체득하는 것이 난을 그리는 예술의 경지라는 것이다."

임창순은 추사의 〈불이선란〉을 선의 불립문자와 연결시켜 풀이했다. 말하자면 〈불이선란〉이 선의 불립문자의 경지를 화의(畵意)로 한 그림이라는 것이다. 이는 추사가 결코 둘이 아닌 언어도단·심행처멸의 '절대 하나'를 깨달은 바를 난 그림에 담았다는 것으로 읽힐 수 있다. 이럴 경우 그 하나는 불법 진리일 수도 있고, 말로 표현할 수 없는 추사의 본래 인간 성품과 하늘의 이치[道]가 합일을 이룬 경지를 말하는 것일 수도 있다.

이런 해석은 매우 예술적·선불교 미학적인 흥취를 돋운다. 예술의 최고 경지도 물아양망(物我兩忘)의 무심으로 도와 합일을 이룬 천인합일의 경계를 최고로 평가한다.

이영재는 다소 색다른 견해를 내놓았다.

> "이 화제(畵題)는 지금까지 선(禪)에 이르는 방향을 찾아 헤매었으나 무념·무상의 마음 상태, 즉 평상심의 상태가 선에 이르는 길이라는 가르침을 주는 문구였다. 선에 이르는 길이 먼 데 있는 것이 아니라 우리의 마음 속 상념을 버리는 데 있다는 뜻이다."

아주 선불교적인 해설이다. 그러나 추사가 결코 불교 수행자도 아니었고 선적 깨달음을 성취했다는 기록이나 증거는 없다. 추사가 불이문(不二門)의 '평상심시도(平常心是道)'를 깨달아 난 그림으로 그 오도(悟道)의 경계를 펼쳐보였다고 보는 것은 비약적이다. 추사는 자신이 불학을 외전(外典)으로 익혀 터득한 '불이선'을 빌어 불교적이 아닌 어떤 자신의 뜻을 기탁한 것이 아닐까 싶다. 추사가 불교와 깊은 인연을 가지고 있었다는 것은 잘 알려진 사실이다. 그렇다고 〈불이선란〉 하나로 그를 툴제자가 되었다고 보는 것은 무리다. 그는 뼛속까지 유학자였고 성리학자였다.

이쯤에서 유마 '불이법문[일명 유마일묵·유마黙然·유마불이]'의 탄생 배경을 한 번 새삼 살펴볼 필요가 있다.

유마 거사의 회상에서 어느 날 32명의 보살들이 모여 불이법문을 깨친 바를 각자 말하고 함께 따를 수 있는 기준을 정하고자 했다. 마지막으로 보살들이 문수보살에게 그의 깨친 바는 어떤 것이냐고 물었다.

문수보살이 말했다. "여러분의 주장을 비유하자면 이선(二禪)을 구하고 있다고 할 것이다. 만약 여러분들이 오직 하나뿐인 부처의 가르침[一]을 무시하고 여러분의 법을 세워 설법하고 불제자라 칭하면서 희론(戲論)을 일삼는 행위와 불이법문은 구별되어야 한다."

문수보살은 자신의 견해를 피력한 후 유마에게 "어떤 것이 보살이 불이법문에 드는 것이라 생각하느냐?"고 물었다. 이때 유마는 묵묵히 '침묵'하는 것으로 대답을 대신하자 보살들은 유마의 침묵이야말로 문자와 언어를 초월한 진정한 불이법문이라고 찬탄했다. 여기에서 불이법문은 '부처님 법'은 오직 '하나일 뿐' 둘이 있을 수 없다는 것이고 이교도들의 불법을 위협하는 포교를 철저히 배격해야 한다는 뜻까지 내포하고 있음을 읽을 수 있다.

〈불이선란〉의 예술적 감상 포인트는 추사가 '불이선'으로 난을 설명한 것은 난을 그리는 데 그 심오한 경지를 그릴 수도, 그렇다고 안 그릴 수도 없는 심경을 토로한 것으로 볼 수 있다는 것이다. 결론은 난초가 뿜어내는 향기와 사람의 선적 깨달음의 희열이 풍기는 향기가 결코 둘이 아님을 체득해 넘나들고 있음을 전하는 소식이라고 보는 게 예술적 감상의 극치일 것 같다. 물론 이는 필자의 생각일 뿐이다.

세 번째 제화시에 나오는 "하나만 있을 뿐 둘이 있을 수 없다(只有可一 不可有二)"의 '하나(一)'는 선가(禪家)와 노장이 우주 본체인 도를 가리킬 때 사용하는 상징이다. 불교는 불법 진리를 '불이법문'이라 하는데 불이는 곧 하나, 둘이 있을 수 없는 '절대'를 의미한다. 그 하나는 진여·자성·불성·여래장 등으로 지칭되는 만법귀일의 일(一)이 뜻하는 우주 본체, 불법 본체를 뜻한다. 이 제화시를 '난 그림은 한번으로 족하지 두 번 그릴 일이 아니다'라고 해석하기도 하는데 예술 작품성의 재연(再演) 불가능성이 선의 깨달음과 일치한다는 점에서는 나름의 미학적 심미를 불러일으킬 수도 있지만 추사의 뜻이 과연 그런지는 확인할 수가 없다.

두 번째·세 번째 제화시는 추사의 거침없는 자부심과 선비의 우뚝한 거만함을 드러냈다. 초서·예서의 서법으로 난을 그렸으니 보통사람들은 이해하지 못할 것이라고 단언했다. 그림이 뜻하는 화의(畵意)도 이해하지 못하면서 그저 그림만 탐하는 소산을 가소롭게 여기는 오만함이 대단하다. 그림의 작품성은 제화시의 내용에 미치지 못하는 것 같다. 그러나 화면에 서려 있는 추사의 서권기(書卷氣)와 문자향(文字香)이 풍겨주는 선비다운 지성미는 그림의 작품성을 압도한다.

『주역』「계사전」은 "마음을 같이 하는 말은 향기가 난초와 같다

(同心之言 其嗅如蘭)"했다. 〈불이선란〉의 예술적 감상에서 그의 지성미는 마음을 같이할 만한 향기를 느끼게 한다.

정치적 감상

정치적 감상은 추사가 순수한 문인이나 문화 예술인이 아니라 현실 정치에 직접·간접으로 참여해 왔고 참여하고 있는 정치인이었다는 데서부터 출발한다. 또 하나는 제화시 ①의 '부작란화(不作蘭畵)'의 작(作)자와 제화시 ③의 '시위달준(始爲達俊)'의 시(始)자와 준(俊)자가 각각 바를 정(正)·왕비 비(妃)·갈 준(夋)이 맞는데 오독·오역됐다는 점이다. 이밖에도 정치적 감상의 경우 '불이선(不二禪)'·'지가유일 불가유이(只可有一 不可有二)' 등의 해석이 전혀 잘못돼 있다는 것이다.

결론부터 말하면 추사의 〈불이선란〉은 안동 김씨의 세도정치를 비판·반대하는 추사의 정치적 메시지를 영의정 권돈인과 대비 신정왕후(풍양 조씨: 조대비) 등에게 은밀히 전하고자 하는 화의를 담고 있는 그림이라는 것이다.

정치적 감상을 위해서는 당시의 정치적 일대 이슈였으며, 성리학적 왕실 법도에 어긋나는 이른바 '진종조천(眞宗祧遷)' 문제를 이해하고 들어가야 한다. '진종조천'은 안동 김씨의 세도를 위해 왕실의 족보를 조작한 사건이다. 사건의 배경은 안동 김씨가 자신들의 세도정치를 떠받쳐 주는 연로한 대왕대비 순원 왕후가 세상을 떠났을 때 자신들에게 비우호적이며 비판적인 입장인 조대비를 건너뛰어 새

중전에게 직접 대비의 권세를 넘길 수 있는 방법을 모색해 생각해 낸 묘안이었다.

구체적으로 말하면 신정왕후 조대비를 왕실의 적통에서 방계로 밀어내어 새로 뽑힐 중전(김문근의 딸)을 시어머니의 그늘 밖에 두려는 꼼수였다. 새 중전을 뽑기 전의 정치작업이었다. 안동 김씨들이 헌종이 후사 없이 승하하자 재빠르게 강화도령 철종을 왕으로 옹립하고 대왕대비 순원왕후로 하여금 수렴청정을 하게 한 것도 왕실의 상도를 벗어난 처사였는데 안동 김씨의 수장 김문근의 딸을 철종의 왕비로 간택하고 순원왕후 이후의 후사까지를 꾀하였던 것이다.

'진종조천'은 철종의 조부인 은원군(사도세자의 서자)을 진종으로 추증, 종묘에 모셔 철종은 정조-순조-익종-헌종으로 이어진 맥과 관계가 없다고 한 것이었다. 이는 조대비를 제거하려는 의도였다. 당시 대비의 서열은 순원왕후(순조 비)-신정왕후(익종 비)-효정왕후(헌종 비) 순이었다. 진종을 왕으로 추증하면 철종은 왕위 계승의 법도를 역류해 단종을 몰아내고 조카의 뒤를 이은 것과 같이 물 흐르듯 아래로 내려가는 왕위 계승전통과 어긋난다. 뿐만 아니라 철종을 헌종의 형제로 입양시켜 왕으로 옹립한 안동 김씨들의 자기모순이며 왕실 족보의 조작이었다.

1851년(철종 2년) 철종의 할아버지를 진종으로 추종, 종묘에 모신 '진종묘례'는 수렴청정과는 비교가 안 될 만한 중대 정치 사건이었다. 추사의 정치적 동지이자 안동 김씨 세도에 반대하는 풍양 조씨 가문을 이끌던 조인영(1782~1850)은 진종묘례 반년 전에 세상을 떠났고 추사와 한 배를 타고 있는 영의정 권돈인(1783~1859)만이 '불가'

를 외쳤지만 불가항력이었다. 당시 이 같은 정국에서 추사가 그렸던 난 그림은 그 제화시를 통해 권돈인과 조대비 측에 보내는 은밀한 정치적 메시지와 함께 엄청난 분노를 담고 있다는 것이다. 이제 제화시들에 담긴 추사의 정치적 메시지를 좀 더 자세히 살펴보자.

우선 제화시 ①의 '부작란화(不作蘭畵)'는 누가 봐도 바를 정(正)자인데 지을 작(作)자로 미술 사학자나 한학자들이 하나같이 모두 오독해 왔다는 것이다. '작'을 '정'으로 바로 잡으면 그 뜻이 "난 그림을 그리지 않은 지 20년 만에"는 "법도에 맞지 않은 난을 그린 지 20년에"가 된다. 이 때 '부정(不正)'의 '정'자는 난 그림은 전통적으로 군왕에 대한 충절을 상징하는 사의(寫意)가 '정도'라는 의미다. 그러나 추사는 이러한 정도(正道)를 벗어나 불의한 아첨성 충절을 반대하고 비판하는 '엉터리' 난화를 20년 동안 그려왔다는 것이다.

직설적으로 말하면 추사는 안동 김씨의 세도를 반대하고 비판하는 난화를 20년 동안 그려왔다는 얘기다. 미술사학자들에 따르면 묵란화는 원나라 초 정소남(1241~1318)이 망국(송나라)에 대한 변함없는 충절의 상징을 담아 그린 데서 기원하였다고 한다. 그는 뿌리가 없는 유명한 〈노근란(露根蘭)〉을 그려 망국의 백성으로 전락한 자신을 뿌리내릴 땅이 없는 난에 비유했다. 이러한 필의가 담긴 묵란화는 신하들의 무조건적인 충성심을 요구하는 왕조 국가의 생리와 맞아떨어져 명 왕조부터 크게 환영을 받고 난화가 상징하는 필의(筆意)로 굳혀졌다.

추사의 '부정란화'는 원대 정소남 이래 변함없는 충절의 표상으로 그려져 온 난과 다른 필의를 지닌 난화였다. 그런데 많은 추사 연구가들은 그의 〈불이선란〉이 두 번 다시 만날 수 없는 걸작이라고 추켜세우면서도 그림의 가치도 제대로 모르는 아둔한 달준에게 주려고 그렸다고 하니 자가당착이 아닐 수 없다. "우연사출성중천(偶然寫出性中天)"은 우연히 하늘의 도와 인간의 본성이 합일을 이룬 작품이 나왔다는 뜻이다. 이는 안동 김씨의 세도정치를 혁파하고 하늘의 도와 인간의 성품을 따른 바른 정치를 펼쳐야 한다는 비판을 내함하고 있다.

〈불이선란〉은 이런 묵란화인데 바로 진리는 둘이 있을 수 없고 하나뿐임을 설파한 유마의 '불이법문'에 비유될 수 있다는 것이다. 추사의 본의는 성리학을 국시로 한 조선의 조정이 그를 왜곡하여 유마 당시의 이단들처럼 정도를 벗어난 성리학으로 불이(不二)여야 할 성리학의 근본을 흔들고 있어 이를 쇄신하고자 하는 수단으로 '부정란화'를 그려왔다는 것이다. 자신의 우연한 걸작 난화가 뜻하는 비유를 찾고 찾아보니 유마의 불이선과 같은 '불이선란'이라는 것이다. 추사는 누가 굳이 이 난화의 화의를 묻는다면 유마가 침묵으로 답했던 것처럼 '침묵'할 수밖에 없다고 했다.

조대비와 권돈인이 끝까지 버티어 안동 김씨에 대항해 망국의 세도정치를 바로 세워달라는 필의, 즉 '정도(正道)'는 언어 문자를 넘어선 대도이기 때문에 침묵으로 답할 수밖에 없다는 것이다. 현실적으로는 그런 정치적 필의를 함부로 발설하고 설명할 수도 없다는 의미까지 내함하고 있다.

제화시 ③의 시위달준방필(始爲達俊放筆)은 비(妃)자를 '시(始)'자로, 준(夋)자를 '준(俊)'자로 오독해 전혀 뜻이 왜곡돼 있다는 것이다. '비'

는 조대비를 가리키며 준(夋)자는 간다(行)는 뜻인데, '달준'은 용단·거침없는 결단을 뜻한다. 그렇게 되면 이 구절은 '조대비가 용단을 내리도록 붓을 놀린다'는 뜻이 된다. 그런데 지금까지는 '달준'을 사람의 이름으로 해석해 "처음에는 달준에게 주려고 그렸다"고 해석해 왔다는 것이다. 다음에 나오는 "지가유일 불가불이(只可有一 不可有二)"를 "이 그림은 다만 하나가 있을 뿐 둘이 있을 수 없다"고 해석한 것도 잘못 해석했다는 것이다.

이는 삼촌 세조가 조카 단종의 후임 임금이 된 왕위 계승의 역류는 한 번 있었지만 왕실 족보를 조작해 또 만드는 것은 두 번 다시 있을 수 없다는 것이다. 즉 '진종조천'으로 왕통(王統) 계승의 법도가 물이 아래로 흐르듯 내려가는 유가의 법도를 어기고 역류하는 일은 두 번 다시 없도록 해야 한다는, 즉 왕통 계승의 역류를 기필코 막아야 한다는 호소다. 이 밖에도 정치적 감상에서는 여러 가지 오독과 오역이 지적되고 그를 뒷받침하는 전고(典故)들이 제시된다.

정치적 감상을 요약하면 〈불이선란〉은 왕실 족보까지 뜯어고치는 무도한 안동 김씨 세도정치를 혁파하고 새로운 정법(正法)의 정치 질서 구축을 염원하는 추사의 혁명적 의지를 조대비와 정치 동지인 영의정 권돈인에게 전하는 정치적 메시지를 담은 묵란화라는 것이다. 여기까지는 유종인의 『조선의 그림과 마음의 앙상블』·이성현의 『추사난화』를 참고한 것이다.

끝으로 필자 나름의 졸견을 피력해 본다.

추사의 묵란화 〈불이선란〉의 '불이선'은 『유마경』의 불이법문을 뜻한다. 즉 유마 거사가 32보살들의 불이법문에 대한 깨달은 바 견처

(見處)를 듣고 자신이 깨달은 바에 대해서는 '침묵'으로 답했다. 유마가 자신의 견처를 침묵으로 대신한 것은 부처의 법문(불법 진리)은 오직 하나일 뿐 둘이 있을 수 없다는 뜻이면서 불법 진리는 언어 문자의 길이 끊겨 있는 심오한 '절대'이고 우주정신이라는 법문이었다. 다시 말해 불법은 오직 하나일 뿐 또 다른 견처(깨달음)가 있을 수 없으니 마땅히 부처님 법을 따르라는 것이었다.

후일 중국화한 선불교에서는 상호 대칭적인 분별심을 버리고 오직 일원론적이고 통합론적인 '본체'를 철견하라는 뜻으로 해석되기도 했다. 이는 『장자』의 절대 평등을 주장하는 세계관인 「제물론」의 영향을 받은 것이었다.

추사가 엄청난 정치적 함의를 가진 〈불이선란〉의 그림 제목으로 '불이선'을 쓴 데는 선불교보다는 원시 불교의 유마 불이법문의 의미가 강하다고 봐야 한다. 그 이유는 제화시 ③의 "오직 하나가 있을 뿐 둘이 있을 수 없다(只可有一 不可有二)"가 당시 철종 이후의 권력구도까지를 염두에 둔 안동 김씨 세도정치가 '진종조천'으로 왕통 계승의 역류를 범하는 것이 공자의 가르침에 어긋나는 법도라는 비판을 함의하고 있기 때문이다.

그런 반칙은 세조 한 번으로 끝나야지 두 번 다시 있어서는 안 될 일이라는 절규와 안동 김씨들의 음모에 대한 분노가 제화시들에 흘러넘친다. 이는 정법은 오직 하나일 뿐이고 반칙이 두 번 다시 있을 수 없다는 뜻과 함께 엄청난 정치적 함의를 가진 화의(畵意)를 함부로 입 밖에 낼 수 없다는 뜻도 함의하고 있어 한 단어가 두 가지 의미를 동시에 갖는 '쌍관어(雙關語)'라고 볼 수 있다. 추사가 제화시에 사용한 하나(一)와 불이(不二)는 선가와 노장이 우주 본체인 도를 가리킬 때 사용하는 상징이다. 추사가 〈불이선란〉을 통해 강조한 '하나(一)'는 구지 선사의 '한 손가락'이 가리킨 도, 절대진리(불법)와도 상통하는 것이었다. 추사는 불교에도 아주 박식했던 것 같다. 그래서 추사 〈불이선란〉의 서권기(書卷氣: 교양·학식)와 문자향(文字香: 글재주)이 풍기는 지성미는 오늘에도 하나의 본보기가 될 만하다.

6. 노자의 포일사상과 혜능의 무상(無相)

　불교 선종은 중국화 과정에서 노장의 많은 사상을 흡수, 용어상으로도 혜능 이후의 선어록들에는 노장 용어와 비슷하거나 같은 어언(語言)을 사용했다. 선종은 노장 사상을 받아들여 용해, 만물을 낳는 혼돈 미개의 '도'를 '주관 자심의 본체[自性]'로 바꾸었다.
　이번 단락에서는 노자의 포일(抱一)사상과 혜능선(돈오 남종선)의 종지인 무상이 어떠한 상통점을 가지고 있는가를 살펴보고자 한다. 필자는 5천자 『도덕경』이 설하는 노자사상을 '포일'이라는 한 단어로 요약하고 싶다. 특히 실천적인 측면에서 그렇다. 그리고 혜능의 선사상이 집약된 『육조단경』에 명시된 불교 선종의 종지, 무념·무상·무주도 큰 틀에서는 같은 맥락이다. 노자의 포일과 혜능의 무념·무상·무주를 한 보따리로 싸서 놓고 보면 그 안의 내용물은 '분별심'과 '집착'을 버리라는 것이다. 이러한 오리엔테이션을 머리에 넣고 필자의 글을 읽어주면 이해에 도움이 될 것 같다.

이 때문에 성인은 하나를 껴안아 천하의 법칙으로 삼는다.
(是以聖人抱一 爲天下式)

― 『노자』 22장

'포일'의 하나(一)는 도를 비유한 것으로 구체적으로 절대 평등을 뜻한다. 장자는 절대평등의 상태를 '지일(至一)'이라 했다. 노자의 포일은 장자의 제물(齊物)과 같은 개념으로 평등 지향인데 그 종착점은 '마음의 해방'이다. 하나(一)는 노장에서 도·통일·근원·같음·융합 등의 뜻을 갖는다. 포일의 '일'은 이런 의미를 다 내포한 것이다. 존재하는 것은 모두 하나같다. 모든 것이 '하나'라는 생각은 인간으로 하여금 어떤 가치를 둘러싼 시비·편애·편견에서 벗어나게 하여 열린 마음을 갖게 한다. 그래야 마음이 자유로워진다. 포일사상은 곧 대일(大一)사상인데 존재하는 생명은 모두 다 같다는 뜻이다. '제물'도 존재하는 것 모두가 하나같다는 의미다. 노장 사상은 한마디로 평등사상이고 자유사상이다.

성현영은 『노자』 위 구절을 "성인은 일중(一中)의 도를 견지하여 세상의 본보기가 된다"고 풀이했다. '일중'은 고-저·선-악을 구분해 분별하지 않고 양쪽 모두를 포용하는 평등사상을 말한다. 노자는 "시이성인포일(是以聖人抱一)"에 앞서 성인이 포일하는 이유로 "옷이 헤지고 더러워져야 새로워지고, 자꾸 덜어내야 (도를) 얻고 나날이 더 보태 많아지면 미혹해지기 때문"이라고 했다.

감산 대사는 이 같은 노자의 설법을 "비유하자면 형상을 잊고 지혜를 버림으로써 나날이 분별 망상이 덜어지고 물욕으로부터 멀어져서 마음이 씻기고 은밀한 곳으로 물러난다. 그 때문에 욕심이 헤지지 않는다면 도가 새로워지지 않는다. 옷은 더럽고 헤지기 때문에 빨아서 깨끗이 하고 새 옷을 사서 입는다. 세상 사람들은 망상의 지견이 많으면 많을수록 도를 더 잃는다"고 주석했다. 여기서는 낡은 것(弊)과 새로운 것(新)이 서로 순환한다. 즉 낡음은 새로움을 낳고 새로움은 다시 낡은 것이 된다. 도는 이를 '하나'로 통합해 양쪽 모두를 평등하게 포용한다.

노자가 말한 포일(抱一)의 '일'은 도를 뜻하는 하나로 천지·자연·무위[無心]와 같은 말이다. 포일의 '일'은 무차별적인 인식으로 사물을 대하는 평등심을 뜻하고 '포(抱)'는 그 도(평등심)를 지킨다는 의미다. 『노자』 10장에도 '포일'이라는 말이 나온다.

> 혼[精神]과 백[肉體]을 하나로 안아 분리되지 않게 할 수 있는가? 기를 집중시켜 몸을 부드럽게 하기를 어린아이처럼 할 수 있는가?(載營魄抱一 能無離乎 專氣致柔 能嬰兒乎)

감산 대사는 위의 노자 설법을 다음과 같이 풀이했다.

> "혼백[動과 靜]을 하나로 함께 안아야 한다. 움직이면 혼을 타고 생각이 어지럽게 교차하고 조용히 있으면 어두침침하여 혼침에 빠진다. 두 경우 모두 혼백을 하나로 품지 못한 것이다. '하나로

아우른다(抱一)' 한 것은 혼백 둘을 함께 싣고 하나로 통일하여 다시 둘로 나눠지지 않음을 뜻한다. 혼과 백이 통일되면 움직이면서도 항상 고요하며 생각이 어지럽게 일어나지 않는다. 또 고요하지만 늘 움직여 적적하지만 혼침에 빠지지 않는다. 혼백을 하나로 통일하면 동과 정이 둘이 아니고 잠을 자건 깨어있건 한결같게 된다.

기가 모인 것이 마음이다. 기는 마음을 따라 움직이므로 마음이 동하면 기는 더욱 사나워진다. 맹자는 '기가 한 곳에 모이면 뜻을 움직인다'고 했다. 전기(專氣)는 자신의 마음을 다스려 허망하게 동요함으로써 기가 사납게 되지 않게 하는 것이다. 이렇게 하면 마음은 평안해지고 기는 저절로 부드러워진다. 이것이 무심이다. 수행이 여기에 이르면 화내지 않는 가운데 화를 내게 된다. 즉 무심으로 성을 내게 된다. 어린아이는 무심한 가운데 우는 까닭에 하루 종일 울어도 목이 쉬지 않는다. 노자는 스스로의 수행이 이와 같은가라고 간곡히 묻고 있다."

감산의 주석을 아주 간략히 요약하면 『노자』의 '포일'은 무심과 동정일여(動靜一如)를 설하고 있다는 것이다. 성현영은 이 구절을 "혼은 양신(陽神)으로 적극적인 삶을 좋아한다. 백은 음신(陰神)으로 '머무른다'는 뜻이니 욕망에 사로잡힌 자들이 생사에 집착하는 것이다. '포일무리(抱一無離)'는 하나를 지켜서 흩어짐이 없게 할 수 있다는 것인데 이미 혼과 백을 잘 제어할 수 있으면 다음에는 모름지기 마음을 텅 비운 상태에서 욕심을 줄이고 고요함을 유지하여 흩어지지 않게 해야 한다"고 풀이했다. 성현영 주석도 무욕으로 집착을 떨어 버리고 무심한 경계에 진입해 생사를 초월하라는 것이다. 하상공은 "천진무구한 아이처럼 안으로 생각을 없애고 밖으로는 정사(政事)를 없앨 수 있다면 정신이 달아나지 않는다"고 주석했다.

노자의 포일사상이 주장하는 바는 무위자연의 방식, 즉 유무상생(有無相生)하는 우주의 존재 형식을 모델로 해서 개인은 공령(空靈)한 마음의 정신생활을 하고 군왕은 통치를 하라는 것이다. 실천적으로 무심과 무욕, 집착과 분별심을 버릴 것을 간곡히 당부하고 있다. 포일(抱一)의 '일'은 도의 포괄적인 모든 개념을 내함하고 있지만 특히 『노자』 10장과 22장에서 강조하는 포인트는 도의 근본인 '무위[無心]'를 말한 것으로 볼 수 있다.

> 옛날 도의 본체인 절대의 하나를 얻었던 자가 있다. 하늘은 그 하나를 얻어 맑고 땅은 그 하나를 얻어 만물을 안정되게 실을 수 있고 사람의 신령한 마음은 그 하나로 만물의 영장이 될 수 있었고…(중략)…모든 것은 그 근본을 추구하면 도의 본체인 하나(一)인 것이다.
> (昔之得一者 天得一以淸 地得一以寧 神得一以靈 … 其致之一也)
> — 『노자』 39장

감산 대사는 『노자』의 이 구절을 다음과 같이 주석했다.

"하나(一)는 도의 근본이다. 그 근본은 지극히 비어 있고 하는 바가 없어 정일(精一)할 뿐 둘로 나뉘는 법이 없다. 대개 모든 유위는 무위를 근본으로 삼는다. 풀이하면 천지 만물은 도를 근본으로 하므로 하늘은 이를 얻어 저 위에서 푸르고 땅은 이를 얻어 저 밑에서 평안한 것이다. 신(神)은 사람의 마음을 가리키는 말이다. 사람은 이를 얻어 만물의 영장이 되었다…(중략)…그 근본을 추궁하면 하나인 것이다. 그래서 그 근본을 바로 하나이다라고 지적한 것이다."

그는 끝으로 "참으로 귀천의 분별을 놓아버리면 사람마다 각자에게 고유한 쓰임새가 있게 되니 이 어찌 위대한 '무용(無用)의 쓰임새'가 아니겠는가"라고 했다.

『노자』 39장 또한 도의 근본에 입각해 분별심을 버릴 것과 장자가 말하는 '무용지용(無用之用: 쓸모없음의 쓸모)'을 설하고 있다. 때 묻고 더러운 옷을 빨면 깨끗해진다. 이때 '더러움'의 쓸모없음은 '깨끗함'이라는 쓸모 있음의 근원이 돼 무용지용이라는 역설적 진리를 증명해 준다.

장자는 노자의 '무위'·'무용'을 창의적·발전적으로 잘 설명해 준다. 그래서 『장자』 10만 자를 『노자』의 '주석서'라고 하는 사람도 있다. 『장자』의 하나(一)는 체[本體]와 용[作用·現象]을 하나로 '통일'하는 체용일여론과 물아일체를 강조하는 천인합일(도와의 합일)에 초점이 모아져 있다.

모든 사물은 부단히 변함으로써 변화하지 않는 상태를 유지한다. 오직 통달한 자만이 모두가 하나임을 알아 자기의 판단을 내세우지 않고 사물을 평상시의 자연 상태 속에 맡겨둔다.

(凡物無成無毀 復通爲一 唯達者知通爲一 爲是不用而寓諸用)

― 『장자』「제물론」

감산 대사는 『장자』의 이 구절을 "도에 통달한 사람은 만물은 본래 통하여 하나가 된다는 것을 안다. 그래서 자기의 '옳음'에 집착하지 않는다. 이미 자기가 옳다는 판단을 사용하지 않고 보통사람들의 견해를 따른다"라고 주석했다. 그는 또 이 구절 해설에서 "도를 아는 사람은 만물이 하나의 체(體)임을 알아 옳음도 없고 그름도 없다. 그러므로 어디를 가도 해서 안 되는 것이 없다. 스스로 그러함에 따르는 것, 이것을 일컬어 도라고 한다"고 했다.

감산의 해설은 스스로 그러함에 따르는 것이 도다. 즉 사물의 존재 본성을 따르는 것이 도라는 『노자』 25장의 "도법자연(道法自然)"을 원용한 것이기도 하다. '하나의 체(體)'는 『장자』의 이 구절에 나오는 도의 '통일성'을 가리킨다.

그래서 천지는 나와 함께 사는 것이고 만물도 나와 함께 하나가 될 수 있다. 이렇게 하나가 된 이상 더 이상 무슨 말이 필요할까?

(天地與我並生 而萬物與我爲一 旣已爲一 且得有言乎)

― 『장자』「제물론」

감산 대사는 이 구절을 "도로써 관(觀)하면 만물이 하나의 체인 즉 천지와 내가 나란히 생기고 만물과 내가 하나가 된다. 이미 하나가 되어 사물과 나를 모두 잊었으니 다시 무슨 말을 하랴"라고 주석했다. 그는 이 구절의 해설에서는 "이 절은 현동(玄同: 『노자』 56장)에 묘하게 계합(契合)함을 밝혔다. 만물이 하나의 체인 도에 마음을 편안히 하니 분별을 일으키지 않은즉 결코 시비가 없다. 이것이 곧 참된 옳음이다"라고 했다.

장자는 앞의 두 절에서 일(一)의 평등사상(체용의 통일)을 깨달을 것을 내심 촉구하고 있다. 장자의 '깨달음'은 선사상이 말하는 개인의 깨달음과 『노자』에서 성인으로 명명되는 위정자의 깨달음 두 가지가 모두 포함돼 있다.

체용일여

모든 사물은 형(形)을 가지고 있다는 점에서는 다르지만 각각의 사물이 그 바탕에 무, 또는 허(虛)라는 도의 체(體)를 가지고 있다는 점에서는 동일하다. 장자가 말하는 선과도 상통하는 '허'의 범주를 잠시 살펴볼 필요가 있다.

'허'는 불교의 공(空)·무심과 노장의 무위와도 같은 의미로 통용된다. 선에서는 흔히 자성의 비유로 '허공'을 예시하고 노장에서는 '고요함(靜)'에 허자를 덧붙여 '허정'이라 하여 강조의 의미를 더욱 강화시켜 주기도 한다. 무위는 바로 허다. 텅 빈 마음이 구현된 것이

'무위'인데 거울처럼 객관 사물을 그대로 반영한다는 의미와 넓은 도량을 뜻하기도 한다. 무위는 존재의 자유가치를 극대화하려는 인식이며 일종의 자연사상이다.

선은 무위자연의 원시 체험을 통한 창의력과 상상력을 증대시키는데 모든 학습[修行]의 역점을 둔다. 깨달음이란 이러한 창의력이 비등점에서 자연스럽게 폭발하는 현상이기도 하다. 체험하고 기억을 되살리는 암기가 아니라 새로운 의미를 만나는 것이다. 선적(禪的)인 자유로운 상상력의 예를 하나 들어 보겠다.

미국 보스턴 근교의 한 유치원에서 있었던 일이다. 이 유치원 보모들은 대학원 박사 과정을 밟고 있는 실험성이 강한 엘리트들이었다. 어느 날 한 보모가 꼬마들에게 토끼 그림을 그리게 했다. 모든 아이들이 네 발 달린 토끼를 그렸는데 유독 한 아이가 다리가 9개인 토끼를 그렸다. 그 이유를 물었더니 "달리고 있는 토끼(He is running)"라고 했다. 꼬마의 상상력은 '가상현실'을 파악하고 있었던 것이다. 박사 과정의 보모는 새로운 시공에 대한 자신의 지각이 네 살배기 꼬마만도 못했음을 발견하고 아주 당혹해 했다. 꼬마는 동양 미학에서 귀히 여기는 온 몸의 육감으로 말하는 '신비로운 생각[神思]', 시쳇말로 상상력을 발휘했다고 할 수 있다. 이 이야기를 선림에 도입하면 그 꼬마는 정말 '한 소식'한 깨친 자가 된다. 돈오란 바로 이런 상상력과 창의력의 폭발이다.

선과 노장에서는 이처럼 시공이 거침없이 전도된다. 자신의 아호를 유마힐 거사의 이름을 딴 마힐로 자호(自號)해 '왕마힐'이라 했고 시불(詩佛: 시단의 부처)로 불리기도 했던 왕유가 한겨울 눈 속에 여름

식물인 파초를 그린 〈설중파초(雪中芭草)〉도 시간이 거꾸로 뒤집힌 전도였다. 장자는 어린아이로 요절한 상자(殤子)가 8백 세를 산 팽조보다 장수했다는 역설로 시간을 전도시켜 버리기도 했다.

불교의 공(空)과 노장의 무(無)는 어떤 것도 소유할 것은 없다는 뜻이다. 장자의 '허'는 무고, 불교의 공과 같은 의미를 갖는다. 장자의 허는 ①거울처럼 객관 사물을 그대로 반영함 ②드넓은 도량의 뜻을 가지고 있고 실천적으로는 다음 두 가지로 구체화된다.

1) 무궁한 대도(大道)를 체험하면서 고요한 경지에서 유유자적한다. 즉 도를 체득한 후 고요한 경계에서 소요함이다.
2) 자연의 본성을 따르며 자신을 뽐내지 않는다.

이는 무념(無念)과 통달에 도달한 마음의 상태에 있는 사람만이 해낼 수 있는데 이런 마음을 가진 사람이 바로 진인(眞人)이고 지인·성인·대종사이다. 선불교 임제종 개산조 임제의현 선사의 유명한 화두 '무위진인(無位眞人)'도 바로 『장자』의 '진인'이라는 용어를 그대로 사용한 예다. 한국불교의 법계 명칭인 '대종사'도 장자의 용어다. '무위진인'은 어떤 지위도 갖지 않은 진리를 깨달은 사람, 즉 도인을 뜻한다. 불교 선종이 불성(佛性) 대신 흔히 쓰는 '자성(自性)'은 청정무구한 자신의 본성을 말하는데 곧 도의 또 다른 이름이다. 지금도 한국불교 절 집안에서는 수행을 흔히 '도 닦는다'고 한다.

불법 진리를 불도(佛道), 불법을 무위법(無爲法)이라고도 하는 등 노장의 용어가 선학에서 그대로 사용되는 예는 수없이 많다. 선사들의 법문이나 선어록의 기록 또한 노장의 문법과 유사한 부분이 많다.

분별의식을 제거하고 모든 것을 하나로 싸안는 도의 포용성과 통일성을 뒷받침하는 대표적 이론으로는 노장의 체용일여론과 혜능의 대대법(對待法)을 손꼽을 수 있다.

색(色: 사물)은 선불교의 감성적 체험에서 중요한 의미를 갖는다. 수행자는 공을 관조함으로써 색을 보거나 색을 통해 공을 보게 된다. 그래서 색은 순수한 현상인 동시에 마음을 증명하는 역할을 한다.

불교에서는 색을 심상(心象), 또는 경(境)이라 하는데 마음과 색은 통일된 하나다. "육근으로 본 것이 다 마음이다"라는 말은 일체 현상이 마음과 통일되어 있기 때문에 만법이 마음일 뿐이며 일체의 감성이 모두 진여(眞如)와 통하며 열반의 경계와 통한다는 의미다. 다시 말해 마음과 색은 본체와 작용으로 통일돼 하나가 되었기 때문에 "행주좌와(行住坐臥)에 눈에 보이고 연(緣)으로 만나는 것이 모두 묘용"(『조당집』 권3 우두화상)이다.

공의 적멸과 색의 활동이 서로 의지해(相卽) 있으므로 작용이 곧 성[本體]이다. 그러므로 마음은 적멸이지만 육근의 작용인 감성과 통할 수 있으며 적멸과 생동성은 순수 현상 속에서 하나로 융합한다. 일체의 색은 다 부처의 색이고 일체의 소리는 다 부처의 소리다. 부처의 법신이 일체의 경계에 편재해 있으므로 부처가 없는 곳이 없다. 노장의 '도무소부재론(道無所不在論)'과 같은 문법이다. 부처는 시간과 공간을 초월해 있기 때문에 '지금 여기'라는 시간과 공간의 경계 속에서 찾을 수 있다. 방온 거사가 "물 긷고 땔나무 나르는 것이 다 묘도(妙道)"라고 읊조렸던 것이나 선불교가 거듭 설파하는 '번뇌가 곧 보리'라는 명제는 깨달음이란 초월적인 것이 아니라 현상세계에 대한 직관을 통해 얻을 수 있는 것임을 강조한 것이다.

만약 선불교를 전통적인 노장사상의 발전으로 본다면 세상을 멀리 떠난 신비한 '도'를 현실적인 평범한 생활 속으로 가져와 살아 숨쉬는 중생의 마음으로 전환시킨 것이 선불교라 할 수 있다. 장자의 산 위를 노니는 신인(神人)은 위진 명사들에게서는 초탈한 자연 생활로 마음껏 술 마시고 방달(放達)하고 솔성(率性)하는 것이었으며 이러한 본자천연(本自天然)은 갈고 닦는 조탁을 필요로 하지 않았다. 이같은 자연적의적인 생활이 불교 선종에서는 일상의 평범한 삶으로 바뀌어 '물 긷고 땔나무 나르는 것이 다 묘도'가 됐다.

"푸른 대나무가 부처의 법신이고 울긋불긋한 들꽃이 바로 반야다"라는 선불교 법문은 체용일여론을 이론적 바탕으로 하는 현성공안(現成公案)이다. 체용일여론은 『주역』에까지도 거슬러 올라가는 전통적인 일원론이다. 선불교의 경우 위앙종이 체용일여를 아주 중시하는 가풍(家風)이었고 조동·임제종도 체용일여를 중요시했다.

'나'라는 본성은 그저 '자연'일 뿐이다. 그러므로 나의 본모습(본래면목)은 자유요, 무위요, 허요, 대(大)요, 하나(一)이다. 혜능 대사는 이 같은 "자기 본성을 깨닫는 것이 공(功)이고 올곧은 마음[無心]이 덕(德)이다(自法性有功德 平直是德)"(『단경』 34절)라고 했다. 자신의 본래면목을 보기 위해서는 반드시 세상살이에 무심해야 한다. 장자는 세상살이에 무심할 줄 아는 것이 참다운 지혜라고 했다. 이른바 '무지의 지(無知之知)다. 무지는 아무것도 모르는 '무식'이 아니라 세속을 초탈한 무심을 뜻한다. 그래서 '무지의 지'가 진짜 지혜다.

무상(無相)

이제 돈오 남종선 3대 종지의 하나인 무상(無相)과 노자의 포일사상이 어떤 연관성을 가지고 있는가를 살펴보자.

혜능 대사는 자신의 돈오 남종선 종지를 "무념을 종(宗)으로 하고 무상을 체(體)로 하며 무주를 본(本)으로 한다"고 밝혔다.(『단경』 17절)

무념과 무주는 앞에서 살펴본 바와 같이 한마디로 요약하면 '집착을 버리라'는 것이다. 무상 역시 같은 공사상의 맥락이다. 혜능선 종지의 3무사상이 뜻하는 '무(無)'자는 가유(假有)의 상태, 즉 공(空)과 같은 의미를 갖는다. 무념은 아무 것도 생각하지 않는 것이 아니라 대상에 대한 집착[妄念]을 갖지 않는 것이고, 도달한 열반에도 집착하지 않는 것이다. 이 세상 무엇도 집착할 것이라곤 없다. 왜냐하면 만물의 근원은 공이기 때문이다.

무상은 노자의 포일사상과 장자의 제물론·좌망(坐忘) 등과 같은 맥락이다. 혜능은 무상을 "모양이 없다고 하는 것은 모양에서 모양을 여읜 것(無相者於相而離相)"이라는 설명에 이어 "밖으로 모든 모양을 여의기만 하면 자성의 본체는 청정하다. 그러므로 모양 없는 것을 본체로 삼는다"고 했다.(『단경』 17절) 그는 또 "'없다' 함은 두 모양(상대적 변견)의 모든 번뇌를 떠난 것(無者離二相諸塵勞)"이라고 친절한 설명을 덧붙였다.

무상은 이상(二相)이 없다는 뜻이다. 즉 공(空)과 같은 맥락이다. '이상'은 대칭을 이루는 고–저, 유–무와 같은 대대적(對待的)인 차별상(분별상)을 말한다. 쉽게 말하면 분별심을 버리라는 얘기다. '불이 법문'의 불이(不二)와도 같은 것인데 둘이 있을 수 없고 하나일 뿐이라는 것이다. '불이'는 공사상의 한 해설이다.

정리하면 '무상'은 모든 존재의 대대적인 차별상으로서의 두 개의 상(相)이 없는 제법의 실상(實相), 곧 '공'이라는 일상(一相)의 도리를 나타낸 개념이다. 그래서 무상은 바로 공사상의 또 다른 해설이고 표현이다. 구체적인 차별상과 별도로 무상이 있는 것이 아니라 차별상 그대로가 무상이며, 다양한 상을 갖추고 있는 것 자체가 무상이라고 보는 것이다. 무상은 진여·보리·열반의 본질적 속성을 묘사하는 말로도 사용된다.

'상(相)'은 망념(妄念)을 뜻한다. 마음에 상이 없으면 곧 불심이다. 즉 조작하는 마음을 일으키지 않으면 법을 깨달은 마음이고 자성정(自性定)이다. 상은 산스크리트어 lakṣaṇa를 한역한 말인데 형상(形相)·상태를 뜻하고 형상(形象·形狀)과 동의어다. 상의 상대어는 성(性)이다.

상(相)이란 눈이 분별하는 5색(色), 코로 맡는 냄새, 귀에 들리는 소리, 입이 분별하는 맛 등과 같이 차별적인 형상을 지니고 나타난 것을 말한다. 상은 외부에 근거함으로 식별할 수 있고 성(性)은 내부에 존재하기 때문에 볼 수가 없다. 자신의 본분이 바뀌지 않는 것을 성이라 한다. 쉬운 예를 들면 스님들의 삭발·염의는 상이며 유상(有

相)이고 계율 수지는 성이며 무상(無相)이다. 무상이 곧 공사상임은 『대보적경』이라는 경전에 잘 설명되어 있다.

> "일체 제법의 본성은 공이며 일체 제법의 자성에는 정해진 본성이 없다. 만일 공이면서 본성이 없다면 제법은 곧 하나의 일상(一相)이기에 '무상'이라 하는 것이다… 공이면서 본성이 없다면 제법은 상으로써 나타낼 수 없다. 마치 허공이 본성이 없어 상으로 나타낼 수 없는 것과 같다. 이렇게 공이면서 본성이 없는 도리[無相]는 오염되지도 않고 청정하지도 않다."

이를 요약하면 무상인 자성은 청·탁의 분별이 없다는 것이다. 모든 분별을 여의고 제일의(第一義: 절대 통일의 원리)에서 자성이 동요하지 않으면 이를 무상이라 할 수 있다. 법의 무한한 갖가지 뜻은 '하나의 법'으로부터 생긴다. 그 하나의 법은 곧 무상을 가리킨다. 이와 같이 무상은 상이 있는 상도 아니고 상이 없는 상도 아니기에 '실상'이라 한다. 상이 없는 모든 것은 그 어느 것도 말로 표현할 수 없다. 그러므로 상이 있는 그대로가 무상인 것이다. 실상이 무상이고 무상이 실상이라는 얘기다. 색즉시공 공즉시색과 같은 논리다.

무상을 뜻하는 '하나의 법'이 말하는 '하나'와 노자의 포일(抱一)이 뜻하는 '일(一)'은 다 같이 존재의 근원을 말하는 도(道)·공(空)이다. 표현은 비록 다르지만 내용은 전적으로 일치한다. 노장의 도도 불교적 문법으로 표현하면 그 본질이 '공'이고 '허'고 '무'다.

이쯤에서 노자의 '포일'과 혜능의 '무상'이 다 같이 공[無]사상을 밑바탕으로 해서 둘이 아닌 하나(一)를 껴안는 공통점을 갖고 있음을 감지할 수 있을 것 같다. 포일의 양변을 버린 '하나'와 대대적인 두 개의 상[二相]을 떠난 '하나의 상[一相]'인 무상은 같은 것이다. 선에서 말하는 변(邊)·극(極)은 유-무·미-추로 대립되는 양변 중 하나를 간택하는 분별심에서 생겨나는 편견과 오류·시비·갈등·번뇌의 직접적 원인이다. 노장은 이를 극복하는 방법으로 '체용일여론'과 포일사상을, 선은 대대법(對待法)과 공사상의 무상(無相)을 각각 제시했다. 각기 이름과 표현은 다르지만 그 논리 전개와 지향하는 내용은 같다. 선과 노장이 무상과 포일을 통해 도달하고자 하는 목표는 똑같이 분별심과 집착의 제거다.

도생일 일생이…(道生一 一生二…)

> 도는 하나를 낳고
> 하나는 둘을 낳고
> 둘은 셋을 낳고
> 셋은 만물을 낳는다
> (道生一 一生二 二生三 三生萬物)
>
> - 『노자』 42장

『노자』의 이 대목은 아주 간략하고 운문체의 시적인 운율까지 담고 있는 문장이다. 표현은 간략하지만 노자의 '우주론'을 집약적으로 보여주는 크나큰 내용을 담고 있는 중요한 대목이다. 예부터 "최고의 음악은 쉽기 마련이고 최고의 예는 간단하기 마련이다(大樂必易 大禮必簡)"라고 했다.(『예기』「악기」) 이 같은 '간이(簡易)'의 철학은 『주역』「계사전」이 음양의 본성을 빌어 하늘과 땅의 성품을 설명한 "하늘은 쉬운 것으로써 주관하고 땅은 간단한 것으로 모든 일을 끝낸다(乾以易知 地以簡能)"고 한 데서 비롯했다. 『예기』의 음악과 예의 특징 설명도 주역의 이 같은 철학사상을 따른 것이다. 인도 명상을 중국화한 선의 화두와 상징적인 원상(圓相) 활용도 간명할수록 더 많은 것을 표현할 수 있는 상징적 표현력을 갖는다는 '간이 철학'과 무관치 않다고 볼 수 있다.

우주 발생론을 요약한 것으로 볼 수 있는 『노자』 42장의 유명한 앞 대목은 중대한 의미만큼이나 그 해석에도 여러 가지 설이 있다. 문제는 노자가 일(一)·이(二)·삼(三)이 무엇을 가리키는 지를 명확히 밝히지 않은 데서 비롯된다. 그래서 여러 가지 설이 나온다.

지금까지의 해석은 대체로 일은 천지미분 전의 혼돈 상태인 원기(元氣), 이는 음양 이기(二氣), 삼은 음기와 양기가 조화를 이룬 화기(和氣·일명 冲氣)를 가리킨다고 본다. 그러나 이러한 해석이 틀렸다는 견해도 있다.(최진석 저, 『노자의 목소리로 읽는 도덕경』)

특히 논란이 많은 부분은 '도생일(道生一)'의 하나가 뜻하는 바다. 일(一)은 도의 또 다른 명칭으로 곧 도를 뜻하는데 '도가 도를 낳는다'는 해석이 가능하냐는 것이다. 일리가 없지 않다. 도와 하나는 대등한 동격의 관계인데 이를 수직적으로 도가 일을 낳는다고 해석할 수 없다. 그러나 이를 수직적으로 해석하지 않고 도란 원래 언어

문자를 떠나있어 이름이 없기 때문에 부득이 하나(一)라는 이름으로 개념화했다면 문제는 해결된다. 감산 대사의 주석이 이와 같은 맥락이다. 감산의 주석을 보자.

"도는 본래 언어를 떠나 있으나 억지로 '하나'라고 일컫는다. 이에 도는 하나를 낳는다고 말한 것이다. 천지 만물은 하나[道]로부터 생성되므로 '하나는 둘을 낳고 둘은 셋을 낳고 셋은 만물을 낳는다'고 했다. 이와 같으므로 만물은 음을 지고 양을 안지 않은 게 없다. 만물이 생명을 얻어 중도에 꺾이지 않는 것은 각각 하나의 충허(冲虛)의 도를 머금었기 때문이다…(중략)… 따라서 만물은 텅 비어 있는 도의 힘에서 비롯된다. 그런데 비어 있음으로 인해 생성되는 부드러움은 아무 쓸모없는 듯하여 세상 사람들이 항상 이를 께름칙하게 여기고, 취하지 않고 무용(無用)의 쓰임새가 광대한 줄을 알지 못한다."

감산의 해설에 따르면 무명(無名)의 도체에서 하나(一)라는 명칭이 나왔고 이로부터 음양(二)이 생겨났고, 여기에 화기가 더해진 셋(三)이 만물을 만들어냈다는 것이다.

왕필은 "온갖 사물, 온갖 형상은 하나로 귀결된다. 어떻게 하나에 이르게 되는가? 무로부터 하나가 되었으니 그 '하나(一)'를 곧 무라고 할 수 있다"고 했다. 왕필도 역시 하나=무[道]로 보았다.

성현영은 조금 색다른 주석을 했다. 그의 주석은 일은 원기, 이는 음양 두 기, 삼은 천지인을 뜻한다는 것인데, "지극한 도의 오묘한 본체는 이름을 초월하여 있지만 본체에서 현상으로 드러나 원기(元氣)를 낳는다. 원기가 변화하여 음양을 낳고 양기는 맑고 뜨는 성질이 있어 올라가 하늘이 되고 음기는 탁하고 가라앉는 성질이 있어 내려가 땅이 되며 양기와 음기가 조화된 기[和氣]가 사람이 된다. 천·지·인 삼재(三才)가 있으면 다음으로 만물을 낳는다"는 것이다. '화기'는 만물이 형성되기 이전의 미분화된 혼돈 상태와 근원적인 질료를 뜻하는 개념이다.

이밖에 '도생일(道生一)'에서 도를 무로, 일을 유(음양 미분 전 하나의 기)로 보는 견해도 있다. 여기서는 유가의 이기론(理氣論)을 빌려 일은 기(氣)고, 도는 이(理)이며 이가 기를 낳는다는 것이다. 이 때의 기는 음양 미분 전 하나의 기다.

지금까지의 '도생일(道生一)···' 해석은 모두 수직 강하적인 도→일→이→삼-만물의 순이었다. 그런데 이와 전혀 다른 수평적 관계로 해석하는 견해가 있다.

　　도는 일을 내고(道生一)
　　일은 이를 살리며(一生二)
　　이는 삼을 기르고(二生三)
　　삼은 만물을 이룬다.(三生萬物)

이 해석도 도는 일이라는 관념을 발생시킨다는 점에서는 일부 종래의 해석과 같다. 그러나 도, 즉 하나는 유와 무·음과 양을 다 포함한 '근원'이라는 뜻인데 그 도(하나)가 둘(음·양)을 낳는다는 것은 자기모순이라는 것이다. 도(하나)는 상대되는 짝이 없으며 유일무이한 불이법문의 절대 개념을 가지고 있다. 이런 점에서 도와 하나는 같은 개념이고 하나를 도의 부득이한 명칭으로 사용한 '도생일'은 논리에 모순이 없다.

이 해석은 '일생이(一生二)'와 '이생삼(二生三)'을 각각 상대적인 두 개의 면이 꼬여 하나의 새끼줄로 존재하는 우주 존재 형식에서 그 둘은 일이라는 원칙 아래서 의미와 존재성을 부여받고 있다는 것과 대립되는 두 면, 즉 음양 두 기가 조화를 이루어 빚어낸 어떤 것이고 그런 것들이 모여 만물을 이루는 것이 '삼생만물(三生萬物)'이라는 것이다.(이상의 수평적 해석은 최진석 저, 『도덕경』의 해석이다)

'도생일(道生一)'의 '하나'를 도로 보든 원기로 보든 그 하나는 우주 발생론에서 엄청난 의미를 갖는 우주 생성의 근원, 유일무이한 '절대'다. 구지 선사의 한 손가락도 이 같은 우주의 본원 앞에서 본 노자의 포일(抱一)과 혜능의 무상이 뜻하는 존재의 근원을 가리키는 '하나'였다. 구지 선사의 한 손가락은 넓고 깊은 여러 가지 뜻을 담고 있는 상외지상(象外之象)의 상이고 무언의 법문이다.

노자의 우주론 '도생일 일생이…(道生一 一生二…)에 뿌리를 두는 선림의 유명한 화두 조주종심 선사의 〈만법귀일(萬法歸一)〉과 청나라 초 화승(畫僧) 석도의 〈일화론(一畫論)〉을 살펴보자.

화두 〈만법귀일〉은 한국 선림에서도 근세 선불교의 중흥조인 경허 화상이 19세 때 들었던 화두이고 그의 사법 제자 만공 선사가 투과한 화두이기도 하다. 〈일화론〉은 선학(禪學)이 노자의 '도생일…' 우주론을 받아들여 용해시켜 본래의 주체적이고 자유로운 진아(眞

我)를 확립, 그림을 그리는 데서도 오직 '마음을 따를 것'을 주장한 화론(畵論)이다. 석도가 제창한 일화의 '하나(一)'는 선불교가 '도생일(道生一)'을 받아들여 개조한 주관 자심(自心)의 본체를 뜻한다. 우리는 여기서 노장사상과 선사상의 교류·융합 및 노장사상을 흡수한 선불교의 발전적이고 독창적인 선사상 정립을 엿볼 수 있다.

만법귀일(萬法歸一) 화두

묻는다: 모든 것은 하나로 돌아간다는데, 하나는 어디로 돌아갑니까?(萬法歸一 一歸何所〈處〉)
답한다: 내가 청주에 있을 때 베적삼을 한 벌 해 입었는데 무게가 일곱 근 나갔다.(我在青州 作一袈布衫 重七斤)

'만법귀일'이라는 화두는 선장(禪匠) 조주종심 선사와 한 수좌의 이러한 문답에서 나왔다. '만물의 뿌리는 하나[萬物一體]'라는 동아시아인들의 천명관(天命觀)을 잘 드러낸 화두다. 또 자연 속에 침잠해 자신을 비워내며 자연과 하나가 되는 동양 사유방식의 정점인 선을 설명하는 철학적 웅변이기도 하다.

질문은 존재의 근원이 무엇이냐는 매우 철학적이고 심오한 의문을 제기하고 있다. '만법'은 긍정·차별·유·현상·제법실상·방행(放行)의 절대현실을, '하나'는 부정·평등·무·본체·제법무아·파주(把住)의 일체공(一切空)을 뜻한다. 방행과 파주는 각각 긍정과 차별, 부정과 평등을 의미하는 선학용어다.

한자의 '일(一)'은 하늘과 땅이 합쳐지는 지평선 모양으로 무한과 영원을 상징한다. 노자는 "도는 하나를 낳고, 하나는 둘을 낳고, 둘은 셋을 낳고, 셋은 만물을 낳는다"고 했다. 노자 당시에는 0이라는 숫자개념이 없어 1을 무·진리·우주만물의 근원으로 보고 모든 존재[有]가 여기서부터 비롯된다고 보았다. 만법의 귀의처인 '하나'란 일체의 상대적 차별성이 사라진 곳, 오직 신성한 밝은 빛만이 내리쬐는 절대평등의 지평선이다.

물음의 답은 간단하다. 하나가 다시 돌아가는 곳은 '만법'이다. 다시 말해 만법의 근원은 만법이다. 이 같은 순환론은 하나가 많은 것이고, 많은 것이 하나[一卽多 多卽一]라는 '하나=만법'의 등식을 성립시킨다. 이것이 바로 불교 화엄철학이 밝힌 법계연기의 제법실상(諸法實相)이다. 조주의 할아버지뻘인 석두희천 선사도 상당법어에서 "마음과 부처, 중생, 보리와 번뇌는 그 이름만 각각 다를 뿐 본체는 하나다"라고 설파한 바 있다.

그러나 조주의 답은 이런 논리적 설명을 거부한 채 전혀 엉뚱하다. 논리란 인간이 공리적 활동을 위해 만들어낸 잔꾀에 불과하다고 선에서는 생각하기 때문이다. 답의 핵심은 '적삼'과 '일곱 근'이다. 베적삼은 누구의 것이든 그 옷감(재질)이나 외형은 똑같다. 그렇지만 체구에 따라 재단하는 데 드는 옷감은 다섯 근, 여섯 근, 일곱 근 등으로 각각 달라진다. 여기서 '일곱'은 본체와 구분된 현상, 하나에 비해 많은 것, 평등에 대한 차별을 나타낸다. 선학에서는 이를 무분별(적삼)의 분별(일곱 근), 평등 속의 차별, 차별 속의 평등이라고 한다. 그 궁극적인 지향점은 생사일여, 즉 모든 차별과 대립의 소멸이다. 차별과 평등이 대립하지 않고 함께 할 수 있는 공간, 이것이 옷으로 보면 '평등', 무게로 보면 '차별'인 베적삼이다.

여기서 우리는 세속의 현실을 부정하는 허무주의나 은둔주의에 빠지지 않고 그 한가운데서 만유의 현상을 능히 포용하면서 세속과 함께하는 '극락의 살림'을 꾸릴 수 있게 된다. 조주는 빈부·귀천과 같은 모든 상대적 대립을 극복할 수 있는 평등 속의 차별을 이론적 개념이 아닌 일상적이고 구체적인 사물, 곧 삼베옷 한 벌로 명쾌하게 설파한 것이다.

잠시 선가에서 즐겨 쓰는 '일곱'이라는 숫자에 대해 살펴보자. 우선 이런 고사가 있다. 불법 포교 차 떠나는 제자가 석가모니한테 물었다. "만일 누군가가 못되게 굴면 그를 몇 번이나 용서해야 합니까?" 석가모니가 대답했다. "일곱 번 용서해라."

또한 석가모니 이전 일곱 부처가 역설해 온 '7불통게(일명 제불통게)'라는 것이 있다. 이 게송(偈頌)은 "나쁜 짓 하지 말고(諸惡莫作), 선행을 행하며(衆善奉行), 마음을 깨끗이 하는 것(自淨其意), 이것이 모든 부처의 가르침이다(是諸佛敎)"라고 설파하고 있다.

이런 선문답도 있다. 방온 거사가 도반인 남악 형산의 단하 선사를 방문했다. 두 사람은 아무 말 없이 한동안 침묵한 채 얼굴만 서로 쳐다봤다. 이윽고 방 거사가 땅바닥에 지팡이로 일곱 칠(七) 자를 썼다. 이를 물끄러미 바라보던 단하가 그 '칠(七)' 자 아래에다 '일(一)' 자를 그어 답했다. 방 거사가 마침내 입을 열었다.

"하나[一]를 봄에 일곱[七]을 잊는도다."

여기서의 일곱도 긍정·차별을 상징한 숫자다. 단하의 '하나'는 부정·평등을 가리킨다. 따라서 단하의 '하나'라는 부정은 '일곱'이라는 긍정에 앞서는 절대부정을 통해 얻은 '긍정'이며 존재의 근원이다. 지금도 호남성 형산에 가면 옛날 단하사(丹霞寺)가 있고 불당 출입문 위에 단하와 방 거사의 문답을 기념한 '칠일유지(七一遺址)'라는 오석 편액이 박혀 있다.

만법귀일을 쉬운 예를 들어 설명해 보자. 한 가정주부가 보자기를 들고 장을 보러간다. 콩나물·두부·파·가지 등을 사니 각각 비닐봉지에 넣어준다. 주부는 이 각각의 봉지들을 보자기에 묶어 싸가지고 집으로 돌아간다. 주부의 시장보따리는 겉으로만 보면 하나다. 그러나 풀어헤치면 콩나물봉지·두부봉지 등 여러 개다. 이것이 바로 만법이 하나고, 하나가 만법인 도리다.

삼라만상의 존재현상도 이와 같다. 모든 것을 '평등'이라는 큰 보자기로 싸버리면 높은 사람·낮은 사람도 없고, 부자도 가난뱅이도 없다. 그러나 그 안을 들여다보면 귀천·상하 등 무수한 상대적 차별이 마치 주부의 장보따리 속 콩나물봉지·두부봉지처럼 우글거리고 있다.

선은 이 같은 만물일체 사상의 구체적 실천방법으로 물아(物我) 통일적 순수경험을 제시한다. 꽃을 볼 때는 꽃이 되고, 물고기를 볼 때는 물고기가 되는 자기와 대상의 '혼연일체'다. 이것이 자신을 비워 대상과 하나가 되는 물아의 통일이다. 선은 개념과 논리를 거부하고 대상 자체로 바로 들어가 그 내부에서 있는 그대로의 사물을 보고자 한다. 이것이 곧 직지인심(直指人心)이라는 것이다. 꽃을 안다는 것은 스스로가 꽃이 되어 꽃처럼 비를 맞고 햇빛을 받는 것이다. 이렇게 되면 꽃이 나에게 대화를 하고 나는 그 꽃의 모든 신비와 기쁨·괴로움을 알게 된다. 이 같은 물아통일은 T.S. 엘리엇의 시세계에도 잘 나타나 있다.

> 음악은 너무 깊이 들려(Music heard so deeply)
> 전혀 들리지 않네.(That it is not heard at all.)
> 그러나 당신이 음악인 것을(but you are the music)
> 음악이 지속되는 한.(While the music lasts.)

그의 유명한 시 「4중주」의 일부다. 윌리엄 존 스톤 신부(아일랜드 출신의 예수회 신부로 일본 상지대 동양종교연구소장으로 있다)는 이 시의 '당신=음악'인 곳은 신이 전혀 들어설 수 없는 일원론의 세계이며, 선적 통찰의 정수라고 평했다. 이것이 돈오 남종선이 추구하는 심(心)과 물(物)의 통일이다. 이 시에서 최고로 고양된 순간은 바로 자기가 모든 것(음악)과 합일된 상태를 느끼는 때다. 그 순간에는 모든 우주가 자기 속으로 들어와 존재하게 된다. 실제로 엘리엇은 도꾜대 마사오 히라이 교수가 런던으로 찾아갔을 때 계속 질문을 퍼부었을 정도로 '선'에 대해 관심이 컸고 동양으로부터 많은 것을 배웠다. 그러나 오늘날 선에 대한 관심은 얄팍한 통속성과 결부되어 기껏 건강관리법·회사 연수의 흥미과목 등으로나 활용되면서 그 본질과 거리가 먼 외도를 하고 있어 안타깝다.

어쨌든 이 모든 존재와의 합일은 각기 다른 사물의 특수성(차별)

을 배제하지 않는다. 마치 『장자』의 「제물론」편 마지막에서 장주가 꿈에 나비가 되어 "장주가 나비냐, 나비가 장주냐"며 혼연일체가 되었다가 꿈을 깨니 장주와 나비가 분명히 구별되는 것과 같다.

개념적 논리는 인간의 삶에 진정한 힘을 부여해 주지 못한다. 그것은 감정적 순간에서는 쉽게 잊어버릴 수 있다. 그러나 선이 지향하는 실존적이고 체험적인 물아통일(物我統一)에서 얻는 지혜는 어떠한 위기에도 우뚝 솟은 기둥처럼 버텨낼 수 있다. '만물은 한 근원'이라는 관점에 서면 생사의 대립이 있을 수 없다. 인간 숙명 가운데 가장 치열한 난관인 생사 문제도 이렇게 한마디로 끝내는 것이 선이다. '만법귀일'을 다룬 조주의 다른 선문답을 살펴보자.

묻는다: 한 줄기 빛이 수십 만 갈래로 갈라진다면, 이 한 줄기 빛은 어디서 비롯된 것입니까?
답한다: (조주는 아무 말 없이 짚신 한 짝을 벗어 던진다.)

질문은 역시 '만법귀일'과 같은 맥락의 철학적 문제다. 그러나 조주의 답은 '만법귀일' 때보다 훨씬 더 당혹스럽다. '조주척혜(趙州擲鞋)'라는 이 화두는 짚신을 벗어 던진 데 초점이 있다. 질문자는 하나와 많은 것을 구분하고 오고 가는 것을 분별하는 잘못된 기성의 논리적 사고에 빠져 있다. 질문자의 개념과 논리는 선이 요구하는 참된 실재(實在)와는 무관한 인간 조작의 산물이다. 그래서 조주는 그 따위 질문은 아무 의미도 없다고 대답한다. 마치 짚신을 벗어 던진 것이 무의미한 것처럼 말이다. 그러나 선은 이러한 '무의미'

속에서 의미를 찾아야 한다. 그래야 무(無)는 유(有)의 어머니가 된다. 즉 세계는 직접적인 수단[直觀力]에 의해서만 파악할 수 있지 개념화로 묶는 제한을 받아서는 안 된다는 것이 짚신을 벗어 던진 의미다.

있는 그대로를 보아라. 빛이 여러 갈래일 때는 여러 갈래로, 한 줄기일 때는 한 줄기로만 보면 된다. 공리적 논리는 직관을 방해할 뿐이다. 선은 우리가 기존의 관념으로 사물을 바라보는 걸 막기 위해 기행(奇行)·역설·모순·난센스 등을 즐겨 활용한다. 따라서 선사가 사용하는 언어나 행동은 개념성을 갖지 않는 일종의 부르짖음이며 감탄이다.

짚신도 두 짝이 아니고 한 짝인 데 주의해야 한다. 봐라! 하나(짚신 한 짝)가 어디서 비롯되었고, 또 그 하나가 어디로 가는지를. 짚신이 떨어지는 곳(현실 속의 일개 지점·수십 만 갈래의 빛)이나 온 곳(조주의 발·빛이 온 곳)이 무슨 의미가 있단 말이냐. 짚신(빛)은 그대로 있지 않은가. 그렇다면 네 질문은 관념적이고 이론적일 뿐인 헛소리가 아니냐. 그의 부조리한 행동은 실제 있는 그대로의 세계를 보여주는 한 소식이다. 이러한 문제를 이해하는 데는 지성이란 아무 쓸모가 없다. 오직 새로운 제3의 눈, 정법안장(正法眼藏)이라는 선적 방법으로서만 가능하다.

조주의 어록에는 '만법귀일'의 문제를 다룬 문답이 3개나 나온다. 또 하나의 문답은 이렇다.

문: 모든 존재의 근원은 무엇입니까?

답: 용마루와 대들보, 서까래, 기둥이다.
문: 저는 모르겠습니다.
답: 두공(枓栱)이 차수(叉手)를 하고 있는데 자네가 모르고 있는 거야.

이 문답 역시 만법의 근원은 만법일 수밖에 없다는 것이다. 이렇게 말하면 유·무라는 관념에 사로잡힌 간택(揀擇)이 된다. 조주는 눈에 보이는 현실의 사물을 곧바로 제시함으로써 이 같은 간택의 딜레마를 탈출한다. 조주는 기둥 위에서 대들보를 받쳐주는 보조 나무토막 두공(일명 옥로)이 가슴에 손을 모으고 경건한 예법의 자세[叉手]로 대들보를 떠받치고 있다고 일깨워준다. 옥로(屋櫨)는 대들보·기둥과 함께 집을 지탱하는 '만법'의 하나다. 이처럼 차별상(기둥·서까래·두공) 속에서 평등상(집)을 터득하는 것이 선의 묘체라는 이야기다.

만법은 공(空)일 뿐이기에 그 절대 무(無)가 바로 만법의 근원이 된다. 평등과 차별은 하나가 아니지만 그렇다고 다른 것도 아닌 것이 선이 자리하는 곳이다. 선은 '예'와 '아니오.' 하나와 많은 것을 서양적 이분법으로 양단하지 않고 자재롭게 넘나든다. 이는 동양식 남녀 애정표현이 '그를 사랑하느냐?'는 물음에, 내심은 '예'이면서 겉으론 '아니오'로 답하는 것과도 상통한다.

석도의 일화론

석도는 청나라 초 4대 승려 화가의 한 사람으로 근대 동아시아 화단에 가장 큰 영향을 미친 화가다. 청초 4대 화승(畵僧)은 홍인·석계·팔대산인(八大山人: 일명 朱耷)·석도다.

석도는 명(明) 정강왕의 후손으로 왕조 내부의 권력 투쟁을 피해 일찍이 일곱 살에 동진출가, 불문에 귀의했다. 일생을 승려로 지냈고 말년에는 도가로 옮겨 머리를 기르고 황관을 썼다. 그는 청 강희 원년(1662) 사형과 함께 절강(浙江) 유력 후 송강에 도착, 곤산 사주탑원의 선림 고승 여암보월 선사를 스승으로 선법을 깨쳤다. 그는 자신의 깨친 기연(機緣)을 40년 인생을 회고하는 장시 〈생평행(生平行)〉에서 다음과 같이 술회했다.

세 번이나 정신을 가다듬고 법당에 나가 문도(問道)했으나 번번이 주먹으로 얻어맞기만 하고 돌아왔다.

임제 종풍(宗風)의 여암 선사가 석도 접인시(接引時) 방할을 사용했던 것 같다. 여암은 석도가 도를 깨닫자 팔방 유력을 지시했고 석도는 송강을 떠나 안휘성 선성으로 갔다.

그의 일화론(一畵論)이 들어 있는 『화어록(畵語錄)』은 명·청대 화론 중 가장 큰 반향을 불러일으킨 대표적 미학사상이다. 뿐만 아니라 현존하는 그의 대표작 수묵 산수 〈황산도(黃山圖)〉는 화론과 함께 선사상과 노장 사상이 물씬한 걸작이다.

그의 〈일화론〉은 다음 세 가지 사상의 영향을 받은 것으로 분석되고 있다. ①선학사상 ②노장사상 ③『주역』의 팔괘사상 등이다. 일반적으로 가장 큰 영향을 받은 것은 노장사상이라는 인식이 주류를 이룬다. 그러나 조금만 깊이 살펴보면 선에서 일단 용해된 노장사상이고 선이 강조하는 주관 자심(自心)의 본체인 자성, 즉 일심(一心)이 그 핵심 내용이다.

〈일화론〉의 일(一)은 일차적으론 앞에서 살펴본 『노자』 42장의 "도생일 일생이(道生一 一生二)"의 일이 갖는 의미와 서로 통한다. 『노자』의 경우 도는 원래 무요, 하나인 유는 무에서 생겨났다. 이를 유교철학은 태극이라 한다. 이 유에서 음과 양(천지·부모)이 생겨나고 음·양의 두 기운이 상교(相交)하여 인(人: 자)이 생겨나고 여기서 인간의 의식작용에 따라 만물이 생겨나 새는 하늘을 날고, 짐승과 벌레는 땅에서 기며, 산은 솟고 물은 흘러 삼라만상은 각기 제자리를 얻게 될 것이다. 『노자』의 이러한 명제를 들어 석도의 원기론(元氣論)을 기초로 한 〈일화론〉은 선사들이 말하는 일(一)·일성(一性)과는 본질적으로 구분된다는 관점도 있다.

그러나 석도의 『화어록』에 나오는 "〈일화론〉은 노장사상의 영향을 받았지만 그것은 이미 선학 범주에 녹아들어와 있었기 때문에 그 사상의 영향이 선불교에서 직접 내원했다"는 것이다.(황하도 저, 『禪與中國藝術』 p.113) 사실상 선과 노장을 명료하게 구별하기 어려운 부분이 많다. 불교의 중국화 과정에서 특히 선종은 노장의 많은 사상들을 흡수, 용어상으로도 혜능 이후의 선어록들에는 노장 용어와 비슷하거나 똑같은 언어를 사용하는 예가 허다하다. 선과 노장을 대강 구분한다면 노장은 소요유적인 이상 인격을 추구, 산림에 거주하면서 세속 인간이 먹는 익은 음식을 먹지 않고 생식한다. 그러한 이상 인격자가 곧 지인(至人)·신인(神人)이다.

반면 불교 선종은 내심 체험을 강조하면서 전래의 불교와는 전혀 달리 불교예술(회화·조각 등)을 교화나 교의를 드러내는 목적에만 활용치 않고 예술적 미를 통한 깨달음으로 이끌었다. 선불교는 직접 미(美)를 말하지는 않는다. 다시 말해 직접 감관을 자극하지 않고 자기 내심의 체험을 통해 예술적 미를 깨닫고 선적 깨달음을 심미하도록 한다. 노장도 직접적인 감관작용의 자극을 극력 반대한다. "5색은 사람의 눈을 멀게 하고 5음은 사람의 귀를 먹게 한다(五色令人目盲 五音令人耳聾)"고 경계한다.(『노자』 12장)

석도의 〈일화론〉이 말하는 "하나의 그림이라는 화법은 곧 진정한 진아(眞我)로서의 자아 확립을 요체로 한다. 무릇 그림이라는 것은 마음을 따라야 한다(一畫之法 奈自我立 夫畵者從于心者也)"는 것이다. 여기서 말하는 일화의 '하나'는 곧 일심의 마음을 가리키고 그것은 선종이 말하는 주관 자심의 본체를 뜻한다. 바로 혜능 대사가 즐겨 쓰는 '자성(自性)'이다. 석도의 〈일화론〉이 목적하는 바는 회화의 구체적 기법 관련 명제에 대한 비판이 아니라 하나의 철학 본체론적 명제다. 석도의 '일화'는 노자의 절대 정신적인 도와 다르고 또 옛 사람들이 규정한 순수한 법도 아니다. 석도의 법은 우주와 인간이 공동으로 만들어낸 산물로서 우주적 산물인 동시에 인간의 자아적 산물이기도 하다는 것이다.

선과 노장의 결합에서 나온 석도의 이 같은 사상은 명말청초 사회 일반에 풍미했던 선에로의 도피 풍조와 깊은 관련을 갖는다. 계급 모순과 민족 모순이 첨예하던 명 왕조의 망국 위기가 청 왕조의 건국으로 이어지고 명 왕조 회복운동이 불가능해지자 명나라 황족 후손들과 문인 사대부들이 선림으로 도피, 하늘을 쳐다보고 탄식하면서 미친 척하는 양광(佯狂)의 삶을 살았다.

청초 4대 화승들 가운데 최고 연장이었던 홍인과 석계는 한 때 의병을 일으켜 청 왕조에 반대하는 항청(抗淸) 투쟁을 벌였고 팔대산인은 명조 종실 주원장의 제16자(子) 영헌왕 주권의 후예였고 석계도 역시 왕손이었다. 이들은 망국의 한과 울분을 선열(禪悅)로 녹이면서 마음의 안정을 도모했다. 그리고 그림을 통한 선취(禪趣)를 드러내는 데 열중했다.

석도는 '일화'를 우주 만물의 근본 법칙과 회화의 근본 법칙으로 보았다. 석도의 일화사상은 노자의 명제와 같은 "도생일 일생이…"에 근원하면서 그에만 머물지 않고 한층 승화된 선불교의 경계(境界)를 펼쳐보였다.

수묵 산수의 선불교적 의미를 설파한 당나라 장언원은 그의 명저 『역대명화기』에서 다음과 같이 설파했다.

> "수묵이 5색을 다 갖추고 있다(水墨而五色具)는 것은 노자의 '현화(玄化)'에서 유래했지만 도가의 사상에서 끝나지 않고 중·만당 이후 묵색은 선종의 영향을 받아 오도(悟道)의 상징이 됐다. 도를 깨친 자는 먹색과 5색의 구분이 없고 먹색이 곧 5색이고 5색이 곧 먹색이다."

선불교가 강조하는 심리적 체험, 즉 '의재형선(意在形先: 그림에는 뜻이 앞서야 한다)'이 석도의 일화에 내함된 중요한 의미다. 화의(畵意)·사의(寫意)를 강조한 것이다.

혜능 대사도 앞에 나온 장언원의 사상과 같은 법문을 한 바 있다. 그는 "삼라만상이 그대로 자기와 하나가 되고 자기가 그대로 삼라만상과 합일하여 작용한다(一切卽一 一卽一切)"고 설했다.(『혜은본 단경』 25절)

여기서 '일체'는 삼라만상이고 '일(一)'은 자기·자아를 각각 뜻한다. 혜능에 앞서 3조 승찬 대사도 『신심명』에서 똑같은 법문을 했고 영가현각 화상의 『증도가』에도 "일성원통일체성 일법변함일체법(一性圓通一切性 一法遍含一切法)"이라는 역시 같은 내용의 법문이 보인다. 석두희천 선사의 회호 불회호를 논한 〈참동계〉와 '촉목회도(觸目會道: 눈으로 접촉하는 모든 것이 불법 진리다)'·'이사원융(理事圓融: 평등과 차별은 둘이 아니고 하나다)'도 같은 맥락이다.

자성(마음)을 허공에 비유한 『단경』 24·25절은 "사람의 본성(마음)은 모든 존재를 포용할 수 있으므로 위대하다"고 설한다. 석도가 말한 일화의 '일(一)'은 노자의 일, 즉 도라는 사상을 한층 승화시킨 허공·자성이라는 선불교의 경계다. 일화의 법은 '법이 없는 법(無法之法)'의 주체적 절대 자유와 자주적 정신을 강조한다. 그 요체는 "그림은 자유로운 텅 빈 마음을 따라 그려야 한다"는 도리를 설파, 먹의 부림을 당하거나 붓에 속박당하지 않고 능히 자기 마음대로 운묵(運黙)하고 자유롭게 붓을 놀려야 한다는 것이다. 이는 『단경』 45절에 나오는 "마음이 '법화(法華)'에 굴림을 당하지 말고 법화를 굴려야 한다"는 법문과도 같은 맥락이다. 우리 세속에서 말하는 "시간의 노예가 되지 말고 시간을 부리는 주인이 되라"는 격언과도 같은 것이다. 어디서나 주체적인 인간이 되라!

구지 선사의 한 손가락이 말하는 법문은 노자의 포일·혜능의 무상이 말하는 불이(不二)의 도는 물론 석도의 일화론이 뜻하는 자유·평등·주체성 청정무구한 무심·본원적인 자성 등이 그 안에 다 들어 있는 '우주론'이기도 하다.

좌망(坐忘)

장자의 '좌망'은 앉아서 다 잊는다는 뜻이다. 선학적인 문법으로 설명하면 '분별심'을 떠나 무차별적인 인식으로 사물을 대함을 뜻한다. 좌망은 곧 분별심을 버린 평등심이라는 점에서 노자의 포일(抱一)과 일치하는 『장자』의 『노자』 해석 성격을 띠고 있다. 선이 말하는 불이(不二)와 석도의 일획(一畵) 또한 노장이 설하는 능소(能所: 주관과 객관)의 통일, 우주의 근원인 '하나[道]'에 다름 아니다.

장자는 공자와 그 제자 안회를 등장시켜 좌망이란 어떤 것인가를 다음과 같이 설했다.

안회: 제가 좌망을 했습니다.
공자: (놀라면서) 좌망이란 어떤 것이냐?
안회: 손발과 몸에 대한 생각을 놓아버리고 귀와 눈의 작용을

쉬게 하고 육신을 떠나고 일상적인 지식에서도 벗어나, 그리하여 큰 트임과 '하나'되는 것입니다. 이것이 좌망입니다.(墮肢體 黜聰明 離形去知 同於大道 此謂坐忘)

공자: 자연의 대도와 하나가 되면 좋아하고 싫어하는 경계가 없어지고, 대도의 변화를 따라 함께하면 집착하는 데가 없게 되니 과연 자네는 현명하이. 나도 자네의 뒤를 따르고 싶네.(同則無好也 化則無常也 而果其賢乎 丘也請從而後也)

— 『장자』「대종사」

원문에서 안회와 공자가 각각 말한 한 가지 동(同) 자는 바로 도와 합일한 물아일체의 '하나[一]'를 뜻한다. 즉 물아양망(物我兩忘)·광경구망(光境俱忘)의 주객관 통일 후의 어떠한 집착도 없는 허공과 같은 텅 빈 마음, 무심을 말한다.

인간도 만물과 하나 되어 살아야 한다는 것이 좌망이다. 좌망은 시비와 분별을 떠나 자연[大道]과 하나 되는 것이다. 인간이 만물 중에서 유별난 존재라는 생각을 버리고 자연과 하나가 되는 것이 장자의 '무위'다. 하나가 된다는 것은 호오(好惡)·귀천의 분별심이 없는 평등의 세계고 걸림이 없는 정신적 절대 자유의 세계다.

노자의 포일, 장자의 좌망, 혜능의 무상, 구지 선사의 한 손가락, 석도의 일화(一畵), 추사의 불이선란(不二禪蘭) 등 여러 이야기를 해 보았다. 이 모두가 '깨달음'으로 가는 여정이고 방편이다. 그 목적지는 오도(悟道)다. 오도를 위해서는 직관·관조와 같은 인식 태도를 가져야 한다. 쉽게 말해 의식의 개혁·변화·전환이 필수적이다. 우리가 살아가고 있는 일상의 모든 것들을 새롭게 보는 '관조'가 그 시발점이다.

　깨달음이라는 진리 당체의 체득은 저 높은 허공 속에 있는 것도 아니고 바다 속 깊이깊이 숨어 있는 것도 아니다. 평범한 일상 속의 일들을 새롭게 깊이 통찰해 가지고 달이 뜨고 사계절이 어김없이 순환하는 자연 대도의 운행 법칙·우주정신(universal mind)을 경이롭게 받아들여 몸에 익히고 자득(自得)하는 것이 곧 깨달음이다. 깨달음은 결코 신비한 것도 영원한 인간의 이상일 뿐인 것도 아니다. 살다가 죽을 때가 되면 기꺼이 죽음을 맞이하는 것이 생사 초월이고 불생불멸이다. 실존하는 순간순간을 여한 없이 즐겁게 살고 만족하는 것이 순간과 영원을 하나로 통일한 깨달음의 경계이며 불생불멸하는 '영원'이다.

　선에는 깨달음의 기연(機緣)을 결과론적으로 무 자르듯이 딱 잘라 제시한 수많은 화두(공안)들과 일화가 있지만 무엇을 깨달았는지와 그 깨달은 체험을 자세히 말하지 않는다. 활짝 핀 복숭아꽃을 보는 순간 크게 깨닫고, 기와조각이 대나무에 부딪치는 소리를 듣고 깨달았다고 하는데 구체적인 깨달음의 내용이나 그 경위를 본인이 직접 밝히는 경우가 아주 드물다. 이른바 '오도송(悟道頌)'이라는 시적 표현을 통해 추상적인 깨달음의 기연을 밝히는 경우가 대부분이다.

　학인들을 주장자로 내리치는 방(棒)으로 유명했던 덕산선감 선사의 오도 이야기로 이 장(章)을 끝맺고자 한다.

덕산성오(德山省悟)

덕산 스님(782~865)은 원래 대단한 학승이었다. 그는 『금강경청룡소초』의 대가였는데 6조 혜능의 돈오 남종선이 남방에서 굴기하고 있다는 이야기를 듣고 크게 분개해 그 '이단(異端)'들을 제압하겠다는 원력으로 바랑을 지고 길을 떠났다. 도중 호남성 예주(澧州)에 이르러 요기를 하려고 길가에서 떡을 파는 노파에게 떡 한 접시를 청했다.

덕산: 점심 요기할 떡 한 접시만 파시게나.
노파: 스님, 그 바랑에 들어 있는 게 뭡니까?
덕산: 내가 연구한 『금강경청룡소초』라네.
노파: 그러면 『금강경』에 대해 한 말씀 여쭙겠습니다. 옳게 대답하시면 떡을 그냥 드리겠습니다. 『금강경』에는 과거심도, 현재심도, 미래심도 얻을 수 없다고 했는데 스님은 어느 마음으로 점심을 들고자 하십니까?
덕산: …

『금강경』에는 달통해 그의 속성인 주(周)와 함께 '주금강'이라는 별칭까지 붙어있는 터라 오늘 점심은 '공짜'로 먹는구나 하고 내심 미소를 지었던 덕산은 대답을 못하고 급기야 도망치듯 자리를 떴다.

선어록들에 자주 등장하는 '노파'는 대체로 선림의 명안종사·지혜를 상징한다. 노파에게 크게 망신을 당한 덕산은 노파가 한 번 가서 참문해 보라고 소개한 용담숭신 선사를 찾아갔다. 점심(点心)은 원래 유가에서 유래한 말로 군자의 낮 끼니는 마음에 점 하나를 찍는 것으로 족하다는 절제와 검약의 뜻이 담겨 있다. 어쨌든 유와 무를 변증법적으로 내던졌다 거둬들이는 선적(禪的) 기량 면에서 덕산은 확실히 노파보다 한 수 아래였다. 덕산은 용담을 참문하고 한 소식 깨치자 바랑 속의 『금강경청룡소초』를 법당 앞마당에 쌓아놓고 불을 질러버렸다. 그리고는 다음과 같이 외쳤다.

"번쇄한 논의는 태허공(太虛空)에 던진 한 오라기 머리카락 같고, 모든 재능의 과시란 깊이를 알 수 없는 바다에 떨어뜨린 한 방울의 물에 불과할 뿐이다."

덕산이 『금강경소초』를 불태운 행위와 철학적·논리적 사변의 하찮음을 고백한 절규는 중세 가톨릭 스콜라 철학의 대부 토마스 아퀴나스를 떠올리게 한다. 그는 임종이 가까운데도 저술을 계속하라는 비서 레지날드의 재촉에 다음과 같이 말했다. "레지날드, 지금까지의 내 저술이 한낱 지푸라기 같아 나는 더 이상 쓸 수가 없네."

덕산이 깨친 기연은 아주 간단하다. 용담 선사에게 참문하던 중 밤이 깊어지자 선사가 "이제 숙소로 내려가라"고 했다. 덕산이 인사를 하고 발을 걷고 나오니 밖이 깜깜했다. 이에 그는 방으로 들어가 "밖이 깜깜합니다"라고 말했다. 용담 선사는 등불 심지에 불을 붙여 건네주었다. 덕산이 그 등불을 받아드는 순간 용담 선사는 곧바로 불어서 불을 꺼버렸다. 덕산은 여기서 홀연히 깨달았다. 한마디로 줄이면 등불을 꺼버리는 데서 확철대오했다는 것이다. 좀 싱겁기도 하고 수수께끼 같기도 하다. 그 수수께끼를 수박 겉핥기로나마 풀어보자.

현대인은 '내면적 가치'라는 자신의 고유한 존재 이유를 망각하고 살아간다. 깨달음이란 앎 자체를 비추어 보는 반성적인 앎이다. 그래서 대상적인 앎(지식)과는 구별된다. 덕산의 깨달음을 이해하는 데 도움이 될 만한 노자의 말을 한 구절 인용해 보겠다.

> 밝은 길은 어두운 것 같고, 앞으로 나가는 길은 뒤로 물러나는 듯하다.(明道若昧 進道若退)
>
> —『노자』 41장

커다란 광명 속은 암흑과도 같으니 암흑이 바로 커다란 광명의 진정한 근본이라는 얘기다. 현대 과학에서도 우주 공간에 캄캄한 구멍(black hole)이 있다는 사실이 밝혀졌다. 우주 광명도 블랙 홀로 들어가기만 하면 어둠으로 변해버린다. 그래서 과학자들도 혹시 전 우주가 그 캄캄한 구멍에서 나온 것이 아닌가 하고 의심한다. 나 밖의 사물만 알려고 할 뿐(덕산의『금강경주해』) 자신을 내팽개치고 만다면 들판에 서 있는 허수아비 꼴이다. 바깥을 밝히는 등불보다 자신의 속을 밝히는 등불이 급하다. 밖을 알기 전에 먼저 자신을 알아보라는 것이 노장의 '자명(自明)'이고 선가의 '자도(自度)·자득'이다. 장자는 "깨달음은 '지식의 구분 지음(분별심)'을 허물고 삶에서 생생한 느낌을 회복하게 한다"고 말한다.

승무(僧舞)는 세상사에서 시달리는 번뇌와 복사꽃 육체의 들뜬 열정에서 벗어나기 위해 조용히 그러나 치열하게 날아오르는 몸짓이다. 그것은 밤과 침묵 속에서 배어나오는 빛이다. 선에서 암흑은 '무분별'을 뜻한다.

　어둠과 빛은 대립된 개념이지만 별빛[自性]은 밤의 어둠[無分別心]이 없이는 빛날 수 없는 것이기 때문에 동전의 양면처럼 분리될 수 없는 관계로 밀착되어 있다. 그리고 별빛과 결합한 어둠은 '부정'에서 '긍정'으로 그 의미의 화학적 변화를 일으킨다.

　가을날 어두운 밤의 맑고 밝은 우물물을 보라. 높은 하늘이 깊이깊이 내려와 있다. 높디높고 숭고한 것일수록 깊은 바닥에 가라앉아 있는 우물물은 어둠에 의지해 밝음을 보여주는 의미론적 역설을 직감하게 한다. 그 우물물 속에 비춰 있는 '나'는 도대체 무엇인가? 우물 같은 심층적 의식 속에 가라앉아 있는 나, 시간이 정지된(흐르는 물과 달리 유동성이 전혀 없는 고여 있는 우물) 원초적 어둠 속의 공간인 하늘을 바닥에 딛고 있는 '나', 그것은 모태(母胎) 속에 있는 나다. 어둡고 무거운 생명의 양수 속에 빠져 있던 나의 '영상'에 가까운 나의 본래면목일 것이다. 바로 그 우물의 어둠 속에 빠져 있는 '나'가 분별심을 떠나 있는 '진아(眞我)'가 아닐까?

　경계적(境界的)·고립적·심층적 공간인 우물 속에 가라앉아 있는 나, 모태의 우물인 그 양수 속에서 살고 있는 원래 인간으로서의 나는 누구인가? 덕산은 흔히 말하는 '자아'의 나는 우물 속에 가라앉아 있는 나가 아니라 거울 속의 나라는 사실을 깨달았던 것이 아닐까.

　어둠의 영역이 아무리 넓다 해도 작은 촛불 하나가 넓은 어둠의 공간 곳곳에 있는 사람들의 시선을 한 곳으로 끌어 모을 수 있다. 그것이 '진리'의 힘이다. 마음속에 들어 있는 의식의 빛도 그와 같다. 장자는 우리의 마음 저 깊숙한 곳에 잠자고 있는 이 위대한 빛의 힘을 '한 줄기 빛(滑疑之耀: 흐리고 그윽한 가운데의 빛)'이라고 했다.(『장자』「제물론」)

선은 모양을 보되 모양에 머물지 않고(無性), 용(用)에서 체(體)를 보는 것을 견성(見性)이라 한다. 어둠의 우물 속 깊이 가라앉아 있는 자성을 보는 것이 견성이다. 밝은 곳에 있다가 어두운 지하실에 들어가면 아무 것도 보이지 않는다. 그러나 눈동자가 조리개를 넓혀 한참을 지나면 어두운 대로 보인다. 덕산은 어둠 속에서 자성의 조리개가 열려 자성의 등촉(燈燭)을 밝히며 미망에 싸여 있던 어둠 속의 진여 당체를 보게 됐다. 이는 보이고 보이지 않는다는 분별을 초월한 무분별의 경계에서 진여(眞如)를 체득하는 깨침이었던 것이다. 지촉(紙燭)을 통해 보이는 상(相: 사물)은 어둠 속에서는 사라져 보이지 않는다. 그러나 그 사물의 본체는 어둠 속에서도 그대로 온전하게 존재하면서 광채를 발한다. 덕산은 『금강경』이 설하는 "눈에 보이는 모든 상에 그 본체의 참모습이 아님을 보면 곧 여래(부처)를 본 것(若見 諸相非相 卽見如來)"임을 문자가 아니라 몸으로 새롭게 깨달았던 것 같다.

한자의 이름 명(名) 자는 저녁 석(夕)과 입 구(口)가 합쳐져 이루어진 글자다. 이름은 낮에는 손짓으로 부를 수도 있지만 캄캄한 밤에는 입으로 부를 수밖에 없다. 이같이 어둠 속에서 보이지 않는 것을 부르는 것이 바로 이름이다. '본래면목'을 부르는 선은 필연적으로 밤의 심연 속에서 이루어진다. 제일의(第一義: 도)를 부르는 선의 절규는 '보이지 않는 대상'을 찾는 행위이기 때문이다. 그 행위를 끊임없이 지속해 가는 것이 선수행이다. 덕산선감 선사의 법손인 서암사언 선사는 매일 아침 거울 앞에 서서 자신의 이름을 부르며 "주인공아, 정신 차려라!"라고 소리 지르며 진아(眞我)를 보임했다.

『금강경』 주역의 대가라는 신기루에 마취된 덕산의 아만[我相]은 불도에 이르는 바른 길이 아니었다. 그 아상은 용담숭신 화상의 지촉에 의해 한 순간에 불태워졌다. 도를 꿈꾸는 사람과 깨달음을 갈구하는 사람은 바로 '마음의 빛'을 찾는 자들이다. 그들은 이 빛의 불씨를 온기로 데워 마음의 넓은 공간을 채우고 있는 어둠을 일시에 밝히는 불꽃으로 키워낸다.

용담 화상은 덕산에게 자신의 마음을 밝히는 이 불빛을 찾는 마음의 성찰(내면적 자성)을 이끌어 지혜 아닌 지혜를 일깨웠던 것이다. 이 생명의 불씨는 절대 우리의 마음에서 사라지지 않는다. 그것이 바로 불성이고 자성이다. 우리의 삶을 짓누르며 생명을 소진시킨 마음의 잿더미가 아무리 두껍게 쌓여 있더라도 그 속의 '생명의 불씨'는 여전히 살아 있다. 도를 닦는 사람들은 이 생명의 불씨를 살려내면 삶의 어둠이 일시에 밝아지리라는 사실을 알고 있다.

용담은 덕산에게 이 소식을 알려준 것이다. 깨달음은 지식의 축적이나 재능의 숙련에 의해서 성취되는 것이 아니고 오직 어긋나기 쉬운 마음을 바로 세워 본연의 마음으로 되돌아가는 것이다. 용담은 덕산에게 너의 마음속에는 100개의 태양보다도 더 강렬한 깨달음의 불빛이 잠재되어 있다는 믿음을 주었다. 그 믿음이 덕산으로 하여금 마음의 불빛을 발화시켜 깊은 어둠 속의 자신을 스스로 비추게 하는 계기가 되도록 지촉(紙燭)을 확 불어 꺼버렸던 것이다.

마음의 빛은 밖에서 비춰 주어 밝게 되는 것이 아니라 스스로를 비춰 줄 때 참으로 밝아진다. 남이 비추어 준 빛은 남에게 의존한 것이기 때문에 영구성이 없다. 스스로 광원(光源)이 되어야 도의 세계에 이르게 된다. 덕산의 교학에 치우친 마음을 되비추는 새로운 차원의 앎(깨달음)은 용담이 지촉을 밝혔다 꺼버리는 순간 스스로 환한 불빛을 비추어 깨달음의 외마디 소리를 질러대게 했다.

그 때까지의 덕산의 마음 속 불빛은 『금강경』만을 선택적으로 비추기 때문에 밝지를 못했다. 그러나 세상을 고루 비추는 태양빛과 같은 새로운 차원의 깨달음의 불빛은 선악·장단을 취사선택하는 그의 분별심을 단숨에 사라지게 했다. 선적 깨달음이란 대상을 분석하고 논증을 통해 알게 되는 대상적인 지식과는 전혀 다른 앎 자체를 비추어 보는 '반성적인 앎'이다. 참선 수행은 이 반성적인 앎을 통해 도에 도달하게 된다.

선은 이러한 반성적인 앎을 대상적인 앎(知見: 알음알이)과 구분해 '깨달음'이라 한다. 보는 마음[主觀]과 보이는 마음[客觀]으로 분리된 마음을 원래 '하나'인 본래의 마음으로 되돌린 마음을 가질 때, 즉 능소(能所: 주체와 객체)를 하나로 통일시켜야 사물 그 자체의 존재 근원인 도에 맞닿을 수 있고 사물의 변화에 어울릴 수 있다. 『장자』는 이를 '만물여아위일(萬物與我爲一)'이라는 말로 표현한다. 이는 밖을 향해 뻗어나가려는 분열 충동을 자신을 비추는 회광반조(廻光反照)의 힘으로 갈무리하는 것이다. 그래서 삶을 새롭게 만드는 거대한 내부적 사건(내면 의식의 혁명)을 '깨달음(覺)'이라 한다. 마음의 기능은 대상적 지식에 집착하는 자기 분열의 성향과 동시에 분열을 되비추는 반조의 성향을 가지고 있다. 인간의 마음은 자기 반조적 능력 때문에 어떠한 어둠 속에서도 깨어날 수 있다. 그래서 덕산은 크게 깨달을 수 있었다.

제8장

불립문자(不立文字)

　선과 노장은 거울에 비치지 않는 물리적 반영 너머의 정신적 세계를 투영하는 입체적 노력과 묘사를 탁마해 왔다. 거울에 비친 이것이 정말 나인가? 지금 나를 나라고 할 만한 것은 무엇인가?

　나는 변한다. 영원한 미완(未完)의 우주적 흐름을 타고 변화하며 흘러간다. 선과 노장은 직관을 중시한다. 직관이란 판단·추리·경험 등의 간접 수단에 의하지 않고 대상을 직접 파악하는 것을 말한다. 있는 그대로의 진리[自然]를 포착할 수 있는 유일한 길은 '체험적인 직관'뿐이다. 있는 그대로인 자연의 진리는 하나이고 전체적인 것인데 인간의 지식은 이것을 둘로 쪼개서 상대적인 차별과 분별을 만든다. 좌우·빈부·상하 등 끝없는 대립과 투쟁이 일어나는 것은 이 때문이다.

　선이 중시하는 직관의 과정 속에서 언어 문자는 군더더기에 불과하다. 언어는 의미를 파악하는 데 쓰이는 도구이므로 의미를 이해하고 나서는 언어를 잊는다. 이른바 장자가 말하는 '득의이망언(得意而忘言)'이다. 말을 잊는다 함(忘言)은 직관 인식에 중점을 둔다는 뜻이다.

　선사들은 노자·장자와 마찬가지로 언어 개념이 지닌 진리 파악 능력의 한계를 자각하고 이를 극복하기 위해 신체 언어·침묵·역설·비유·역유·요로설선(繞路說禪)·반상합도(反常合道)의 우화 등을 활용한다. 이것이 바로 불립문자(不立文字)다.

'불립문자'는 동아시아 불교 선종의 4대 특징 중 하나로 가장 뚜렷한 특징이기도 하다. 교외별전(敎外別傳)·불립문자·직지인심(直指人心)·견성성불(見性成佛)로 요약되는 선종의 4대 특징은 흔히 선불교의 종지(宗旨)라고도 한다. 불립문자는 '문자에 의지하지 않는다'는 말인데 장자가 말하는 '득의망언(得意忘言)'과 같은 의미를 갖고 있다. 많은 불학자들과 노장학자들이 선의 불립문자는 장자의 '득의망언'으로부터 영향을 받았다고 본다.

직관은 있는 그대로의 것이 들어오는 유일한 통로다. 직관은 본인만이 체험할 수 있는 것으로 타인에게 전하기는 극히 곤란하다. 만일 타인에게 굳이 전하려면 말에 의존할 수밖에 없다는 딜레마에 봉착한다. 그래서 부득이 '말이 아닌 말'·상징·은유·역설 등에 의한 암시가 사용된다.

불법 진리를 신성시하는 말로 '언어도단(言語道斷)·심행처멸(心行處滅)이라는 말을 많이 사용한다. 즉 언어문자의 길이 끊겨 있고 마음의 사량분별(思量分別)이 가 닿을 수 없다는 얘기다. 그렇다면 길이 끊어져 없는 그곳에 가 닿을 수 있는 방법은 무엇인가? 딱 하나가 있다. 무심에서 나오는 언어만이 그 곳에 이를 수 있다. 장자는 언어의 길이 끊어진 그 곳을 갈 수 있는 '길 없는 길'로 '구음(鷇音: 새 새끼 소리)'을 제시했다.

> 새 새끼가 알 속에 있으면서 장차 줄줄의 소리를 내려는 구음 소리는 천기에서 말하는 소리로 모두 무심에서 나온다. 사람의 유심(有心)에서 나오는 말은 구음과 같지 않다.(鷇音者 乃鳥在鷇 將

出咩咩之聲 謂是天機之音 全出無心 而人之有心之 言與㲉音不同)

- 『장자』「제물론」

  감산 대사는 이 구절을 "언어가 끊어진 곳이 바로 장자 사상의 핵심인 제물(齊物)의 종지다"라고 주석했다.
  선사들은 수행자의 손에 붙잡고 매달릴 수 있는 아무것도 쥐어 주지 않는다. 선사들은 우리가 휘감겨 있는 언어들의 최면 상태로부터 멀어지도록 동문서답이나 방할(棒喝) 등의 충격을 가해 기존의 관념 체계로부터 멀어지게 한다. 우리는 그 충격에 의해 우리가 살고 있는 현실을 꿰뚫어볼 수 있게 된다. 이는 우리가 길들여진 행동 규칙들을 궁극적으로 단념함으로써 현실을 똑바로 볼 수 있게 한다. 미국 가톨릭 예수회 신부 토마스 머튼 신부는 "장자의 사상과 정신을 정통으로 계승한 사람들은 당나라(7~10세기)의 중국 선사들이다"라고 했다.(토마스 머튼 저, 『장자의 길』)

1. 불립문자의 연원

달마: 각자 마음에 깨달은 바를 말해 보라.
도부: 제 생각으로는 언어 문자에 집착해서도 안 되며 그렇다고 그것 없이 지낼 수도 없습니다. 문자란 도를 깨닫는 도구로만 사용해야 할 줄로 압니다.
달마: 자네는 나의 살갗을 얻었군.
총지: 지금의 제 견지로는 아난다가 아크쇼브야의 불국토를 보는 것과 같습니다. 그는 불국토를 단 한번 보았을 뿐 다시는 보지 못했으니까요.
달마: 그대는 나의 살을 얻었도다.
도육: 4대(地·水·火·風)가 본래 공허하고 5온이 모두 가공적인 것입니다. 세상에 불변하는 것이란 아무 것도 없습니다.
달마: 자네는 내 뼈를 얻었군.

혜가: (일체 입을 열지 않는다. 다만 공손히 허리를 굽혀 예를 올린 후 자기 자리에 부동자세로 서 있었다.)

달마: 그대는 내 골수를 얻었네.

선지에 따라 상을 준다면 혜가가 최우수상이다. 달마가 536년 자신의 천화(遷化)를 예감하고 4명의 제자들을 불러 각자 깨우친 바 심득(心得)을 피력해 보도록 한 문답이다. 도부는 달마가 양나라를 떠나 북위로 와서 얻은 최초의 제자였다. 심득의 정도가 가장 낮다. 선이 지향하는 불립문자를 겨우 이해하고 있는 수준이다.

선종은 교외별전·불립문자·직지인심·견성성불이라는 네 구절로 간명하게 그 종지(특징)를 천명한다. 즉 경전 밖에 별도로 전해오는 바가 있으니, 문자를 통한 설명에 의하지 않고, 사람의 마음을 곧바로 가리켜, 원래의 본성을 깨침으로써 부처를 이룬다는 얘기다.

총지는 비구니인데 양 무제의 딸이었다는 전설이 있다. 총지의 심득 역시 도부보다는 낫지만 아직 선의 핵심에는 멀다. 총지의 말은 석가모니 10대 제자 중 그의 설법을 가장 많이 기억했다는 아난 존자가 아촉이라는 부처의 환희에 차 있는 국토를 딱 한 번 보았다는 고사다. 번뇌를 끊기 위한 수행을 끝냈다는 얘기다. 소승선의 냄새가 난다.

도육의 심득은 공관(空觀)의 경지를 말하고 있으나 제행무상(諸行無常)을 언설로 설명함으로써 교학적 직지인심의 때를 완전히 벗지 못했다.

혜가의 대답은 아주 선적(禪的)이다. 불법이란 언설로 설명할 수 없는 사량분별을 초월한 언어도단의 세계에 속한다. 선은 불교의 지극한 진리를 침묵이나 절 같은 행동언어를 구사해 표현한다. 혜가가 허리를 굽혀 절을 올린 것은 불법의 원점, 근본을 말하며 부동의 자세는 자성 본체를 상징한다. 이 같은 묵연무언(默然無言)은 노장의 진리관이기도 하다. 노자는 달마보다 훨씬 앞서 "아는 사람은 말하지 않고 말하는 사람은 알지 못한다(知者不言 言者不知)"라고 설파했다. 달마가 신체 부분을 빌어 제자들의 심득을 평가한 것은 유가의 공자와 맹자를 연상케 한다. 『맹자』에 다음과 같은 대목이 나온다.

> 대부분의 공자 문인들은 스승의 부분적인 지체와 하나의 기관(器官)만을 얻은 데 반해 안연·염우·민자 세 사람만이 공자의 전신을 얻었다.

달마의 혜가에 대한 평가는 자신의 자리를 그에게 물려주겠다는 선언이기도 했다. 동아시아 선불교의 제2대 조사가 탄생하는 순간이었다. 제자가 스승의 법을 잇는 '전등(傳燈)'의 역사는 여기서부터 시작됐다. 선종의 전등은 전법게(傳法偈)와 가사·발우를 물려주는 전의부법(傳衣付法)이라는 특이한 전통을 만들어 냈다. 전법게란 제자의 실력을 인정하는 짤막한 시를 말하는데 오늘날의 졸업장 또는 학위 수여장과 같은 것이다. 달마가 혜가에게 전한 전법게는 다음과 같다.

> 내가 본래 이 땅에 온 것은

법을 전해 어리석은 이를 제도하고자 함이었다.
한 꽃에서 다섯 개의 잎이 피게 될 것이니
열매는 자연히 맺어지리라.

마음공부

참선과 장자의 심재(心齋: 마음을 비움)·좌망(坐忘: 자아의 해체)·조철(朝徹: 깨달음)은 마음공부다. 선과 노장의 모든 설법은 기본적으로 이 마음공부가 그 출발점이자 종착역이다.

마음(心)이란 대체 무엇인가? 한마디로 내적인 생명, 즉 정신 활동의 주체이고 사상이나 성정(性情)의 본원이다. 마음은 인식 활동의 주요 기능을 담당하고 정신적인 경계를 확대하는 일을 하는 아주 중요한 곳이다. 마음공부는 허정(虛靜)의 수양을 통해 마음을 거울처럼 맑게 할 수 있다.

모든 가치 창조의 근원인 인간의 마음은 문자로 표현할 수 없고 정신적 경계는 기계적인 방식으로 전달할 수 없다. 단지 개인적인 경험을 통해 검증할 수 있을 뿐이다. 그래서 마음공부는 극히 개성적이며 개인주의일 수밖에 없다.

선과 노장은 세상을 받아들여 그 속에 얽혀 살되 세상에 구애받지 않고 자신을 버리되 세상 속에서 다시 자신을 되찾는 삶을 살고자 한다. 우리가 사는 세상은 유위와 무위, 가짜와 진짜, 시와 비, 아름다움과 추함 따위의 기준을 정해 존재의 실상을 구분하고 경계를 세우지만 도의 소식을 들은 마음은 그것이 다만 인간의 해석이며 기심(機心: 습기)에서 비롯된 것임을 안다. 장자와 선의 도는 결코 세상을 벗어나지 않는다. 장자가 전하는 소식은 인간 세상에 살면서 인간 세상의 인위적 질서에 구애되지 않고 온전한 생을 사는 것이다. 이 같은 삶은 '보내는 것도 없고 맞이하는 것도 없는' 허심(虛心)에서만 가능하다.

장자가 심재·좌망을 강조하는 것은 별도의 어떤 것을 찾기 위한 것이 아니라 본래의 마음을 가지고 있는 유위적(인위적)인 사유의 덮개를 해체하여 그 실상을 드러내기 위한 것이다. 선불교 역시 우리가 천부적으로 가지고 있는 불성[自性]을 덮고 있는 번뇌·망상의 먼지를 털어내는 것이다. 이것이 참선 공부다. 이 점에서 선과 노장의 사유 통로는 일치한다.

장자사상의 핵심인 「제물론」은 이 세상의 온갖 것에는 구별이나 차별이 없고 모든 것이 본래의 근원으로 돌아가면 똑같다는 만물평등사상이다. 이 같은 '만물제동(萬物齊同)', 즉 절대 무차별이 장자의 근본 입장이다. 선가도 같은 입장이다. '간시궐(乾屎橛)' 화두에서 본 바와 같이 부처는 마른 똥 막대기라는 운문문언 선사의 법문은 이 같은 절대평등의 극한적인 예다. 다만 부처와 똥 막대기의 차이는 '깨달았느냐', 아직 '깨닫지 못했느냐'의 간극이 있을 뿐이다.

참선 수행을 좀 고상하게 말해 선정(禪定)이라 한다. 선(dhyāna)은 마음과 진여 사이의 영역으로 마음이 진여(眞如)에 가서 닿는 단계다. 정(samādhi)은 마음이 늘 진여의 자리에 머무는 것, 곧 지관(止觀)을 말한다. 선정은 본래의 마음[自性]으로 돌아가는 선불교 수행의 핵심이다. 마음이 천진무구한 본래의 자리로 되돌아간 것을 깨달음, 또는 성불했다고 한다.

한밤중 날아와 벽에 붙어 있는 나비를 지극한 선정에 비유한 변영만 시인의 시 〈호접선(胡蝶禪: 雨夜見趁燈小蝶始終有感)〉을 잠시 감상해 보고 넘어가자.

억수로 쏟아지는 한 밤 빗속을(須洞中宵雨)
불빛 타고 날아든 작은 나비(媒明小蝶來)
알록달록 고운 치마 무늬로(斑斑裳飾好)
팔랑팔랑 춤 맵시도 애처롭구나.(促促舞姿哀)
갑자기 면벽하여 부동자세로 자리 잡곤(面壁俄成住)
바람에도 끄떡없이 고개 안 돌리네.(迎風兀不廻)
참선할 줄 어찌 알고 있었던고?(安禪渠自有)
부끄럽다, 세파에 무너진 내가.(波浪媿吾類)

변영만(1889~1954)은 판사·변호사·대학 교수 등으로 활동했고 한학의 대가로 『단제전(丹齊傳)』·『시제전(施齊傳)』 등의 저서를 남겼다. 국무총리를 지낸 변영태 씨의 형님이기도 하다. 시에 나오는 '아성주(俄成住)'는 '갑자기 멈출 곳을 자리 잡다'는 뜻이고, '올불회(兀不廻)'는 오뚝하게 앉아 뒤돌아보지 않는다는 뜻이다.

비바람 심히 부는 한밤에 불빛 따라 날아든 나비 한 마리! 빛을 그리워해 모험을 감행한 우중의 야간 비행, 무사 도착을 자축이라도 하듯 팔랑팔랑 춤추는 공중무는 아동무를 추는 고운 치마의 소녀인 양 맵시롭다. 이윽고 그는 벽면에 수직으로 자리 잡아 두 날개 위로 빳빳이 접어 붙이고는 몰아치는 바람 앞에서도 고개 한번 까딱하지 않는 부동의 자세다. 마치 면벽 수도하는 참선 삼매에 든 불제자같이.

춤추던 날개를 접자마자 언제 춤추었느냐는 듯 미동도 하지 않는 천연덕스러운 광경을 본다. 비록 미물이긴 하지만 암흑을 기피하고 광명을 구하는 그 성품에 우리는 일체감을 갖게 된다. 또한 올곧게 빗발에도 끄떡 않고 벽에 붙어 지신(持身)할 줄 앎에 있어서는 오히려 미물만도 못한 인간이 아닌가. 걸핏하면 세파에 휩쓸리기 쉬운 자신을 부끄러워하는 작가의 겸허한 성찰과 자기 고백은 참선 수행자들에게도 하나의 경책(警策)이 될 만하다.

유명한 장자의 '호랑나비 꿈[胡葉夢]'은 인간 세계에 있으면서 형해를 벗어난 '물아일체'의 해탈 경계의 상징이다. 시인은 이 시를 쓸 때 아마도 장자의 '호접몽'을 떠올렸을 것 같다. 시인은 지루한 여름 장마철 칠흑의 밤에 광명의 불빛을 찾아 날아와 벽에 붙어 꼼짝 않는 작은 나비의 참선 자세와 해탈을 갈망하는 자신의 감정을 교융(交融)시킨 의경을 통해 독자들에게 언외지의(言外之意)·상외지상(象外之象)의 감동을 불러일으켰다. 시의 원제목은 〈우야견진등소접시종유감〉이고 통상 '호접선'이라 한다.

2. 노장의 언의론(言意論)

불교 선종의 '불립문자'는 중국 고대의 『노자』, 『장자』, 『공자』, 『주역』 「계사」 등에서 일찍이 깊이 논의됐고 위진 남북조 시대 현학(玄學)의 열띤 토론 주제였던 '언의론(言意論)'과 깊은 관련을 갖고 있다는 것이 정설이다. 말은 뜻을 전하는 수단(도구)이다. 그런데 말로써 뜻을 완전히 전할 수 없다는 한계성 때문에 어려운 언어 철학적 문제를 안고 있다. 현대 언어학에서도 이 문제는 계속 논의되고 있다.

우선 노자의 언어관을 살펴보자.

① 성인은 자연의 운행법칙을 따라 무위하는 일을 하며 말없는 가르침을 행한다(是以聖人處無爲之事 行不言之敎)

— 『노자』 2장

자연의 질서는 어떤 욕망이나 목적 혹은 체계로 닫혀 있지 않다. 자연은 아무런 목적 없이 무심하게 운행한다. 『노자』 79장은 "자연의 이치는 편애함이 없다(天道無親)"고 설파해 천도의 무심과 평등함을 명료하게 밝혔다. 자연의 존재 형식을 모델로 하는 행위는 무위하는 자연을 따라 '무위'여야 한다는 것이 노자의 주장이다.

'불언지교(不言之敎)'는 아무 말도 하지 않는 침묵 형태의 가르침이 아니다. 노자가 보기에 말[言]은 어떤 존재나 가치를 일정한 의미로 규정한다. 예를 들면 '사랑은 눈물의 씨앗이다'라고 했을 때 그 말이나 표현 문자가 사랑의 뜻을 충분히 전할 수 없다. '사랑은 생명의 활력소'가 될 수도 있고, '기쁨의 씨앗'일 수도 있다. 그래서 말로 하는 교육, 언지교(言之敎)는 세상의 진상(眞相)에 접근하는 교육이 될 수 없다.

공자가 "배우고 때때로 익히는 것(學而時習之)"이라고 한 학습(學習)과는 전혀 다른 것이다. 학(學)은 전통과 문화를 모방하여 따르는 것이고 습(習)은 새가 날개를 자주 움직여 속의 흰털을 보이는 모습을 형상화한 글자로 같은 행동의 반복을 의미한다. 노자가 보기에 학습은 오히려 인간의 영민함을 가리는 군더더기를 보태는 과정이다. 그래서 노자는 "배움을 행하면 날마다 보태지고 도를 행하면 날마다 덜어진다(爲學日益 爲道日損)"고 했다.(『노자』 48장) 학습은 창의적이고 자유로운 삶을 사는 데 방해가 되는 장벽을 자꾸 높이 쌓는 것일 뿐이고 자연의 운행법칙을 따라 참된 삶을 살리려면 이미 학습으로 인해 쌓여 있는 습(習: 습기)을 덜어내야만 한다는 것이다.

자연의 운행법칙(세계의 존재양식)은 끊임없는 변화의 계속이며 비

본질적이기 때문에 언어나 명제로 그것을 고정시키고 고정된 지식을 축적하여 전승하는 교육 방식은 오히려 인간을 옭아매는 역할만 한다. 상대적 관계로 얽혀 부단히 변화하는 세계에서 고정하고 축적하는 기능을 하는 언어는 세계의 진상을 설명하는 데 잘 들어맞지 않는다는 것이 노자의 언의관이다. 그러한 문제점을 해결하기 위한 방법으로 제기된 것이 바로 '불언지교'다.

노자가 이런 방식으로 도달하고자 하는 인간형은 경쟁에서 승리해 굳건해지는 남성적 패권주의가 아니라 상호 의존적인 '관계' 속에서 새끼줄처럼 꼬여 형성된 세계의 진상을 파악하는 부드러운 여성적이고 한계 지워지지 않은 순수한 인간이다. 정복하거나 혁명을 해 몰아내고 그 자리를 차지하고 앉는 사람은 진정한 혁명가가 아니다.

에리히 프롬은 "혁명가라고 자처하는 사람이 자신이 쫓아낸 자의 자리를 차고 앉으면 그것은 혁명가가 아니라 반항아에 불과하다"라고 말했다. 이 논리에 따르면 모택동·김일성·박정희 모두 반항아다. 20세기 마지막 혁명가 체게바라가 흠모를 받는 이유는 아주 간단하다. 그는 아르헨티나의 부유한 의사의 삶을 살다가 혁명의 길에 뛰어들었다. 카스트로와 함께 쿠바 혁명을 성공시키고 높은 요직까지 올랐으나 곧바로 버리고 영원한 혁명가의 길을 택해 볼리비아 내전에 참가했다가 암살당했다. 노자는 "공을 이루었으면 몸은 물러나라(功遂身退)"고 역설했다. 공을 이루고도 미련 없이 물러나는 사람이 노자가 이상 인격자로 제시한 순수 인간형이다.

자연을 보라!

봄이 꽃을 피워놓고 그 꽃들을 자신이 피웠다고 영원히 간직하려 하지 않는다. 봄이라는 자연은 그냥 무심하게 여름으로 옮겨간다. 이렇게 자신이 한 일의 성과를 딛고 서 있거나 그것을 소유하고 애착하지 않기 때문에 대자연은 영원한 자신의 위대함을 누린다. 이것이 바로 '무위(無爲)'다. 이러한 무위는 엄청난 성공을 가져다주는 황금 알이다. 노자가 말하는 이른바 "무위는 모든 것을 이루어 준다(無爲而無不爲)"는 것이다. 그래서 노장과 선에서 무위는 아주 중요하다.

노자는 불언지교에 앞서 5천 자에 이르는 자신의 설법 요점을 "도를 도라고 말하면 진정한 도가 아니고 이름이 개념화 되면 진정한 이름이 아니다(道可道 非常道 名可名 非常名)"라고 밝혀 언어 문자의 진리 접근에 대한 한계성을 분명히 했다. 잘라 말해 언어 문자로는 도의 진면목을 100% 밝힐 수 없다는 얘기다. 선도 이 점에서는 노장보다 더 철저하다. 불법 진리는 "언어 문자의 접근이 불가능할 뿐만 아니라 마음으로 가 닿을 수 없다(言語道斷 心行處滅)"고 했다.

② 사방 세계를 밝게 이해함에 있어 무지의 태도로 할 수 있는가?(明白四達 能無知乎)

노자는 세계의 어떠한 것도 자신의 본질 속에 갇혀 있지 않다고 보았다. 다시 말해 본질은 없다는 것이다. 반대편과의 관계에서 비로소 드러나는 것이 세계다. 유와 무는 서로를 존재하게 한다. 유라는 개념이 없으면 무가 있을 이유도 필요도 없다. 무 또한 유와의 관계 속에서만 그 의미를 갖는다. 따라서 분별과 규정을 행하는 지

(知)를 가지고서 세계를 인식하려고 덤비면 안 된다. 그것은 세계의 진상과 맞지 않기 때문이다.

이 세계를 인식하는 최고의 경지는 무지의 지(having no-knowelege), 즉 무지의 태도로 접근하는 것이다. 그렇다고 앎을 없애거나 지식이 없는 무식한 순수상태(having-no knowelege)를 유지해야 한다는 얘기는 아니다. 우리가 무엇에 대하여 안다고 할 때 그 지(知)는 이미 알려고 하는 것을 그 이외의 다른 것들로부터 떼어내 분별하는 행위를 말한다. 그래서 그것이 '무엇'이라고 규정하고 그 규정을 완성한 내용이 바로 본질이며 그 본질을 드러내는 작업을 정의 내린다고 한다. 따라서 앎은 말·규정·본질 등과 비슷한 의미를 갖는 부류들이다.

무지는 대자연이나 도·불법 진리 같은 고도한 형이상학적 오묘함을 대할 때 기존의 습에 찌든 지식이나 선입견을 가지고 달려들지 말라는 것이다. 쉽게 말하면 겸손한 자세로 있는 그대로를 가감 없이 관조하라는 얘기다.

③ 새끼줄처럼 두 가닥으로 꼬여 있어 개념화할 수가 없으며 아무것도 없는 곳으로 돌아간다. 이를 형상 없는 형상이라 하며 아무것도 없는 모습이라 한다. 이를 일러 황홀이라 한다.

(繩繩兮不可名 復歸於無物 是謂無狀之狀 無物之象 是謂恍惚)

- 「노자」 14장

도의 모습을 묘사한 대목이다. 이 세계는 유와 무 같은 반대되는 대립면들이 새끼줄처럼 꼬여서 이루어져 있다. 그런데 언어는 동시에 반대편까지 담을 능력이 없기 때문에 도[佛法 眞理]의 언어적 개념화가 불가능하다. 아름답다고 말할 때 아름다움의 성립은 추함을 근거로 한다는 것을 동시에 말할 수가 없다. 그냥 '아름답다'라는 말만 할 수밖에 없다. 개념적인 언어로는 연속적인 상대편과의 관계를 이름 지을 수가 없다. 상대편과의 관계까지 동시에 말할 수 없는 언어의 능력 때문에(즉 반대되는 두 면을 동시에 담을 능력이 없기 때문에) 세계의 진상을 명확히 밝힐 수가 없다.

승승(繩繩)은 새끼줄처럼 꼬여 있음을 뜻한다. '복귀어무물'의 '무물(無物)'은 아무것도 없다는 뜻이 아니라 세계의 모든 존재는 배타적 본질을 가진 어떤 것으로 있는 것이 아니라는 뜻이다.

무상지상(無狀之狀)과 무물지상(無物之象)은 '도는 구분된 형상을 가진 모양이 아니고 실존하지 않는 상징이다'라는 뜻이다. 즉 도의 존재 양식은 실존하는 것이 아니고 상징 내지는 추상적인 현상이라는 얘기다. '상(象)'은 상징, 또는 징조를 말하는데 『주역』「계사」는 "이런 까닭에 역이란 하나의 상징체계다(是故易者 象也)"라고 했다. '상(狀)'은 형(形)과 같은 의미로 어떤 특정한 형태를 뜻하는데 『주례』「고공기(考工記)」에 나온다. 정현은 '상'을 "금을 주조할 때 쓰는 형상(鑄金之狀)"이라고 해석했다. 즉 주물을 만들 때 쓰는 틀이라는 것이다.

④ 텅 빈 상태를 유지해야 오래 가고 중(中)을 지켜야 돈독해진다.(至虛恒也 守中篤也)

— 『노자』 16장

말은 하나의 체계, 하나의 내용으로도 지속된다. 즉 하고 싶은 말이나 하고 있는 말만 내뱉을 뿐 말을 하면서 말을 하고 있는 내용과 다른 내용을 동시에 말할 수는 없다. 그러므로 대립 면끼리의 꼬임으로 되어 있는 세계의 전체적인 국면을 말로는 표현할 수가 없고 포착할 수도 없다. 그런 의미에서 말은 제한적이고 유한할 수밖에 없다. 그래서 노자는 이런 식의 말은 많으면 많을수록 금방 한계를 드러내고 궁색해진다고 한다. 그러므로 양쪽을 모두 거머쥘 수 있는 중(中)의 위치를 지켜야 한다고 주장한다. 『노자』 5장은 "말이 많으면 금방 한계에 봉착한다. 중을 지키는 것이 제일이다(多言數窮不如守中)"라고 했다.

노자·장자는 오직 눈앞에서 펼쳐지는 구체적인 자연의 운행 모습을 보고 그 안에서 자연계의 운행 원칙을 찾아낼 것을 주장한다.

⑤ 말이 없는 것이 자연스러운 것이다. 그러므로 폭풍은 아침 한나절을 불지 못하고 폭우는 하루 종일 내리지 못한다.
(希言自然 故飄風不終朝 驟雨不終日)

— 『노자』 23장

자연은 언어 체계(어떤 내용으로 확정된 한계)로 되어 있지 않다는 뜻이다. 즉 자연은 언어 체계로 확정하고 한계를 지워 담아낼 수 없다는 것이다. 인간이 모델로 삼아야 할 자연의 모습은 모두 반대편과의 관계 속에 있거나 반대편으로 향하는 운동 과정 속에 있다. 그러므로 어떤 특정한 의미로 고정시키는 언어 체계에 담겨질 수가 없다. 천지자연이 하는 폭풍이나 폭우도 하루를 넘기지 못할 정도인데 인간이 설정한 의미 체계나 가치 체계, 또는 제도와 같이 언어화되어 있는 것들은 얼마나 유한한 범위 안에 한정되어 있겠느냐는 것이다.

유한한 가치 체계를 절대 신봉하고 추종하면 자신의 모습도 그런 유한성 안에 갇히거나 같은 모습이 되고 만다. 노자의 언의론은 결론적으로 말해 자연[道]의 실상을 인간의 언어 문자로는 여법하게 드러내거나 설명할 수 없다는 것이다.

장자의 언의론

제나라 15대 왕 환공이 대청에서 책을 읽고 있을 때 마당에서 수레바퀴를 깎던 윤편(輪扁)이 갑자기 망치와 끌을 내려놓고 올라와 물었다.

> 윤편: 읽고 계신 책에 무슨 말씀이 쓰여 있는지 여쭙고자 합니다.
> 환공: 성인의 말씀이다.
> 윤편: 그 성인이 지금 살아 계십니까?
> 환공: 이미 돌아가셨다.
> 윤편: 그렇다면 전하께서 읽고 계신 것은 옛 사람의 찌꺼기겠군요.

환공은 근엄한 목소리로 "과인이 책을 읽고 있는데 일개 목수가 이러쿵저러쿵 하느냐? 마땅한 이유가 있으면 모르되 그렇지 않으면 살아남지 못하리라" 했다.

윤편이 거침없이 말했다.

"소인은 소인이 하는 일로써 그 일을 본 것입니다. 수레바퀴를 깎을 때 엉성하게 깎아 헐렁해지면 고정되지 않고 너무 빠듯하게 깎아 빡빡하면 잘 들어가지 않습니다. 헐겁지도 빠듯하지도 않게 하는 것은 손놀림과 마음이 서로 호응해 이루어지는데 그것은 말로 어떻게 하면 된다고 할 수가 없습니다. 분명 그 안에 정교한 기교가 들어 있는데 저는 이것을 제 아들에게 가르쳐 줄 수가 없고 제 아들도 저에게서 배울 수가 없습니다. 그래서 나이 70이 되도록 수레바퀴를 깎게 된 것입니다. 옛 성인들도 돌아가신 뒤에는 그 정신이 전해질 리가 없겠지요. 그러니 전하께서 읽고 계신 것은 옛 사람의 찌꺼기밖에 더 되겠느냐고 말씀드린 것입니다."

『장자』「천도」편에 나오는 우화다. 장자는 언(言)과 의(意)의 문제를 환공과 수레 깎는 일을 하는 윤편을 등장시켜 재미있는 우화로 엮어냈다. 이 우화가 말하고자 하는 분명한 뜻은 말이나 글로 할 수 있는 것은 찌꺼기고 말로 할 수 없는 것이 '정수(精髓)'라는 것이다. 도는 체험을 통해 자신이 직접 체득할 수밖에 없는 것임을 윤편은 자기의 수레바퀴 깎는 일을 비유해 환공에게 한 수 가르쳐 주었다. 옛 성현의 말씀을 모아놓은 책의 문자는 성현의 뜻을 완전히 다 드러내지 못한다는 것이 장자의 언의론이다. 이처럼 우화에서 윤편은 장자의 언의관을 대변하고 있다.

　윤편 우화는 우리가 언어 문자를 통해 과거 사람들의 정신을 파악할 수 있는지, 없는지를 묻고 있다. 만일 그것이 불가능하다면 우리가 음미하는 옛 사람들의 문자라는 것은 찌꺼기에 불과할 뿐이다. 사실 인간의 마음은 문자로 다 표현할 수 없고, 정신적인 경지는 언어 문자를 통한 고정적인 방식으로는 전수할 수가 없다. 오직 개인적인 체험을 통해 검증할 수 있을 뿐이다.

　불법 진리·도와 같은 고도의 진리는 언어 문자를 통한 이론적 설명이 불가하다는 것이 선과 노장의 언어관이다. 그래서 선사상과 노장철학의 이해에 우선해야 할 점이 바로 그들의 언의론이다. 기본적 문제는 명(名), 즉 말과 개념이다. 말과 개념은 진리를 전하는 데 불충분하다는 것이 선과 노장의 확고한 입장이다. 노자가 말하는 '명'이란 사물의 이름, 언어로 말하면 명사(名詞)다. 한자는 명사가 동사·형용사로도 쓰이기 때문에 '명'이란 언어의 모든 것을 대표하고 있으며 한마디로 '말'이다.

　도[自然]는 인간의 언어로 기술될 수 없다는 것이 『노자』 1장이 천명한 불립문자다. 장자는 노자의 불립문자를 보다 예술적으로 발전시켜 설했고 『주역』 「계사」는 아주 요령 있게 설명하면서 문제 해결의 방법까지 제시했다.

　① 고기를 잡으면 통발을 잊고, 토끼를 잡으면 올모를 잊고, 뜻을 이해했으면 말을 잊는다.(得魚而忘筌 得兎而忘蹄 得意而忘言)
　　　　　　　　　　　　　　　　　　　　－『장자』「외물」

언어 문자가 사상이나 뜻을 드러내는 표현에서 갖게 되는 괴리감과 그 극복을 위한 방법으로 제시된 장자의 '명언'이다. 이 명언은 언의론에서 가장 많이 인용되는 고전(古典)이다. "훗날 선종의 '불립문자'도 이런 장자사상의 노선을 따라 발전된 것이다."(진고응 저, 『老莊新論』 p.463)

장자의 이 명언은 후일 『주역』「계사전」에서 "글은 말을 다 드러내지 못하고, 말은 뜻(사상)을 다 표현하지 못하기 때문에 성인은 상(象)을 세워 그 뜻을 밝힌다(書不盡言 言不盡意 聖人立象以盡意)"라는 보다 발전된 언어 문자의 한계를 밝힌 언의론의 명언으로 정리됐다. 장자의 '앎'은 객관적인 사물을 분석하는 객관성보다는 주체의 정신적인 체득을 중시한다. 그가 보기에 앎이란 반드시 구체적인 삶의 단계로 내려와 정신의 편안함을 받쳐주는 작용을 해야 한다는 것이다. 그래서 그 앎은 대상[客體]에 대한 앎이라기보다 주체가 중시되는 앎이라 할 수 있다.

> 도는 들을 수 없으니 들었다 하면 그건 도가 아니다. 도는 볼 수 없으니 보았다 하면 그건 도가 아니다. 도는 말로 설명할 수 없으니 설명했다 하면 그건 참된 도가 아니다.
> (道不可聞 聞而非也 道不可見 見而非也 道不可言 言而非也)
> — 『장자』「지북유」

노자·장자에 따르면 도와 같은 지극한 진리는 인간의 감각적인 인식 능력으로는 들리지도, 보이지도, 만져지지도 않는다. 이는 도가 인간의 언어 문자를 통한 설명 밖에 존재한다는 뜻이다. 그러나 도는 없는 곳이 없다. 노장의 '도무소부재론(道無所不在論)'은 도가 모양이 없는 모양[無狀之狀], 물체가 없는 현상[無物之象]으로 존재하기 때문에 있는 것 같기도 하고 없는 것 같기도 한 황홀하고 신비한 세계로 존재한다는 것이다.

> 대저 도란 진실로 존재하며 경험할 수도 있으나 인위적인 작위도 없고 형적(形迹)이 없어 마음으로 전할 수는 있으나 입으로 가르쳐 줄 수는 없고 마음으로 터득할 수는 있어도 볼 수는 없다.(夫道有情有信 無爲無形 可傳而不可受 可得而不可見)
>
> — 『장자』「대종사」

도와 같은 진리는 말이나 문자로 가르쳐 줄 수가 없고 오직 마음으로만 터득할 수 있다는 얘기다. 역시 도의 신비한 존재 형태는 감각적인 인식이 불가능하고 도의 전수(傳授) 방법은 이심전심(以心傳心)일 수밖에 없다는 것이다. 노자는 도의 신비한 존재 형태를 다음과 같이 설명했다.

> "도는 맞이하려 하나 머리를 볼 수 없고 쫓아가려 해도 그 뒤를 볼 수가 없다.(迎之不見其首 隨之不見其後)"
>
> — 『노자』 14장

6조 혜능과 노장의 언어 문자에 대한 사유 맥락은 서로 상통하는 유사성을 가지고 있다. 앞의 『노자』 14장과 비슷한 맥락의 도의 존재 양식에 대한 견해를 혜능은 다음과 같이 설했다.

> 형상이 있는 것에는 스스로 도가 있거늘(色類自有道)
> 도를 떠나 도를 찾는구나.(離道別覓道)
> 도는 찾아보려 해도 보이지 않나니(覓道不見道)
> 필경은 스스로 고뇌하도다.(到頭還自惱)
> 만약 애써 도를 찾고자 할 진대는(若欲貪覓道)
> 행동의 바름이 곧 도이니라.(行正卽是道)
>
> – 『단경』 37절 게송

노자의 "맞이하려 하나 머리를 볼 수 없고"와 혜능의 "도는 찾아보려 해도 보이지 않는다"는 같은 뜻을 가진 표현이라고 볼 수 있다. 혜능은 또 다음과 같이 말하기도 했다.

> 나에게 한 물건이 있는데 밝기는 태양보다도 밝고 어둡기는 칠흑보다도 더 어두운데 능히 하늘을 떠받치고 있다. 또한 이것은 이름도 없는 것이요, 형상도 없는 것이다. 맞이하려 하나 그 머리를 볼 수 없고 쫓으려 하나 그 꼬리를 볼 수 없으니 이것이 무엇인가?

여기서도 "맞이하려 하나 그 머리를 볼 수 없고 쫓으려 하나 그 꼬리를 볼 수 없다"는 표현은 노자와 똑같은 문법이다. 혜능이 말한 '일물(一物)'을 노자가 말하는 '도'라고 보면 두 사람의 표현법이 같은데 이는 그들의 체험도 유사성을 가지고 있다고 추정할 수 있다. "즉 그들은 불생불멸·부증불감하며 시공의 제약성과 언어의 틀(한계)을 벗어난 존재의 근원을 체험했던 것 같다."(김항배 저, 『장자철학정해』 p.216)는 것이다.

> 언어로 논할 수 있는 것은 조잡한 부분이고
> 의미로 도달할 수 있는 것이 사물의 본질이다.
> (可以言論者 物之粗也 可以意致者 物之精也)
> — 『장자』「추수」

 이는 장자가 「지북유」에서 말한 "도는 말로 설명할 수 없으며 설명했다 하면 그건 참된 도가 아니다(道不可言 言而非也)"는 『노자』 1장이 말한 "도를 도라고 말하면 진정한 도가 아니다(道可道 非常道)"와 같은 맥락이다. 장자는 여기서 도란 언어로 표현될 수 없기 때문에 언어로 나타내면 벌써 도가 아니다라는 주장을 통해 '언어로는 의미를 다 표현할 수 없다(言不盡意)'는 결론을 내리고 언(言)과 의(意)의 절대적 간격을 확고히 하는 방향으로 나갔다. 영원한 평행선을 달릴 수밖에 없는 언과 의의 관계, 즉 양자간의 '차연(差延)'을 극복하는 방법은 후일 『주역』「계사전」이 '상(象)'을 제시해 해결하려 했다. 선에서는 이러한 '차연'을 극복하기 위한 갖가지 '문정설시(門庭設施)'를 개발해 학인들을 교육하는 데 활용했다. 방(棒)과 할(喝)·대법(對法)·요로설선(繞路說禪) 등이 그 대표적 사례다.

세상에서 귀하게 여기는 도는 바로 책에 기록돼 있는데 책은 언어에 불과하고 언어는 또 그것이 귀하게 여기는 것이 있다. 언어가 귀하게 여기는 것은 의미인데 의미는 지향하는 바가 있다. 의미가 지향하는 바는 언어로 나타낼 수가 없다.
(世之所貴道者 書也 書不過語 語有貴也 語之所貴者 意也 意有所隨 意之所隨者 不可以言傳也)

— 『장자』「천도」

이는 장자의 영향을 받은 『주역』「계사전」이 말하는 "글은 말을 다 드러내지 못하고, 말은 뜻(사상)을 다 드러내지 못한다(書不盡言 言不盡意)"와 같다. 언어의 역할은 의미를 표현하는 것이지만 책은 언어를 다 나타낼 수 없고 언어도 의미를 다 표현할 수 없음을 『장자』와 『주역』 다 같이 통감하고 있다. 언어 문자에는 늘 사용하는 사람의 기교가 감추어져 있기 때문에 장자는 주관적인 편견이 들어 있지 않은 말을 하자고 주장한다. 무언(기교가 없는 말)을 말하자는 이른바 '언무언(言無言)'이다.

편견이 없는 자연스러운 말은 날마다 새롭게 변화하는 자연의 법칙에 잘 들어맞는다.(巵言日出 和以天倪)

— 『장자』「우언」

치언은 원래 양편 어느 쪽에도 치우침이 없는 객관적이고 편견에 없는 말을 뜻한다. 장자는 자신의 저술이 "우언이 가장 많고 다음으로는 선인들의 말씀, 즉 중언(重言)이고, 나머지가 자신의 객관적이고 편견이 없는 치언(卮言)으로 기술되어 있다"고 직접 밝힌 바 있다. 『장자』「지북유」편에 다음과 같은 이야기가 나온다.

> 이 세계에는 위대한 아름다움이 있지만 말하지 않고 사계절에는 분명한 법칙이 있지만 따지지 않으며 만물에는 정해진 이치가 있지만 말하지 않는다.
>
> (天地有大美而不言 四時有明法而不議 萬物有成理而不說)

장자는 위대한 아름다움을 아무 말 없이 무언으로 표현하는 대자연에 대한 관찰을 통해 '무언'의 아름다움을 풀어낸다. 장자의 '언무언(言無言)' 주장은 바로 기교적인 말을 반대하기 위한 것이고 '득의망언(得意忘言)'의 망언은 직관적인 인식을 강조한 것이다. "선종의 불립문자는 바로 이 점에서 어느 정도 장자의 영향을 받았다."(진고응 저, 『노장신론』 p.382)

선과 노장은 다 같이 불법·도와 같은 고도의 진리(사상·철학)는 이론적인 설명이 불가하다는 확고한 입장을 견지한다. 20세기 실존철학의 거두인 마르틴 하이데거도 같은 주장을 한다. 선과 노장의 불립문자를 하이데거의 문법으로 표현해 보면 다음과 같다.

"존재의 성스러움은 기술적으로 처리할 수 없고 이론적으로 완전히 해명할 수도 없다."

하이데거의 '존재'는 모든 사물의 고요하고 성스러운 성격을 말한다. 그는 사물을 '존재자'라는 말로 '존재'와 구별한다. 우리가 대하는 사물, 즉 존재자는 그 속에 신비한 성스러움을 알맹이로 간직하고 있는데 그 알맹이가 빠져나간 존재자들, 즉 그들이 현대 문명의 현란한 상품들로 범람하고 있다는 것이다.

노자는 무(無)가 우주와 인간 본질의 근원이라고 말한다. 하이데거도 "서양철학의 한계를 해체하고 존재의 근원을 '무'에서 찾는 적극적인 선과 노장의 설법과 같은 맥락의 '무의 봉기'를 주장했다"는 것이다.(한스 페터 헴벨 저, 『하이데거와 선』 p.263)

"뜻을 얻으면 말을 잊는다"는 장자의 득의이망언(得意而忘言)은 언어를 부정하는 것이 아니라 도리어 언어가 뜻을 얻는 과정에서 중요한 역할을 한다는 것을 명확하게 지적한 것이다. 장자가 결코 뜻을 얻기 전에 언어를 잊어버리라고 말한 적은 없다. 이는 언어가 뜻을 얻는 중요한 수단이며 '말을 잊는 것'은 뜻을 얻은 다음의 고차적인 언어 경계임을 말한 것이다.

노자에 따르면 도(道)는 일종의 추상적인 존재여서 언어를 통해 직접 뚜렷하게 표현할 길이 근본적으로 없다. 노자는 도가 말할 수 없다고 주장하면서도 다른 한편으론 도에는 "그 중에 형상이 있다(其中有象)"(『노자』 21장)고 했다. 이는 도와 언어가 절대적으로 단절되거나 대립되지 않는다는 것을 말한 것일 뿐만 아니라 언어로부터 도에 이르는 통로가 있음을 암시한다.

그러나 노장의 언어 비판은 날카롭다. 언어는 사람의 사상 표현을 과격하게 하는 도구 노릇을 하면서 편견을 합리화할 뿐만 아니라 화려한 미사여구로 편견을 위장시켜 진리인 양 드러나게 한다는 것이다. 뿐만 아니라 언어는 사람의 계산적인 마음과 간교한 마음을 길러주고 사람들을 자연에서 멀리 떨어지게 하여 인류 생존을 곤경에 빠뜨리게 했고 사람의 생활 태도를 크게 바꾸어 놓았다고 언어의 부정적 측면을 비판한다.

노장이 말하는 '불언(不言)'·'무언(無言)'은 결코 말하지 않는 것이 아니다. 그 핵심은 말할 수 있는 것은 확실히 말하고 말할 수 없는 것을 분명하게 드러내는 것이다. 말할 수 없는 것은 곧 '자연의 말'이고 '도의 말'이다. 노장이 말하는 불립문자는 책에 적힌 언어문자가 아니라 대자연이 말하는 '침묵의 소리'다. 만물과 세계는 침묵 중에 펼쳐지고 세계는 스스로가 세계화한다. 불교 선종의 불립문자가 뜻하는 바도 이와 같은 맥락이다.

3. 선의 불립문자

돈오 남종선이 거듭 강조하는 '불립문자(不立文字)'의 근거는 6조 혜능의 『단경』에 명시되어 있다. 물론 선불교의 불립문자 연원을 거슬러 올라가면 석가모니의 '염화시중(拈花示衆)'으로부터 『유마경』·『능가경』 등 여러 경전에도 언어 문자의 한계를 말한 법문이 나온다. 그러나 그러한 불립문자가 돈오 남종선에서처럼 중요 종지로 강조되지는 않았다. 돈오 남종선은 불립문자를 자신들의 정체성(正體性)을 특징짓는 상표처럼 강조하고 실제로 수행과 법맥 전등(傳燈) 등에서 실천해 오고 있다.

문자를 빌리지 않는다(不假文字)

사람은 태어나면서부터 어김없이 반야의 지혜를 간직하고 있으므로 자기 스스로 그 지혜를 활용하여 항상 사물의 도리를 알아낸다. 때문에 문자를 빌리지 않아도 된다는 것을 알 수 있다.(故知本性自有般若之智 自用智慧觀照 不假文字)

- 『단경』 56절

이 대목의 "불가문자(不假文字)가 바로 돈오 남종선이 표방하는 불립문자의 근거"다.(郭朋 편저, 『壇經校釋』 p.56)

'반야'란 사물의 참다운 실상을 깨닫고 꿰뚫는 지혜를 말한다. 불가문자의 '가(假)'는 가짜라는 뜻이 아니라 빌린다·의지한다의 뜻이다. 모든 중생은 천부적으로 불성(佛性)을 가지고 태어났으므로 그 지혜로운 불성에 의해 불법 진리를 파악할 수 있다는 것이다. 이 때의 불성은 곧 '반야 지혜'를 말한다.

또 『단경』에는 다음과 같은 구절도 있다.

"나는 글자를 모르니 자네가 그 경전을 가지고 와서 읽어주게나. 나는 들으면 곧 안다네."
법달은 경전을 가져와서 죽 읽어 나갔다. 6조 대사는 들으면서 경전의 뜻을 해득하고 그대로 경전을 해설해 주었다.
(吾一生已來 不識文字 汝將法華經來 對吾讀一遍 吾聞卽知 法達取經到 對大師讀一遍 六祖聞已 卽識佛意)

- 『단경』 42절

법달이 "늘 『법화경』을 독경했으나 올바른 법의 당처(當處)를 알지 못하오니 그 뜻을 좀 가르쳐 달라"는 질문에 6조 조계혜능 대사가 답했던 것이다. 여기서 "나는 한평생 문자를 모른다(吾一生已來 不識文字)"라는 대목의 '불식문자'도 불립문자와 맥락이 통한다.

6조 혜능이 나무꾼 출신으로 문자를 전혀 몰랐다는, 이른바 문맹이었다는 이야기는 세상에 널리 전해 온다. 이는 역으로 생각하면 자신이 일부러 그렇게 표방했던 듯하다. 즉 불립문자를 강조한 것이라는 뜻이기도 하다. 혜능은 행자 시절 글자를 몰라 신수 상좌의 게송을 남에게 부탁해 읽었다는 이야기도 있다. 그러나 그는 문자가 지니고 있는 문자의 뜻을 이해하는 데는 매우 영민했다. 법달이 읽어준『법화경』을 즉각 해석해 주었다니 그 이해력을 감탄할 만하지 않은가.

나무꾼으로 땔나무를 팔아 살아가던 시절 한 탁발승이『금강경』을 독송하는 소리를 듣고 당장 발심해 깨달음의 문이 열렸다는 이야기나 5조 홍인 대사와 첫 대면을 했을 때 "불성에는 남북이 있을 수 없다(佛性無南北)"라고 한 것은『열반경』의 불성에 대한 그의 명확한 이해와 깊이를 말해주고 있다.

그가 또 법문 중에『금강경』읽기를 권하는데 이는 4조 도신·5조 홍인의 전통을 이어받은 것이라고 볼 수 있다. 이밖에도 그는 법문 중에『유마경』·『관무량수경』·『보살계경』등의 구절을 자주 인용했다. 이로 미루어 그가 이런 경전들을 가까이 하고 있었음을 알 수 있다. 그는 북종의 조사인 신수 대사처럼 교학에 깊지는 못했고 직계 제자인 남양혜충이나 하택신회 정도의 학문에도 못 미쳤던 것은 사실인 듯하다. 그래도 절대로 '문맹'이랄 정도는 아니었고 필요한 경전은 충분히 읽고 그 정수를 파악했음은 능히 추정할 수 있다. 그가 '글자를 모른다'고 힘주어 표방한 것은 다음 두 가지 이유에서였을 것 같다.

첫째는 그가 필생의 임무로 삼았던 견성(見性)을 선양하기 위해서였다. 견성은 글자에서 얻어지는 것이 아니라 마음의 실천을 통해서만 가능하다는 것을 강조하기 위한 것이었다.

둘째는 그가 경전의 글자에 얽매이지 않는다는 불립문자 사상에 크게 공감했다는 것이다. 그가 일찍부터 좋아했던 『열반경』「범행품」에 다음과 같은 말이 나온다.

> 선남자야, 여래는 널리 모든 중생을 위해 제법을 안다 할지라도 알지 못한다 하고, 제법을 본다 할지라도 보지 못한다고 하고, 유상의 법을 설명하면서도 무상(無相)이라 한다.

『열반경』의 이 대목도 깊이 통찰하면 불립문자·무언(無言)을 설한 것이라고 볼 수 있다. 또 그가 자주 인용한 『유마경』「제자품」에는 "지자(智者)에 이르려면 글자에 집착하지 않는다. 따라서 두려워할 것이 없다. 왜냐하면 글자는 성(性)을 떠나 있지 않다"고 했다. 또 이 경전의 「불이법문품」에서는 "문자와 언어가 있지 아니한 것, 이것이야말로 진실로 불이법문에 드는 것이다"라고 하고 있다. 달마가 2조 혜가에게 전해 주었다고 『속고승전』이 말하는 4권본 『능가경』 권3에는 "우리 가르침은 소승이 아니고, 교설이 아니고, 글자가 아니다"라고 한 것도 불립문자의 맥락이다.

이러한 불립문자 사상을 혜능이 앞서 강조하며 이끌었던 것은 당시의 불교 상황이 학문적으로 정진하는 사람에 비하여 견성으로부터 시작하는 사람이 적었기 때문이었을 것으로 추정된다. 인간의 감각기관은 외부 작용에 반응하여 뇌에 신호를 보내고 뇌는 취합한 정보를 분석한 후 저장한다. 이 때 정보의 효율적 저장을 위해 개념화 과정을 거치게 된다. 뇌에 축적된 정보가 많을수록 외부 자극에 따라 반응하고 판단하는 대신 개념화된 지식을 감각기관에 전하는 정보의 미세한 차이를 간과하거나 심지어 무시하는 경향을 보이곤 한다. 이러한 인간의 특성 때문에 뇌는 실재하지 않는 허상을 보여주기도 하고 역으로 눈앞에 존재하는 실재를 허상이라 믿게도 한다.

결국 인간은 눈으로 보는 것보다 뇌에 저장된 개념을 통해 보았다고 믿는 탓에 종종 실체를 놓치는 실수를 범한다. 우리는 이를 일컬어 '개념의 오류' 또는 '개념의 함정'이라 한다. 추사 김정희는 "난을 치는 일은 자신을 속이지 않는 것에서부터 시작해야 한다"고 했다. 이는 자신이 믿고 있었던 것이 오류였음을 입증하는 명백한 증거를 접하고도 원래의 믿음을 고수하고자 새로운 증거를 묵살하는 지식인의 속성을 지적한 것이었다.

불교는 자신을 어떻게 인식하게 되는지에 대해 5온(색·수·상·행·식)을 가지고 설명하면서 나[我]는 원래 존재하지 않는다고 일깨워준다. 그렇다면 객관 대상의 주관화는 어떻게 이루어지나?

인간은 구조적으로 눈(감각기관)을 통해 외부 정보를 받아들일 수밖에 없으며(色), 외부 자극을 수용하는 과정에서 쾌(快)·불쾌가 나눠지는 탓에 자극에 대한 일종의 느낌(인상)을 받는다(受). 특정 자극에서 비롯된 특정 느낌이 반복되면 인간의 뇌는 일종의 조건반사처럼 관념을 만들어 내고[想], 고착화된 관념을 따라 판단하고 행동하게 되고[行] 이러한 경험이 유용성과 연결되면 인식[識]을 만들어 낸다.

한마디로 인간의 지식이란 누적된 경험의 결과일 뿐 그것이 진리의 증거가 될 수는 없다는 것이다. 역으로 말하면 인간은 경험하지 못한 새로운 자극(문제)을 통해 끊임없이 인식의 틀을 넓혀나가야만 하는 존재다. 이것이 '깨달음'이 필요한 이유다.

경험하지 못한 새로운 문제를 기존 인식의 틀에 맞추어 재단하고 억지로 기존의 개념에 꿰맞춰 해석하고자 고집하는 것이야말로 당면 문제를 억지로 애써 외면하는 것이며 자신을 속이는 일이다. 틀린 것을 알면서도 오류를 바로잡으려 들지 않는 지식인의 오만한 아집은 인류를 암흑으로 이끌 수 있다. 추사가 "난을 치는 데 자신을 속이지 말라"고 경책한 것도 이 때문이다.

흔히 힘들여 배운 지식이 유일한 밥벌이 수단인지라 그 지식을 내려놓길 주저하고 새로운 문제를 외면한다. 이렇게 되면 끝내는 화석화된 지식을 내던지지 못한 채 시시각각으로 변화하는 상황에 대처하지 못하고 종국에는 자멸하고 만다.

선과 노장의 불립문자는 말을 바꾸면 기존의 케케묵은 '지식'을 버리라는 얘기다. 낡은 지식의 틀에 얽매이면 '깨달음'은 영원히 물 건너간다. 그러니까 옛 성현의 말도 오늘 상황에 맞게 재해석하고 새로운 문제들을 직관해 그 실체를 있는 그대로 인식, 대처하는 지혜가 절실하다는 얘기다. 이것이 불립문자의 진정한 뜻이 아닐까 싶다.

노장의 도와 불교의 불법 진리는 세계가 관계(인연)와 변화(제행무상) 속에 있음을 드러내는 범주로서 언어문자로는 체계화하기가 어렵다. 입이 하는 말은 제한적인 범위 안에서 일정한 의미만 담고 또 전달한다. 때문에 불립문자를 역설한다.

이 같은 언어 문자의 한계를 극복하고자 하는 방법의 하나인 노자의 사유방식 '정언약반(正言若反)'을 보자.

> 약한 것이 강한 것을 이기고, 부드러운 것이 굳센 것을 이긴다. 세상 사람들은 그것을 모르지 않으면서도 행하지를 못하는구나.…정면으로 하는 옳은 말인데 그 반대처럼 들린다.
> (弱之勝强 柔之勝剛 天下莫弗知…正言若反)
> - 『노자』 78장

'정언약반(正言若反)'은 도에 합치하는 진리의 언설이지만 세속인들에게는 전혀 진리에 반(反)하는 말처럼 들린다는 얘기다. 이를 선에서는 일반 상식에는 반하지만 도에는 합치된다는 '반상합도(反常合道)'라고도 한다. 예를 들면 '부처는 마른 똥 막대기'라는 운문 선사의 화두 '간시궐(乾屎橛)'이나 임제 선사의 '부처도 조사도 죽여 버리라'는 살불살조(殺佛殺祖)' 법문, 단하천연 선사가 '법당의 목불을 끌어내다 불태워 몸을 녹인 일화'에서 비롯된 화두 '단하소불(丹霞燒佛)' 등이 바로 정언약반이다.

문제를 뒤집어서 생각하고 자신의 관점을 뒤집어서 표현하는 것, 즉 바른 말이 얼핏 그 반대의 말처럼 들리는 경우는 도나 불법 진리 같은 고도의 형이상학적 문제에서는 아주 많다. 선에서는 부처님 법신은 없는 곳이 없이 온 우주에 두루 편재한다는 '도무소부재론(道無所不在論)'을 강조한다. 그런데 어느 행자가 모시는 큰스님을 따라 큰절 법당에 들어갔다가 불상을 향해 가래침을 뱉었다. 주지가 노발대발하며 행자를 꾸짖었다.

행자 왈 "부처님 법신이 없는 곳이 없다는데 그렇다면 부처님 법신이 없는 곳을 가르쳐 주십시오. 그러면 거기에다 침을 뱉겠소이다"라고 했다. 주지는 말문이 막힌 채 고개를 숙이고 말았다. '반상합도'를 설명하기 위해 꾸며낸 이야기일 수도 있지만 말인즉슨 도에 합치하는 정연한 논리다.

무사승(無事僧)

단하천연 선사가 어느 해 따스한 봄날 낙양 천진교 위에서 두 다리를 쭉 뻗고 누워 쉬고 있었다. 마침 낙양 유수(부시장) 행차 대열이 천진교를 지나기 위해 다가왔다. 선사는 꿈쩍도 않고 그대로 누워 있었다. 행차의 선발대원이 호통을 치며 일어나라고 해도 요지부동이었다. 마침내 유수가 괴이하게 여겨 가마를 내려와 직접 "뭐하는 사람이냐?"고 물었다.

"할 일 없는 중이외다.(無事僧)"

단하 선사의 대답을 듣고 깨친 바 있는 유수는 내심 "아, 큰스님이구나!" 하고 감탄했다. 그 후로 유수는 단하 선사에게 때때로 비단과 곡물을 공양했다.

낙양대교 옆의 옛 천진교 유지로 보존돼 있는 석축 아치와 유적비 및 비각

  무사승(無事僧). 글자 그대로의 뜻은 '할 일 없는 중'이다. 그렇다면 밥이나 먹고 낮잠이나 자면서 어슬렁거리는 건달이라는 말일까? 아니다. 그 한마디에는 선과 노장의 깊은 철학과 사람은 자연의 섭리를 따라 살아야 한다는 엄청난 법문이 담겨 있다. 단하 선사의 "무사승"이라는 대답은 '나는 자연을 소외시키지 않는 참된 중'이라는 뜻을 담고 있다. 사람의 삶을 자족하게 만드는 것은 '일 없음(無事)'이다. 다시 말해 자족은 존재함을 온전하게 느끼는 것이다. 무엇인가 의식하고 행동하는 것은 이미 그 행동이 의식에 구속당하는 것이므로 자유롭지 못하고 마음에 걸림이 있기 마련이다. 단하의 무사승은 장자가 말하는 "노니는 바조차 없는(所遊者虛也)" 자기의식으로부터의 해방을 애써 드러낸 표현이다.

'무사'란 마음의 본바탕에 들어가는 것을 말한다. 이는 마음이 흔들려 또다시 다른 상태로 이어지는 힘을 무력화시키는 것이다. 이를 간단명료하게 드러낸 표현이 무엇인가 해야 할 일이 없는 상태, 즉 '무사(無事)'다. 이효걸은 『장자강의』에서 "무사야말로 삶을 풍요롭게 하는 넉넉한 마음의 터전"이라고 했다.

사람이 살아간다는 것은 주변의 자극에 감응하고 반응하는 과정이다. 이 반응이 행동으로 나타난다. 그러나 같은 행동일지라도 '일[事]'은 다르다. 일은 꾀와 연결되어 있기 때문이다. 그것은 행동을 하는 사람의 몸짓을 떠나 자기 또는 타인의 뜻에 맞추는 몸짓이다. 뜻을 이루고자 하는 몸짓은 자신을 소외시킨다. 생산수단의 사적(私的) 소유에서 비롯되는 노동의 소외문제보다 더 근원적인 문제다. 선에서도 이러한 문제점을 내세워 '일 없는 선[無事禪]'을 말하고 있다.

노장 역시 순간순간의 몸짓이 어떤 의도에 따른 일이 되지 않도록 하고 자연의 섭리를 따르는 '놀이'가 되도록 할 것을 강조한다. 즉 타자의 시선을 의식하여 자취[功績]를 남기려 하지 않고 '자취 없이 노니는 삶'을 사는 대자유인이 되라는 것이다.

'무사'는 외계나 속세의 영향을 받지 않는다는 뜻이기도 하다. 단하 선사의 '무사승'이라는 대답은 외계와 속세의 영향을 받지 않고 원만 자족한 마음의 경지를 노니는 도인[解脫道人]이라는 자부심의 발로였다.

무사는 노장이 거듭 강조하는 '무위(無爲)'와도 같은 개념이다. 무위는 아무 일도 하지 않거나 멋대로 한다는 뜻이 아니다. 우주 원리를 체득한 후 그것을 삶의 영역에서 실천한다는 깊은 뜻을 함축하고 있다. 무위는 그것이 낭만적 행위이거나 미학적 행위라고 해서 정당화시키기보다는 현실적으로 '모든 것을 다 이루어 낸다(無不爲)'는 지대한 효과를 보장하기 때문에 정당하다. 자연 섭리에 대한 신뢰가 노장사상과 선사상의 근본이다. 무위는 특정한 체계의 안내를 받거나 목적 또는 욕망 등을 근거로 하지 않는 행위다. 바로 자연의 운행 모습(道)이 그러하다. 그래서 인간은 자연과 하나 되어 자연의 운행을 따라 살아야 한다는 것이다. 봄에는 꽃을 기꺼이 감상하고 가을이 오면 단풍을 반갑게 맞이하는 것이 바로 도인의 삶이다.

"무위하면 이루어지지 않는 게 없다(無爲而無不爲)"(『노자』 37장)는 노자의 명언은 도의 무한한 능력을 말한 것이다. 즉 도는 무위이면서 만능의 활동을 한다는 것이다. 현실 세계에서 무위의 주체는 인간이다. 그렇지만 사실상 만능의 활동을 하는 것은 '자연의 힘'이다. 왜냐하면 인간의 능력은 한계가 있기 때문이다. 인간의 삶은 자연의 만능적인 활동에 의해 지켜지고 있는 만큼 무위무책이면서도 아무런 불안이 없게 된다.

선가와 도가의 '중도(中道)'는 허정한 상태와 무위의 태도를 뜻한다. 무위사상은 많은 오해를 불러일으키기도 한다. 특히 '무위이무불위(無爲而無不爲)'가 그렇다. 무위이무불위는 인간이 '자연 법칙'을 따라 모든 일을 행하면 이루어지지 않는 일이 없다는 뜻이다. 선에서도 불법을 흔히 '무위법'이라고 한다.

밝은 도는 어두운 것 같고,(明道若昧) 제일가는 덕은 낮은 골짜기 같으며 아주 흰 색은 더러운 듯하며,(上德若谷 大白若辱) 앞으로 나

가는 것은 뒤로 물러나는 듯하다.(進道若退)

『노자』전체를 관통하고 있는 노자의 '정언약반(正言若反)' 표현법이다. 즉 밝은 것은 어두운 것 같고, 전진은 마치 후퇴하는 것 같으며, 고상함은 마치 저속해 보이고, 순결은 마치 불결한 것처럼 보인다는 말이다. 이렇게 뒤집어서 또는 반대로 생각하는 사유방식을 표현한 것이 정언약반이다. 이러한 논리는 세속적인 상식 논리로는 선뜻 이해하기 어렵다.

노자의 '정언약반'은 공자의 '정명론(正名論)'과는 반대되는 표현법이다. 공자는 군자와 소인을 특정한 의미와 내용으로 구분하지만 노자의 언어는 대립면들 사이의 경계를 허물어 밝음과 어둠을 동일시한다. 노자는 반대되는 두 개의 개념이 각자의 위치를 이탈하여 반대편으로 들어가 있다. 즉 무(無) 속에 유(有)가 있고 유 속에 무가 있다는 유·무 통합의 표현법이다.

공자가 "군자는 의에 밝고(君子喩於義) 소인은 이익에 밝다(小人喩於利)"고 분명히 구분을 짓는 데 반해 노자는 명도(明道)=약매(若昧), 진도(進道)=약퇴(若退)로 밝음은 곧 어둠을, 전진은 후퇴를 각각 존재 근거로 하여 성립되는 개념이기 때문에 밝음과 어둠, 전진과 후퇴는 그 근원에서는 동일하다는 것이다.

노자가 구사하는 언어의 표현법을 다시 한 번 보자. 왜냐하면 노자의 언어 표현법과 선사들의 언어 문자 표현법에 유사점이 많기 때문이다.

추구하지 않는 것을 추구하고(爲無爲)

행동하지 않는 것을 행동으로 삼고(事無事)

성취감이 없는 것을 성취감으로 삼는다.(味無味)

― 『노자』 63장

상식적인 언어 표현법으로는 선뜻 이해가 안 되는 모순어법이다. 위의 노자 설법은 대소·다소(多少)와 같은 대립관계에서 한쪽을 선택하는 태도가 아니라 이 대립면들이 서로 상대방을 향해 열려 있고 맞물려 있음을 논하기 위한 기본 형식으로 제기한 언어 문자 표현이다. 성인은 대소·다소와 같은 상대적 관계가 서로 상대편을 향해 열려 있고 새끼줄처럼 맞물려 있음을 통찰하기 때문에 작은 것이 커지는 가능성을 보고, 적은 것이 많아지는 방향으로 움직여 가고, 순간 속에서 영원을 본다. 따라서 작은 것은 곧 큰 것의 기초가 되고, 순간은 영원의 축대가 된다. 이처럼 대소·순간과 영원의 상대적 관계에서 한쪽만을 택하지 않고, 작은 것 속에서 큰 것을 보고, 순간 속에서 영원을 보는 심오한 지혜가 바로 선과 노장의 '중도(中道) 사상'이다.

3조 승찬 대사가 『신심명』에서 "유혐간택(唯嫌揀擇)"을 강조, 오직 상대면 중에서 한쪽만을 택하는 것을 혐오할 뿐이라고 하여 '분별심'을 금기시 한 것이나 조주 선사가 "개에게는 불성이 없다(狗子無佛性)"고 하여 무가 곧 유이고 유가 곧 무임을 일깨운 것도 노자의 표현법과 같은 맥락이다.

노자의 '사무사(事無事)'는 앞에서 단하 선사의 화두 '무사승(無事

僧)'에서 본 바와 같이 일거리를 없애는 태도로 일을 하는 것을 말한다. 그러니까 할 일을 다 해 마치면 '한도인(閑道人)'의 경계에서 소요할 수 있다.

소동파는 〈약송(藥誦)〉 중 '거사의 노래에 답한다'는 대목에서 다음과 같이 읊조렸다.

일 없는 일을 일삼으면 모든 일이 다스려지고
맛 없는 맛을 맛보면 다섯 가지 맛이 갖추어지네.
(事無事之事 百事治兮 味無味之味 五味備兮)

무엇을 하되 인위나 유위적 방식이 아닌 무위로 일을 하라는 것이다. 일을 할 때 특정한 목적·의지·체계 등이 개입된 일거리를 만들지 않는 방식으로 일을 하는 것이 '사무사지사'다. 다섯 가지로 규정된 맛을 아는 것이 아니라, 다시 말해 다섯 가지로 구분된 신맛·쓴맛·단맛·짠맛·매운맛과 같은 특정한 체계의 맛을 맛으로 여기지 않고 그런 구분이 없는 맛을 진정한 맛으로 안다는 것이다.

말로 표현할 수 없으되 말 없이는 전달할 수 없는 까닭에 시험 삼아 표현한 말은 다만 하나의 방편이요, 실마리다. 그 실마리는 지금껏 옳다고 여겨 온 것들을 의심하고 뒤집어 보게끔 만드는 자극제인 까닭에 보통의 어법으로는 좀처럼 이해하기 힘든 경우가 많다. 선과 노장의 표현법이 바로 이런 예다. 그야말로 깊은 성찰과 숙고가 필요하다. 그래서 실마리를 곧이곧대로 받아들이는 것은 우물에서 숭늉을 찾는 격이고 손으로 달을 가리킬 때 달은 보지 않고 손만 쳐다보는 것이나 다름없다 하겠다.

필자는 선의 특징(핵심 내용)을 나름 허(虛)·정(靜)·담(淡)으로 요약한다. '허'는 욕망이 존재 않음을 뜻한다. 욕망이 있으면 추구하게 되고 추구하면 행동이 뒤따르고 행동하면 성취가 생기고 성취가 있으면 당연히 성취감이 생기고 성취감은 또 다시 새로운 추구를 불러온다. 그래서 추구하지 않으면 행동하지 않을 것이고 성취감이 생길 일이 없다.

'정'은 고요하고 조용함인데 곧 번거롭지 않다는 뜻이다. 노자는 "근본으로 돌아가는 것을 정(歸根曰靜)"이라 했는데 이는 '본래인(absolute reality)'의 자리로 회귀함을 뜻한다. 선은 이와 같은 본래인의 자리를 '본래면목(本來面目)'이라는 말로 표현한다. 세상 각종 종교의 수도 방법은 모두 이 목적(본래인)에 도달하기 위한 것이다.

'담'은 감각이 없다는 뜻이다. 시각·감각 상으로는 허·무와 상통하고 자연의 존재 모습을 '담백'으로 곧잘 묘사한다. 만물 본연의 상태에 순응하고 인공적인 수정이나 수식을 가하지 않는 것인데 노장의 '무위'와도 통한다. 특히 담백함의 표상으로 강조되는 노장의 자연관은 선가의 '평상심'으로 발전했다. '담'에는 요원함을 의미하는 '현(玄)'의 의미도 내함하고 있다. 선이 내함하고 있는 선취(禪趣)를 뭉뚱그려 한마디로 표현하면 어렴풋하여 뚜렷하지 않은 표묘(縹緲)한 모습이고 넓고 끝이 없는 의경이다.

공자가 말한 '인자요산(仁者樂山: 어진 자는 산을 좋아한다)'도 인자의 마음은 그가 좋아하는 산과 같이 고요함과 영원을 가슴에 품는다는 뜻이다. 인(仁)의 벗은 고요함[靜寂]이다. 시간을 초월한 영원은 정적 속에서 움직임 없이 흐르는 사랑의 영원성과 같다. 인자는 고요한 생활을 즐긴다. 산은 영원과 고요함의 상징이다. 공자의 '인'과 혜능의 '당하직심(當下直心)'은 다 같이 본래인의 마음을 뜻한다는 점에서 상통한다.

인간의 감각과 말의 논리는 칼처럼 일도양단의 갈림길을 만들어 '분별'의 예리함을 자랑한다. 그래서 감각과 말은 유보와 여백의 생리와는 전혀 거리가 멀다. 그러나 선과 노장이 거듭 강조하는 '이중성(二重性)의 동거'는 개념적인 간택의 양자택일을 지향하는 흑백 논리와는 다르다.

선과 노장은 유-무, 빈-부를 양립시켜 분별하는 논리를 기피한다. 그 이유는 분별의 논리는 이기적인 자아 중심의 논리이기 때문이다. 이 논리의 예리함은 이(利)와 선(善)·친(親)·귀(貴)만을 선택하고 해(害)·악(惡)·소(疎)·천(賤)을 버린다. 그러나 노자는 악은 선의 근원이 되기도 한다면서 선과 악 양 측면을 함께 포용하는 것이 옳다고 주장한다. 그래서 노자는 무(無)의 도와 상관적인 유(有)의 덕을 터득하여 지성적 논리의 예리함과 심리적 감각의 호·불호를 떨치라고 종용한다. 즉 도는 체(體)와 용(用) 두 가지로 구성되어 있는데 체는 허·무이기 때문에 보이지 않지만 용이 두두물물에 작용해 덕으로 나타나 우리가 그 실체를 가시적으로 보고 확인할 수 있다는 것이다.

세계의 존재 근원인 도는 있는 것 같기도 하고 없는 것 같기도 한 '회색분자' 같지만 분명히 존재한다. 도는 언어와 개념을 절묘하게 끊는다. 도는 상황과 대상에 따라 구체적인 세계로 내려와 흔적을 나타내기 때문에 들을 수 있고 볼 수 있지만 근본으로 복귀하면 이름도 형태도 없다. 그래서 도는 "아무 것도 없는 곳으로 복귀한다(復歸於無物)"라고 했다.(『노자』 14장)

도의 현묘한 본체는 유(有)가 아니지만 구체적인 현상계에 작용한다는 점에서는 무(無)도 아니다. 유도 아니고 무도 아니면서 무이기도 하고 또 유이기도 한 존재다. 다시 말해 도는 유나 무로 정해진 형태가 없다는 얘기다. 그래서 도나 불법 진리는 언어와 개념의 길이 끊어진 곳이다. 언어 문자가 인간의 분별심을 일으키는 단초가 되는 문제 외에도 치명적인 또 하나의 문제는 겉치레로 가려져 있다는 점이다. 사용되는 언어와 문자에는 늘 누군가의 목적을 띠기 마련이다. 다시 말해 언어와 문자를 구사할 때면 그 속에 늘 자신의 의도를 섞어 넣는다. 그 결과 언어 문자의 사용은 말하는 사람의 의도에 따른 제약을 받게 된다. 『장자』 「제물론」은 "언설은 겉치레로 가려져 있다(言隱於榮華)"는 말로 언어 문자가 가지는 숙명적인 제약성을 갈파했다. 선과 노장의 불립문자가 참으로 뜻하는 바도 이러한 언어 문자의 함정에 빠지지 말라는 경고다.

원래 언어와 문자는 중립적인 부호이고 주관적인 시비를 떠나 있는 것이다. 그럼에도 사람들은 언어 문자를 자신의 주장을 꾸미는데, 자신의 편견을 정당화하는 수식에 사용한다. 언어 문자를 이처럼 사용하지 말라는 것이 불립문자다. 선사들의 법문이 고구정녕 불립문자를 역설하고 노자가 화광동진(和光同塵)을 거듭 강조하는 것도 인간의 지성과 의도가 개입된 언어 문자가 야기하는 함정인 분별심과 겉치레를 경계하는 간절한 노파심이다. 장자가 '말 없는 말(言

無言)'을 주장한 것과 선이 강조하는 불립문자도 같은 맥락이다.

노자는 간택(분별)의 사유를 지양하는 것을 '화광동진'이라는 말로 구체화시켜 표현했다. 빛과 먼지에 차이가 있음을 알면서도 그 차이를 '차별'로 분리하지 않고 동시에 동거시키는 너그러움을 선에서는 '무분별의 분별'이라는 시적인 말로 표현한다. 이는 동봉(同封)의 법·연좌(連坐)의 법·이중 긍정의 묘미를 보여주는 절묘한 사유 방법이다. "화는 복이 의지하는 바고 복은 화가 엎드려 있는 바다(禍兮 福所倚 福兮 禍所伏)"라는 설법(『노자』 58장)이나 선-악과 같은 두 가지 개념이 서로의 관계성 속에서 존재함을 설파한 6조 혜능 대사의 '36대대법(對待法)' 법문은 다 이러한 사유 방법을 대표한다.

노자와 혜능의 대대법은 플라톤의 파르마콘(pharmakon: 이중성·불가분리성) 논리와도 같은 맥락이다. 파르마콘은 선이 말하는 불일불이(不一不二: 하나도 아니고 둘도 아님) 법문이기도 하다. 노자·플라톤·혜능의 설법은 우리가 익히 알고 있는 고사성어 '새옹지마(塞翁之馬)'가 쉽게 설명해 준다. 변방 국경 지역의 노인 아들이 말을 타다가 다리를 다쳐 장애자가 되는 '화'를 당했는데 뒷날 그 덕에 징병(병역) 면제를 받아 혹시라도 모를 생사의 화를 면하는 '복'이 됐다는 통속적인 고사가 성인들의 간곡한 설법을 쉽게 풀이해 준다.

4. 『주역』 「계사전」의 불립문자

"공자는 '글자로는 작자의 언어를 완전히 나타낼 수 없고, 언어로는 의미[思想]를 다 표현해 낼 수 없다'고 했는데 그렇다면 성인의 사상은 드러낼 수 없단 말인가? 그래서 공자는 또 '성인은 상징을 만들어 자신의 뜻하는 바 사상을 나타낸다. 괘를 만들어 만물의 진짜 모습과 가짜 모습을 드러내고 거기에 설명을 붙여 자신의 언어를 나타낸다'고 했다."
(子曰 書不盡言 言不盡意 然則 聖人之意 其不可見乎 子曰 聖人立象以盡意 設卦以盡情僞 繫辭焉以盡其言)

— 『주역』 「계사전」

언(言)과 의(意)는 위진 현학(玄學)의 중심 주제였다. 위진 현학의 뜨거운 담론 주제였던 언과 의의 문제는 바로 이 『주역』 「계사전」이 그 전거(典據)였고 학술 자료였다. 위에 인용한 「계사전」의 말은 공자의 말이 아니고 제자 자공의 말이다. 자공이 이에 앞서 "선생님의 글을 보지만 선생님께서 성(性)이나 천도(天道)에 대해 말씀하신 것은 들어볼 수가 없다"고 했다. 여기에 이미 '언어로는 사상을 다 표현할 수 없다(言不盡意)'는 공자의 관점이 나타나 있다. 「계사전」에서는 언과 의 사이에 '상(象)'이라는 연결고리를 만들어 언과 의를 연결시키는 다리 역할을 부여하고 있다. 이는 『주역』 자체의 특징과 연관된다.

왕필은 『주역약례(周易略例)』에서 언·상·의 셋 사이의 관계를 다음과 같이 말하고 있다.

> "언어는 상을 드러내기 위해 있고 상은 의미를 드러내기 위해 있다. 상은 의미를 드러내는 것이고 언어는 상을 설명하는 것이다. 의미를 다 밝히는 것으로는 상(象)만한 것이 없고, 상을 다 드러낼 수 있는 것으로는 언어만한 것이 없다. 따라서 언어는 상을 설명하기 위한 것이고 상을 이해했으면 언어를 잊어버리고 상은 의미를 담고 있는 것이므로 의미를 이해했으면 상을 잊어버린다. 상을 잊어버린 사람은 의미를 안 사람이고, 언어를 잊어버린 사람은 상을 분명히 이해한 사람이다. 의미를 이해하는 관건은 언어를 잊어버리는 것이다."

왕필이 여기서 말하는 "의미를 알았으면 언어를 잊어버린다(得意忘言)"는 말은 곧 불립문자다. 왕필의 '득의망언'은 『장자』 「외물」편의

"고기를 잡으면 통발을 잊고, 토끼를 잡으면 올무를 잊으며, 뜻을 이해했으면 말을 잊는다(得魚而忘筌 得兎而忘蹄 得意而忘言)"에서 힌트를 얻었다고 볼 수 있는 문법적 표현이다. 대만의 세계적인 노장철학자 진고응은 "왕필만이 『장자』로부터 힌트를 얻은 게 아니다. 언·의 관계에 관한 한 「계사전」도 『장자』의 영향을 크게 받았다"고 했다.(진고응 저, 『노장신론』 p.485)

「계사전」에 대한 『장자』의 영향을 좀 더 살펴보기에 앞서 기초적인 『주역』 상식을 알아둘 필요가 있다.

『주역』이라는 경전은 「역경」 부분과 「역경」 부분으로 구성되어 있다. 즉 우리가 통상 말하는 '역경'이라는 『주역』은 경전 부분과 그 경전의 해설서라 할 수 있는 논(論)·소(疎) 같은 저술들인 '전'들로 구성되어 있다. 좀 쉽게 말하면 경전인 『역경』은 점치는 책이고 『역전』은 「역경」을 철학적으로 한 단계 상승시킨 책이다. 경과 전(傳)의 구분으로 『역전』을 더 자세히 분류하면 『역전』은 7권 10편으로 구성되어 있다. 「단(彖)」·「상(象)」·「계사」·「문언(文言)」·「설괘(說卦)」·「서괘(序卦)」·「잡괘(雜卦)」 등 7권과 「단」·「상」·「계사」가 각각 상·하 편으로 되어 있어 10편이다. 이 10편을 통상 '십익(十翼)'이라고도 부른다. 『주역』 연구는 경과 전을 구분해서 연구하는 게 통례다. 철학성은 「계사전」이 가장 강하다.

역전 사상의 근원은 주로 노장의 우주관·음양가(陰陽家)와 도가의 음양설·유가의 윤리관이 주축을 이루고 있다. 『역전』은 한 사람이 쓴 것이 아니라 각기 다른 시대에 다른 사람들이 쓴 것을 모아 놓은 것이다. 『역전』의 저작 연대는 『역경(주역)』보다 7~800년 뒤진다. 따라서 저술 순서에 따르면 『역경』-『장자』-『역전』의 순서가 된다. 『역경』은 공자 이전부터 내려오던 것을 공자가 정리해 저술한 것이고 『역전』은 공자의 『주역』 저술 훨씬 뒤에 그 해설서의 성격으로 여러 사람들이 저술한 것이다. 『역경』과 『역전』 사이에 『장자』가 연결고리 역할을 하면서 많은 영향을 미쳤다.

진고응은 노장 철학이 유교 철학보다 발생한 순서 면에서 앞이라고 본다. 노장 사상과 유교 철학의 연원이 다 같이 『역경』에서 나왔다. 그런데 공자와 노장을 비교하면 공자보다 노장이 『역경』의 영향을 더 많이 받았다는 것이 진고응의 주장이다.

노자와 공자는 동시대 인물로 보는데 노자가 공자(BC 552~479)보다 앞선 선배라는 게 통설이다. 이는 노자의 생몰연대가 미상이고 확실한 고증도 없어 정확히 알 수는 없다. 간헐적인 기록들로 고증한 결과 노자가 약간 앞선다는 것이다. 장자(BC 365~290)는 생몰연대가 분명하다. 공자와 장자의 시대 간격은 200년 정도다. 따라서 공자 사후 7~800년 뒤에 나온 『역전』보다 『장자』의 저작 연대가 500년 이상 앞선다. 때문에 『주역』 「십익」이 『장자』의 영향을 받았다는 진고응의 논리가 적어도 시대순서에서는 아무런 문제가 없다. 왕필의 『주역약례』 언어 관계론이 『장자』에서 힌트를 얻었다거나 점화(點化)라는 논증도 쉽게 부정할 수는 없다.

『장자』 「천도」 편에 언·의 관계를 논한 다음과 같은 대목이 나온다.

> 세상에서 귀하게 여기는 도는 바로 책에 기록되어 있는데 책은 언어에 불과하고 언어는 또 그것이 귀하게 여기는 것이 있다.

언어가 귀하게 여기는 것은 의미[思想]인데 의미는 지향하는 것이 있다. 의미가 지향하는 것은 언어로 나타낼 수 없다.

바로 장자의 '불립문자'다. 장자의 이 같은 책·언어·의미에 관한 논술은 「계사」에서 말하는 "글자로는 언어를 다 나타낼 수 없고 언어로는 의미[思想]를 다 표현할 수 없다(書不盡言 言不盡意)"와 거의 같다. 책의 역할은 언어를 기록하는 것이고 언어의 역할은 의미를 표현하는 것이지만 책도 언어를 다 드러낼 수 없고 언어도 의미를 다 나타낼 수 없다는 이치를 『장자』와 「계사전」 둘 다 같이 통감하고 있다.

그러나 같은 인식을 하고 있으면서도 그 결론은 각각 다르다. 『장자』 「추수」는 언어로 "논할 수 있는 것은 사물의 조잡한 부분이고 의미로 도달할 수 있는 것이 사물의 본질"이라고 인식했다. 따라서 "도는 언어로 표현될 수밖에 없기 때문에 언어로 나타내면 이미 도가 아니다(道不可言 言而非也)"라고 주장함으로써(『장자』 「지북유」) 언어로는 의미를 다 나타낼 수 없다는 결론을 내리고 언과 의의 절대적 평행선, '차연(差延)'을 확인했다.

「계사」에서는 다른 곳에서도 언어 문제를 논했는데 언어의 역할을 중시했다. "길흉을 판단하는 것은 말[解釋]에 달려 있다… 거기에 말을 붙여 길흉을 판단한다"고 했다.(「계사」 상) 또한 "길흉은 언어를 통해서 알 수 있다. 그래서 군자는 효(爻)를 해석해 즐기고 그 괘상을 관찰하고 그 해석을 살핀다"고 했다. 「계사」에서는 "군자의 관건은 언행인데 그 관건이 어떻게 발동하느냐에 따라 영욕이 결정된다"

고 인식했다. "군자의 언행이 천지를 움직일 수 있는데 어찌 신중하지 않을 수 있는가(言行 君子之所以動天地也 可不愼乎)"라고도 했다. 바로 언어에 이런 중대한 의미가 담겨 있고 천지의 영욕과 관련되기 때문에 군자는 반드시 신중하고 또 신중해야 한다는 것이다.

> 현명하고 사려 깊은 사람은 말이 적고, 조급하며 다투기 좋아하는 사람은 말이 많다…. 가만히 있으면서도 무언가를 성취하고 말을 하지 않고도 다른 사람의 신임을 얻는 것은 아름다운 도덕과 품행에 달려 있다.
> (古人之辭寡 躁人之辭多… 黙而成之 不言而信 有乎德行)

이것이 「계사」의 언어 문자에 대한 결론이다. 「계사」의 이런 관점은 『노자』, 특히 『장자』와 매우 가깝기는 하지만 언어 문자의 절대적 한계를 주장하는 노자나 선과는 차이가 있다. 또 「계사」가 상징[象]을 매개로 언어 문자의 한계를 극복해 그 의미[思想]를 파악하는 통로를 가지고 있는 것은 선이나 노장보다 유연한 자세다.

노자는 "아는 사람은 말을 하지 않고 말을 하는 사람은 알지 못한다(知者不言 言者不知)"했고, "도를 도라 말하면 그것은 불변의 도가 아니다(道可道非常道)"라고 인식했다. 그래서 "말을 하지 않는 가르침의 실행(行不言之敎)"을 강조했다.

장자는 더 자주 "최고의 말은 말을 하지 않는 것(至言無言)", "위대한 변론은 말을 하지 않는다(大辯不言)"고 하면서 "말을 하지 않고서도 다른 사람의 신임을 얻는 것"을 높이 평가했다. 『장자』「덕충부」

에 다음과 같은 우화가 있다.

노나라에 형벌로 다리 하나를 잘린 왕태(王駘)라는 사람이 있었다. 그는 서서 가르치지도 않고 앉아서 토론하는 일도 전혀 없는데 추종하는 제자들이 공자를 능가하고 있었다. 공자의 제자인 상계가 공자에게 물었다.
"마음이 텅 빈 채 찾아간 사람들이 가득 채워 가지고 돌아간다는 데 과연 '말 없는 가르침(不言之敎)'이라는 것이 있어서일까요? 대체 그는 어떤 사람인가요?"
공자가 말했다.
"그분은 성인이시다. 나도 온 세상 사람을 이끌고 그를 따라야겠다. 생사 문제가 큰일이라 할지라도 그를 변화시킬 수 없다."
상계가 다시 물었다.
"그건 무슨 뜻입니까?"
공자가 말했다.
"그는 만물이 다 같은 하나일 뿐이라는 만물제동(萬物齊同)을 깨달아 무차별의 관점에서 분별심을 버린 분이다. 만물이 다 같다는 하나의 입장에서 보면 상실이라는 게 있을 수 없다. 그래서 그는 다리 하나 잃은 것 정도는 몸에 붙은 티끌 하나 털어버린 것쯤으로 생각한다."
상계가 다시 물었다.
"그가 스스로 변치 않는 마음을 얻었다면 자기 수양일 뿐인데 무엇 때문에 사람들이 그에게 모여듭니까?"

공자가 대답했다.

"그는 이목 등의 감각기관이 옳다고 여기는 것을 초월, 이목이 듣고 보는 것에 시비할 줄 모르며,(不知耳目之所宜) 이목 같은 감각기관을 허상으로 여겨 외부로부터 들어오는 지식에 구애되지 않고,(象耳目) 인간의 지식으로 아는 대상을 모두 하나로 여겨 일체의 분별심(차별심)을 극복하고 만물제동의 경지에서 대상을 본다."

왕태의 불언지교와 무위지화(無爲之化)의 공덕을 공자의 입을 빌려 설한 장자의 우화다. 왕태는 이 세상이란 인간의 육신이 일시적으로 지나가는 여관 같은 것이고 죽음이란 다른 환경 속으로 떠나는 새로운 여행이라고 여기는 해탈자, 곧 깨달은 자다. 삶의 집착을 버리고 해탈하면 발 하나 없는 것쯤으론 마음을 어지럽힐 수 없다.

오직 마음을 비운 자만이 마음을 비우기를 원하는 자의 마음을 비우게 할 수가 있다. 이것이 '불언지교(不言之敎)'이고 '언무언(言無言)'이다. 말 없는 가르침, 말 없는 말이란 이렇게 마음을 비워 다른 사람을 감화시키는 것이다. 이것이 바로 노장의 '무위지화(無爲之化)'고 선의 불립문자가 뜻하는 바다. 왕태는 고요한 물속에 비친 파란 하늘에 온 마음을 담그도록 사람들 마음의 거울이 됨으로써 불언지교·불립문자라는 위대한 가르침을 행했다.

왕태는 장자가 우화를 만들기 위해 내세운 가공인물이다. '태(駘)'는 노둔한 말을 뜻하고 '왕(王)'은 우둔함의 극치를 나타내는 형용사 역할을 해 우둔한 말 중에서도 가장 우둔한 말임을 강조한다. 그래서 왕태라는 이름은 노장철학과 선철학의 사상적 저류를 이루는 '치둔(癡鈍)의 철학', 즉 겸양의 미덕을 은유적으로 내포하고 있기도 하다.

5. 도연명의 불립문자

〈음주(飮酒)〉

마을 근처 초가집 짓고 살아가니
수레나 말 시끄럽지 않다.
그대에게 묻노니 어찌 그럴 수 있는가?
마음 멀어지면 사는 곳도 자연 외진 곳 된다오.
동쪽 울타리 밑에서 국화를 따다가
무심히 고개 돌리니 남산이 눈에 들어오네.
산 기운 저녁노을에 아름답고
날던 새들도 무리지어 돌아오는구나.
이 가운데 참뜻 있나니
말해보고자 하나 이미 말을 잊었노라.

(結廬在人境 而無車馬喧 採菊東籬下 悠然見南山 山氣日夕佳 飛鳥相與還 此中有眞意 欲辨已忘言)

– 도연명

이 시는 도연명의 〈음주〉라는 연작시 25수 중 제 5수(首)다. 이 시에는 만고절창의 두 개 시구가 들어 있다. 하나는 '채국동리하 유연견남산(採菊東籬下 悠然見南山)'이고 다른 하나는 '차중유진의 욕변이망언(此中有眞意 欲辯已忘言)'이다.

우선 '불립문자'를 극치의 시적 표현으로 드러낸 절창구인 맨 뒤의 두 시구를 감상해 보자.

언어의 표현을 넘어선, 그저 가슴만 두근거리며 어렴풋이 느껴지는 어떤 높은 경지를 이보다 더 적절히 표현할 수 있을까! 감탄사가 절로 나온다. 필자는 이 시구를 애송하며 혼자 제멋에 겨운 흥을 돋우기도 한다. 애송할수록 입에 꿀물이 흘러넘친다.

도연명이 느꼈던 높은 경계는 바로 앞에 나와 있는 저녁노을에 반짝이는 '남기(嵐氣: 이내)'와 잠을 자러 무리지어 돌아오는 새떼들이다. 좀 풀어 말하면 우주 대자연의 경이로움이다. 대자연의 운행법칙은 정말로 찬란하고 돌아온 고향집 같은 푸근함과 너그러움을 시인에게 선물하고 있다.

남송 말 시인 원호문(1190~1257)에게도 불립문자로 감탄한 시구가 있다.

눈앞에 시구 있으나 말로 표현할 수 없고

그저 마음만 아득히 높아진 느낌일 뿐이네.

(眼前有句道不得 但覺胸次高崔嵬)

원호문의 〈태산을 유람하다(遊泰山)〉에 나오는 시구다. 도연명과 같이 언어의 표현을 넘어선 불립문자적 표현이다. 도연명에는 못 미치지만 불립문자의 시적 표현이라는 점에서는 아주 핍진하다.

기왕에 판을 폈으니 제1의 절창구 "채국동리하 유연견남산" 이하를 합쳐서 판을 키워 감상해 보자.

6개의 시구 '유연(悠然)'·'견산(見山)'·산기·일석·남산·비조와 시인이 물아일체를 이룬 '물화(物化)'가 각기 시안(詩眼)·구안(句眼)이 되어 황홀한 의경을 만들어 낸다. 도연명 자신이 남산이 되고 비조·산기(山氣)와 하나가 되지 않으면 이런 시가 나올 수 없다. 물화는 의상(意象)의 정신을 획득하는 것일 뿐만 아니라 동시에 우주의 이치를 터득하는 것이기도 하다. 내면에 시의 의상을 얻는 일은 우주 이치의 깨달음에서 이루어진다.

유협은 "경물(景物)은 그 형상으로 구하고 마음으로는 이치에 호응한다" 했고,(『문심조룡·물색』) 곽약허는 "정신을 집중하고 생각을 멀리 보내 사물과 은연중에 통한다"고 했고,(『도화견문지』 권5) 사공도는 "도와 함께 나가니 손대는 것마다 봄이 된다"고 했다.(『이십사시품』) 이 모두는 의상과 형이상학적 도 사이의 관계를 강조하고 있다.

유가의 두보는 "천지는 천리(天理)의 눈이요, 계절의 변화는 백년의 마음"이라 했고, 불가의 왕유는 "산하는 천안 속에 있고 세계는 법신 속에 있다(山河天眼裏 世界法身中)" 했고, 도가의 혜강은 "눈으로 돌아가는 기러기를 전송하고 손으로는 거문고를 타며, 우러러 보고 굽어보며 깨달으니 마음은 태현에서 노닌다(目送歸鴻 手揮五弦 俯仰自得 遊心太玄)"고 읊조렸다. 세 사람 다 물아일체의 물화를 통해 우주 대자연과 하나가 되어 우주의 이치를 깨달아 자연 경물과 마음을 통한 의상(意象)을 만들었다.

'유연견남산'의 남산은 도연명이 은거하던 강서성 구강에서 바라다 보이는 여산(廬山)인데 천하 명산의 하나로 손꼽힌다. 여산은 불교 성지이기도 하다. 모택동 별장이 현존하고 영국·프랑스인들이 아편전쟁 이후 들어와 지었던 서양식 별장들이 지금도 남아 있다. 필자는 1996년 중국 선불교 답사 취재 때 여산을 가 보았다.

도연명이 남산[廬山]을 본 견산(見山)은 눈으로 산을 본 것이 아니라 심령으로 하나의 우주를 본 것이다. 그가 국화를 따다가 눈을 우연스럽게 돌린 당시의 심령은 일체의 번뇌 망상이 사라진 무심으로 '우주령(universal mind: 宇宙靈)과 일체를 이룬 심령 상태였던 것이다. 그 우주심령이 도연명의 마음이 되어 자유롭게 노닐었다.

'유연'은 느긋하게 가라앉은 모습, 모든 생각을 내려놓은 무심한 상태, 천천히 행동하는 모습 등을 나타내는 말이다. 그저 '무심히'라는 말로 풀이하면 무방하다.

남송 시론가 갈립방(葛立方: ?~1164)은 자신의 시론집 『운어양추(韻語陽秋)』에서 '동리하… 욕변이 망언'까지를 다음과 같이 평했다.

"도연명은 세속의 어지러움을 떨치고 이치의 동굴 속으로 들어가 삼라만상의 진정한 경계가 아님이 없음을 보았다. 이 때문에 남산을 바라보고 참된 뜻이 구비되어 있음을 알았다."

도연명이 남산·비조·산기 등을 보고 깨친 바는 과연 무엇인가?

① 구체적 형상에서 우주의 현묘한 이치를 깨달았다.

② 시인은 남산과 하나 되는 물화의 과정을 통해 의상의 정신을 획득했다. 남산을 바라보는 순간은 모든 마음의 티끌이 사라진 허령(虛靈)한 진공의 심령에서 남산이 되었고 눈에 들어오는 정경(비조·산기·일석)과 하나 되어 우주의 진리를 스스로 깨쳤다.

③ 이는 바로 노자가 말하는 "현묘하고 또 현묘하니 모든 미묘함의 문이다(玄之又玄 衆妙之門)"고 한 마음이 태현에서 노니는 공령한 경계이기도 하다

④ 물아양망(物我兩忘): 시인의 공령(空靈)과 우주의 현묘한 이치를 배경으로 그 의미가 더욱 깊어지면서 심미 창조가 영혼 속에서 완성됐다. 물화와 "마음은 태현에서 노닌다"는 말은 '운 너머의 운치[韻外之致]'라는 내면의 의상이 생생하게 구현되는 것을 포함하여 심미 창조가 영혼 속에서 이루어졌다는 뜻이다. 이러한 형이상학적 깨달음을 나타내는 표현으로는 상외지상(象外之象)·유심태현(遊心太玄) 등이 있다.

심미 창조의 최종 결과는 가슴 속의 의상이 예술 작품 속의 형상으로 나타나야 한다. 공령한 영혼에 담긴 우주의 현묘한 이치라는 의상이 '유연견남산'·'산기일석가(山氣一夕佳)'·'비조상여환(飛鳥相與還)'이라는 예술 언어를 통한 형상으로 나타났다. 이것이 육기가 『문부(文賦)』에서 말한 "모호하던 정감이 뚜렷해지고 물상(物象)이 선명하게 다가오면 적합한 언어를 찾아 그 의상을 표현해야 한다"는 것이다.

'욕변이망언(欲辯已忘言)'은 불립문자의 고도한 형이상학적 초월의 세

계가 가지는 '우주 운율'을 마음 깊은 곳에서 체득한 도연명만이 완미하고 미묘하게 표현한 절창이다. 국화 따는 울타리라는 공간과 멀리 남산이라는 원경은 심미 정감을 통해 하나로 융합되어 성공적으로 표현됐다. 심미 정감이 노니는 이 공간에 진정한 기쁨이 있어 말로 표현하고 싶으나 도저히 적당한 말을 찾을 수가 없는 그 심정—.

꿀 먹은 벙어리는 꿀의 달콤한 맛을 도저히 표현해 낼 수가 없다. 기껏 달콤한 웃음을 지어 보이는 방법밖엔 없다. 언어의 표현을 넘어선 가슴 두근거리는 그 심미 감정을 표현할 길 없어 말을 잊고 말았다는 '망언(忘言)'은 불립문자의 오묘한 시적 표현이다.

시의 앞 네 구는 사는 곳이 외지고 편벽한 곳임을 말해 물질적으로 풍요롭지 못함을 암시하면서 지리적으로 떨어져 있어 사람 없는 가을이 적막하다. 왕래하는 수레도 없고 시끄러운 사람 소리도 없다. 그럼에도 시인의 심령적 체험은 충만 구족하다. 시인의 이 같은 심령 상태는 바로 세속 초월의 공부를 통해서 체득된 것이다. 그래서 시인은 자신이 있는 곳이 궁벽해도 마음 속 천지는 저절로 크고 마음 속 우주는 저절로 광활하다. 통달한 심령이면 외부의 어떤 것도 그의 세계를 어지럽게 할 수 없다.

> 물 흘러가도 마음 다투지 않으니
> 구름도 마음 따라 느긋하기만 하다.
> (水流心不競 雲在意俱遲)

두보의 시 〈강가 정자(江亭)〉에 나오는 절창구다. 이 시구에 들어 있는 철학적 지혜 역시 사람의 마음을 열어준다. 세계와 하나 되어 갈 때 구름은 가볍게 떠오르고 물은 졸졸 흐르며 구름과 함께 느긋하게 흘러간다. 이럴 때 우주는 외재적 시공이 아니라 사람의 심령이 만들어 놓은 세계다. 작은 것으로부터 큰 것을 보는 동양의 지혜를 함축한 명구다. 이 시구도 도연명의 '채국동리하 유연견남산'과 같은 심령 초월의 방법을 가르쳐 준다.

맑은 산수는 인간을 맑고 깨끗하게 정화시켜 주면서 자연적 시간과 초월적 공간을 제공한다. 산수 체험은 변함없는 질서와 아름다움을 간직하고 인간을 그 경지로 이끌어 동화시키면서 사람의 폐부까지 맑게 하고 산수와 일체가 되게 한다. 여기서 산수 체험은 예술적 경지로 승화된다.

왕유의 대표적 산수시 한 수를 감상하고 넘어가자.

〈산중의 가을 저녁(山居秋暝)〉

빈 산에 내린 비 이제 막 그친 후
저녁 되니 하늘 기운 가을이네.
밝은 달 속 사이로 비치어 들고
맑은 물 바위 위로 흐르네.
대숲 떠들썩하니 빨래하고 돌아가는 여인
연잎 흔들리니 내려가는 고깃배
어느새 봄꽃 시들었지만
왕손은 스스로 머물 만하네.

(空山新雨後 天氣晚來秋 明月松間照 淸泉石上流 竹喧歸浣女 蓮動下漁舟 隨意春芳歇 王孫自可留)

왕유

이 시는 비온 후 산촌의 가을 풍경을 읊조린 것으로 산수시의 대표작으로 손꼽힌다.

수련(首聯: 제1·2구)

산중의 경색(景色)을 전체적으로 조망하고 계절과 시간을 밝혔다. 왕유가 선적(禪寂)의 경계를 나타내는 데 자주 시어로 쓰는 '공산(空山)'이 첫 머리에 나온다. 그는 〈녹채(鹿柴)〉라는 시에서 "공산불견인(空山不見人: 텅 빈 사람은 보이지 않고)"이라 했고, 〈조명간(鳥鳴澗: 새 우는 개울가)〉이라는 시에서는 "야정춘산공(夜靜春山空: 고요한 밤 봄날의 산은 비어 있고)"이라 해서 '공산'으로 참선 경계의 선취(禪趣) 물씬한 선시들을 많이 읊조렸다.

함련(頷聯: 제3·4구)

산속의 밤 풍경을 구체적으로 묘사해 소나무 사이로 달빛이 쏟아져 들어오고 바위 위로 맑은 물이 흐른다. 밤이라 물이 보이지 않았을 테지만 맑은 물이 달빛을 받아 반짝였을 것이다. 그리고 비 내린 후 고요한 산중의 물 흐르는 소리 더욱 크게 들렸을 법도 하다.

함련은 산중 경물 묘사[靜]인 반면 경련은 인물 묘사[動]로 동정을 대비시킨다.

경련(頸聯: 제5·6구)

빨래하고 돌아가는 부녀자들과 어부들이 산중의 인물이다. 이들은 산촌에 사는 평범하고 소박한 사람들이다. 이들의 행동은 매일 반복되는 극히 일상적인 것들이다. 산촌에서 살아가는 이들도 자연의 일부다. 이익을 위해 서로 다투고 권력 때문에 시기하고 모함하는 바깥세상 사람들과는 달리 순박하게 사는 사람들이다. 이 지점에서 선과 노장의 '평상심시도(平常心是道)'와 무위자연(無爲自然)의 도가 상외지상(象外之象)의 의경으로 멀리서 떠오른다.

경련의 묘사 또한 탁월하다. 밤이라 시인의 눈에 빨래하고 돌아가는 여인들과 고깃배가 보이지 않는다. 들리는 말소리와 웃음소리로 아낙네들의 존재를 짐작하고 연잎이 흔들리는 것을 보고 고깃배 지나가는 것을 짐작한다. 도의 본체는 불가시적이지만 그 작용을 통해 나타난 현상을 보고 도의 실재를 확인할 수 있다는 사실을 연상시킨다.

함련과 경련은 절묘한 대구(對句)로도 유명하다. 함련은 비친다[照]와 흐른다[流]라는 동사로 끝나는 반면 경련에서는 완녀(浣女)와 어주(漁舟)라는 명사로 끝난다. 자칫 밋밋하기 쉬운 율시(律詩)의 대구에 변화를 준 것이다. 또 3구는 보이는 것[視覺], 4구는 들리는 것[聽覺]이고, 5구는 들리는 것[聽覺], 6구는 보이는 것[視覺]을 묘사해 시·청각이 교차하는 율동미를 느끼게 한다. 이처럼 시각과 청각을 갈마들게 함으로써 예술적 심미를 극대화하고 있다. 적막한 가을 밤 산촌의 경물과 인물이 한데 어우러져 태현(太玄)의 그윽한 분위기를 자아낸다.

미련(尾聯: 제7·8구)

미련에서는 시인의 감회를 펼치는 서정을 노래한다.

시인은 이제 가을의 문턱이라 봄날의 꽃들이 다 시들었지만 그래도 "이곳에 머물 만하다"고 말한다. 왕손(王孫)은 왕유 자신을 말한다. 이 연은 『초사』의 구절을 거꾸로 이용했다. 『초사』는 돌아오지 않는 왕손을 향해 "산중은 너무 적막해 오래 머물 수 없으니 어서 돌아오시오"라고 산중에 은거하는 왕손을 부른다. 그러나 왕유의 시는 산중 생활이 '머물 만하다'고 한다. 번잡한 세속 인사(人事)의 현장으로 돌아가지 않겠다는 심정을 함축적으로 밝히고 있다. 산중 생활에 대한 애정이 경련까지 세 연에 걸쳐 묘사한 산중 경물과 자연스럽게 조화를 이루며 일치한다.

왕유의 〈산거추명〉 시는 '공산'과 '명월'로서 언외지의(言外之意)의 선의(禪意)를 한껏 밝히고 있다. 선과 시에서 '공(空)'은 사전적인 허공을 가리키는 게 아니고 하나의 환상적인 감각으로 ①높은 초월성 ②보편성 ③도의 무소부재(無所不在)를 뜻한다. 그래서 공산은 의(意)를 통해 승화시킨 감정을 사물에 기탁해 드러낸 선심(禪心)을 형상화시킨 선적 '경계'다. 이것이 곧 마음이 밖으로 드러난 형상[色]이 경계라는 것이다.

달은 통상 여성·다산(多産)·물 등을 상징하지만 선에서는 끊임없이 회생하는 힘, 즉 영원한 생명을 상징한다. 시의 '명월(明月)'은 밤·

공산·맑은 물과 같은 심태(心態)에 깊은 영오(領悟)를 더해준다. 시인은 독자들이 이러한 형상(形象) 사유방식에 의한 선리의 직각 체험을 하도록 이끈다. 그래서 소동파는 "선을 설하는 것과 시를 짓는 것은 근본적으로 차이가 없다(說禪作詩本無差別)"고 했다.

시의 '천기만(天氣晚: 저녁·밤)'은 석양과 밤을 가리키는 말인데, 석양은 정신적 성숙을, 밤은 심리적 안정을 각각 상징한다. 왕유의 〈산거추명〉 시는 이른바 "선의 이치가 있으되 선어가 없는(有禪理 無禪語)" 선시의 특징을 잘 발휘한 시다. 왕유·맹호연·위응물 같은 시인들을 산수청음파(山水淸音派)라고 하는데 이들은 모두 동시대인으로 특히 왕유와 맹호연을 묶어서 '왕맹(王孟)'이라 칭하기도 했다. 이들은 선취(禪趣)가 흘러넘치는 선시들을 많이 남겼다. 위응물의 "낙엽만공산 하처심행적(落葉滿空山 何處尋行跡)" 같은 시구는 '선가 3경(禪家三境)'의 하나로 꼽히기도 한다.

불립문자를 가장 핍진하게 드러낸 선구(禪句)와 시구(詩句)를 각각 하나씩 손꼽으라면 나는 남악회양 선사(677~744)의 "설사일물즉부중(說似一物卽不中: 설사 한 물건이라도 옳지 않다)"과 도연명의 "욕변이망언(欲辯已忘言: 그 참뜻을 말하려 하나 이내 말을 잊는다)"을 선택하겠다.

    남악: 제가 확실히 깨달은 바가 있습니다.
    6조: 그게 뭐냐?
    남악: 그것은 한 물건이라 말해도 맞지 않습니다.
        (說似一物卽不中)
    6조: 가히 닦아서 증득할 수 있는 것인가?

남악: 닦고 증득함이 없지는 않사오나 더럽혀질 수는 없습니다.

6조 혜능 대사와 그의 법맥을 이은 양대 산맥인 남악회양 선사의 선문답이다. 청원행사 선사와 함께 6조 혜능의 선법을 이은 남악의 오도송(悟道頌)이라고 할 수 있는 '설사일물즉부중'은 불법 진리의 당체는 언어 문자로는 드러낼 수 없다는 불립문자의 확인이다.

선철학이 일반 철학과 다른 점은 선에서는 외부 대상에 대한 이해를 추구하지 않고 자신의 내부를 들여다보는 자성(自性) 관조를 통해 존재의 실체를 밝히려 한다는 점이다. 선철학도 일반 철학과 마찬가지로 인간 존재의 밑바탕을 밝히려는 게 그 목표다. 그러나 그 방법이 일반 철학과 달리 내적 깨달음의 실천성을 강조하기 때문에 종교가 될 수 있는 것이다.

남악회양이 8년이나 참구한 끝에 깨친 존재의 근원인 '그 어떤 물건'은 언어와 문자로는 도저히 표현할 수 없는 언어도단의 세계에 속하는 그 무엇이었다. 그의 "설사 한 물건이라 해도 맞지 않는다"는 외마디 소리는 교외별전·불립문자의 세계에 속하는 선지[佛法 眞理]를 뜻한다. 굳이 언설을 빌린다면 도·자성·불법 진리의 본질은 진공묘유(眞空妙有)를 연출하는 '절대공'이다. 남악회양이 깨친 절대공의 자성 본체는 후일 그의 제자 마조도일 대사를 중심으로 꽃피운 조사선의 '평상심'으로 구체화되어 지금까지 '평상심시도'의 법문이 거듭 강조되고 있다.

도연명의 '욕변이망언'도 앞에서 보았듯이 역시 불립문자를 언설로 드러내 보인 명구(名句)이다.

6. 선과 시(서정시)의 공통점

사람이 살면서 서로 만나지 못함이
마치 하늘에 아침저녁으로 따로 뜨는
삼성과 상성 같구나.
오늘 밤은 어떤 밤인가?
둘이 함께 촛불 아래 모였네.
(人生不相見 動如參與商 今夕復何夕 共此燈燭光)

— 두보 〈증위팔처사(贈衛八處士)〉

"선은 시적 철학 도는 철학적 시다"라는 말은 중국 미학자 이택후의 『미의 역정』에 나온다. 선은 유가·도가·굴원이 말했던 인간관계·생명·감정이 더욱 철학적 의미를 갖게 했다.

위 두보의 시는 불교 신자인 위팔 처사에게 준 시다. 아주 평범한 시 같지만 시 속에는 순간이 곧 영원일 수 있는 심오한 철학을 담고 있다. 선은 순간의 즐거움을 소중하게 여기고 짧은 시간이 오히려 영원할 수 있는 인간의 애정을 소중히 여기라고 외친다. 그래서 선은 바로 시적 철학이다. 선은 인간 세상과 휩쓸리지 않고 오직 심리적 주체를 세워 세속 현실에 살면서도 초연할 수 있는 정신 상태를 신앙의 목표로 삼는다.

이 세상 수많은 사람들 중 서로 만나 인연을 맺기란 영원히 자리를 함께 할 수 없는 삼성과 상성의 관계만큼이나 어렵다. 삼성과 상성은 각각 뜨는 시간이 아침과 저녁이라 서로 만나지 못한다. 두보가 위 처사와 함께한 시간은 잘 해야 하루나 이틀, 또는 몇 시간에 불과했을 수 있다. 그러니까 서로의 만남 시간은 영원한 시간에 비하면 찰나이고 한 순간에 불과하다.

그러나 그 짧은 만남의 즐거움은 영원한 추억으로 간직될 수 있고 또는 일생일대의 가장 중요한 순간일 수도 있다. 만약 둘이 담소를 나누다 무슨 큰 인생의 진리라도 발견해 공감했다면 그렇지 않겠는가. 그래서 등불 아래 마주 앉아 술잔을 기울이며 담소한 그 시간을 다시없이 귀중하게 간직하고 싶은 간절한 마음을 시에 담았는지도 모른다. 두보는 "둘이 함께 등불 아래 자리를 같이한 순간(共此燈燭光)"을 영원으로 승화시켰다. '순간 속의 영원'을 노래한 두보의 시는 바로 선이 거듭 설파하는 핵심 선지(禪旨)이기도 하다.

이하의 글은 필자의 졸저 『선시』 중 〈선과 시는 어떻게 같은가〉를 옮겨 놓은 것이다.

선과 시는 어떻게 같은가

송대의 이지의(李之儀)는 "선(禪)을 설하는 것과 시를 짓는 것은 본질적으로 다르지 않다[說禪作詩 本無差別]"고 말했다. 종교 체험과 예술 체험이 일치한다는 의미다. 또 명나라가 멸망하자 출가하여 승려가 된 보하(普荷)는 "선미 물씬하나 선어가 아니면 시이고, 시경이지만 시구가 없으면 선이다[禪而無禪便是詩 詩而無詩禪儼然]"라고 했다. 역시 시와 선은 표현 방식만 다를 뿐 경계(境界)의 측면에서 볼 때는 같다는 뜻이다. 물론 여기서 말하는 시들은 위진 남북조 이래의 서정시·산수시를 말한다. 불교 선종의 영향을 받은 이러한 시론은 불교 역사에서 선종이 주류를 이뤄온 한·중·일 3국에 다 같이 적용된다. 서정시나 산수시 속에 담긴 선경(禪境: 일체의 정욕이 그친 상태)은 어떠한 장광설의 선법문보다도 깊은 감동을 주면서, 돈오의 길로 안내한다.

시선일치를 주장한 선승과 시학 이론가들은 수없이 많다. 모두가 결론은 시적 신운(神韻)과 선적 묘체(妙諦)는 일치한다는 것이다. 그래서 흔히 "선가의 불조(佛祖)는 시를 쓰지 않은 시인이고, 시인은 선을 말하지 않는 선사이다. 양자는 본질상 같다"고 말하기도 한다. 선종 조사가 시인인 예로는 '염화미소(拈花微笑: 석가모니가 이심전심으로 가섭을 인증한 고사)'의 주인공 마하가섭, '전의(傳衣: 가사를 전함)'로 법맥을 전한 달마, '묵언(默言)'으로 유명한 유마 거사, 득법게(得法偈)를 남긴 6조 혜능 등이 있다. 또 시인이 곧 선사인 예로는 선의(禪意)가 풍부한 시를 많이 쓴 왕유, 맹호연, 위응물 등을 손꼽는다.

시와 선은 '가치 지향적 취향', '정감을 특징으로 하는 점', '사유 방식', '언어표현 양식' 등에서 유사함을 보이면서 사람들을 놀라게 하는 표현을 쏟아낸다. 선과 시에 내재된 기제적 연결점을 좀 더 구체적으로 살펴보자.

① 가치취향적 비공리성

선종 특히 남종선은 세간의 번뇌에서 벗어나 자성청정심(自性淸淨心)을 발현함으로써 무애한 열반의 경계에 도달하는 것을 종지로 삼는다. 남종선은 고행·염불·독경 등과 같은 번쇄한 계율을 제창하지 않는다. 남종선의 금욕주의는 심령상의 금욕주의이지 신체적 금기를 말하는 것이 아니다. 그래서 남종선은 전통적인 수행 방식으로 전해 오던 참선수행과 정관명상을 임운수연(任運隨緣)과 적의회심(適意會心: 자기 본성에 적합한 생활방식을 따라 살아가는 것)으로 대체했다. 선은 물질적·명리적인 것을 추구하지 않는다. 오직 정신적 해방을 추구할 뿐이다. 선가는 '내가 곧 부처'인 초월의 경계에서 유무·색공·허실·생사·선악·희비·빈부·귀천 등의 구별을 없애고 욕계로부터 해방된 심령의 자유를 만끽한다.

선이 갈구하는 선경과 시가 추구하는 심미는 서로 통한다. 시의 핵심은 심미이다. 심미는 하나의 형상적 직각(直覺)으로 본래가 실용적 목적을 가지고 있지 않다. 직각이란 사물을 보고 느낀 감각적 종합을 한순간에 완성해내는 것이다. 선도 미학적 관점에서는 삼라만상에 대한 '심미'이다.

선의 경지나 시의 심미 과정에서는 잠시 자아를 망각하고 의지의 속박에서 벗어나서 의상(意象)의 세계로 이동한다. 따라서 시와 선의 심미는 '욕망'을 대동하지 않는 초월적·비공리적 활동이다. 미(美)나 미감의 본질은 원래 공리를 뛰어넘는다.

선의 돈오는 신속하고 민첩한 감성적 초월이며, '순간' 속에서 실현하는 '영원'이다. 예술[詩]과 종교[禪]의 작용은 차이가 없다. 둘 다 심미와 초월을 통해 일체의 욕망을 떠난 무아의 경지로 들어감으로써 현실 세계 속에서 자아분열과 자아모순이 초래하는 고통에서 벗어나 해탈하는 것이다. 미술[禪畵]도 역시 인생의 고통과 해탈의 도를 그린다. 세속적인 욕망의 투쟁을 떠나 지혜와 평화를 획득하는 것이 미술의 목적이다.

예술적·선적 심미와 생활 속에서 지각하는 정감은 분명 다르다. 그래서 선에서는 "욕계에는 선이 없고, 선계에는 욕망이 없다[欲界無禪 禪界無欲]"고 말하고, 예술에서는 "욕계에는 미가 없고, 미의 세계에는 욕망이 없다[欲界無美 美界無欲]"고 말한다. 예술 심미는 실용적 목적과 공리성, 지식 판단, 과학적 분석을 초탈하고 객체 사물의 감성 형태를 관찰하여 주체의 정감에 계합시킨다. 이러한 심미적 희열감은 정감의 정화 과정을 요한다. 즉 저급의 생리적 욕구나 오락적 분장, 정치·도덕적 평가 등을 회피해야 한다는 말이다. 그와 같은 심미적 희열은 인류가 자기초월(현실의 초탈을 통해 얻는 자유)을 통해 체현하는 최고의 정신적 품격이다.

선은 대경관심(對境觀心: 외계 사물을 대할 때 그 사물과 연계되는 자신의 마음을 통찰하는 것)을 강조한다. '대경관심'은 감성적 초월을 통해 순간을 영원으로 인식하는 통로이다. 움직이는 현상 세계 가운데서 영원부동의 고요한 본체를 인식하는 것이 바로 돈오요, 영오(領悟)이다.

숭혜 선사는 한 학인이 찾아와 "달마가 중국에 오기 전부터 있던 불법 진리는 어떤 것입니까?" 하고 묻자 "만고에 변함없는 허공이요, 하루아침의 바람과 달[萬古長空 一朝風月]"이라고 답했다. 영원불변의 허공 속에서 끊임없이 변화하며 뜨고 지는 달과 일었다 사라지는 바람소리를 보고 들으면서, 그는 달과 바람이라는 순간도 결국은 영원불변인 허공의 한 부분임을 간파했던 것이다. 순간이 곧 영원이요, 영원이 곧 순간이라는 그 한순간의 깨침이 바로 숭혜 선사의 돈오요, 해탈이다. 돈오란 선계(禪界)의 심령으로 비약해 가는 것으로 물(物)과 나[我]를 모두 잊는 미묘한 정신 경계의 체험이다. 숭혜 선사의 답이 뜻하는 바가 바로 이런 것이다.

불교의 참선과 시의 심미는 욕계(欲界)를 떠나는 것이 아니라 욕계를 초월하는 것이다. 또한 참선과 시는 공리를 포기하고 정관(靜觀)하는 특징을 공유하며, 둘 다 심령을 정화시켜 주는 기능을 갖고 있다. 화정 선자의 게송 〈긴 낚싯대 드리우니〉는 이러한 공통점을 한눈에 보여주는 무욕의 선계인 동시에 시적 경계이다. 달빛이 휘영청 밝은 넓은 호수에서 일엽편주에 몸을 싣고 홀로 하는 낚시나 참선은 심미적으로 욕계를 떠나 선계에 도달하는 돈오의 과정이다. 빈 배를 가득 채운 '명월(明月)'은 관조의 대상이지 욕구의 대상이 아니다. 그래서 선자 화상은 배 안에 가득한 달빛 가운데서 깨달음에 도달하여 모든 것을 쉬고 한가한 심령의 세계에서 노닐 수 있었던 것이다. 선자 화상의 게송은 심미 만점의 선시이다.

선적 깨달음의 대상은 곧 심미의 대상이기도 하다. 따라서 심미 대상은 선적 가치를 충분히 갖추고 있으며, 시적 가치의 체현은 '물아쌍망'의 선적 희열을 느끼게 한다. 선승과 시인은 밖의 사물을 관조할 때 다 같이 일체의 욕망이 없다. 선승은 일체의 성색(聲色)과 사물을 대할 때 거기에 집착하거나 머무르지 않고 인연 따라 자유롭게 옮아가면서 도처에서 불법 진리를 깨닫는다. 시인도 마찬가지이다. 시인은 외계의 사물을 대할 때 우의(寓意: 임시로 마음을 맡김)할 뿐 유의(留意: 집착하여 마음이 머무름)하지 않는다. 소동파는 「보회당기(寶繪堂記)」에서 "뭉게구름 눈앞을 지나가고 온갖 새소리 귓가를 스쳐 가지만, 혼연히 자연스레 지나갈 뿐이지 어찌 다시 생각[執着]할 소냐"라고 읊조렸다.

이러한 선승과 시인의 관물 태도는 스위스 심리학자 에드워드 벌로프(Edward Bullough)가 말하는 심미적 태도에서의 '심리적 거리'와 유사하다. 예술가뿐만 아니라 일반인도 일상생활을 영위하는 가운데 수시수처(隨時隨處)에서 일종의 비공리적 심미 태도를 갖는다. 선가가 말하는 '평상심(平常心)'이라는 것도 역시 심미적 대상에 대해 실용적 수요나 이해관계를 따지지 않는 마음이다. 왕유, 위응물, 왕안석 등을 비롯한 많은 시인들이 욕심 없는 비공리적인 평상심의 담박한 선시들을 남겼다.

중국 불교 선종은 위진 현학(玄學: 발전된 노장학)과 천 갈래 만 갈래로 얽혀서 서로 영향을 미쳤다. 선종 쪽에서 보자면, 선종은 현학적 사변에 힘입어 물화경계(物化境界)를 진일보시켜 본체화할 수 있었다. 대표적인 예가 물아쌍망적인 '장자의 나비꿈'이 선의 경계와 일치한다고 보는 것이다.

이러한 선종의 영향을 받아 순수 심미시가 출현하였다. 심미시는 유가의 공리적 목적을 따르는 전통 시가에서 벗어난 새로운 형식의 시가였다. 선시가 출현한 과정이다.

② 비분석적 사유방식

인간의 인식 활동 중에서 예술과 종교의 영역은 엄격하고 정확한 개념을 요구하지 않으며 엄밀한 분석적 사유도 행하지 않는다. 시와 선 또한 마찬가지이다. 선의 '돈오성불'과 시의 '심미직관'은 그 성격을 같이한다. 양자는 추상적 논리를 따르는 분석적·이성적 사고를 배격한다.

선은 세상의 구체적 사물을 '가상'으로 보고 불성 진여(眞如)를 본체로 인정한다. 따라서 선의 본체는 무일물성(無一物性)·허공성·즉심성(卽心性)·자기성(自己性)·자재성 등을 특징으로 한다. 이는 오직 신비적인 인식으로만 접근이 가능한 것으로 지해(知解: 분별적 이해)로써 알거나 언어로써 그 실체를 얻는 것은 불가능하다.

선의 본체는 근본적으로 표술(表述)이 불가능하다. 이른바 언어도단(言語道斷), 심행처멸(心行處滅)이다. 6조 혜능과 제자 남악회양의 선문답은 선의 본체를 말로 설명하는 것이 불가능하다는 사실을 한마디로 잘 요약하고 있다.

> 남악: 제가 깨달은 바가 있습니다.
> 혜능: 그래 무엇이냐?

남악: 설사 한 물건이라 해도 맞지 않습니다[說似一物卽不中].

말로는 선의 본체를 드러내 보일 수 없음을 개탄하고 있는 선문답이다. 시인도 이러한 언어의 한계를 개탄한 바 있다.

이 가운데 참뜻이 있나니(此中有眞意)
말을 하고자 해도 말을 잊었노라.(欲辯已忘言)

유명한 절창구 "동쪽 울타리 아래서 국화를 따다가 문득 남산을 바라보네"가 나오는 도연명의 「음주」 제5수의 미련(尾聯)이다. 일찍이 도연명도 이처럼 언어가 지닌 표현의 한계성을 아쉬워했다. 시의 본체도 역시 '불가표술성(不可表述性: 말로는 다 표현할 수 없음)'을 가지고 있다. 시의 본체는 언어의 연결 구조나 형식 같은 데 있는 것이 아니라 정신과 심미 관념을 전달하는 데 있다. 이러한 시의 본체를 흔히 운미(韻味), 흥취, 신운(神韻) 등으로 말한다. '신운'이란 유성적(有聲的) 언어로 나타나지 않는 무성적(無聲的)인 성정 곧 심미 감정을 가리킨다. 무성에서 듣는 것이 시의 정수이고, 유성에서 듣는 것은 시의 흔적이다.

선의 본체와 시의 본체는 언어 개념을 떠났을 때 비로소 진실로 파악할 수 있다. 이는 선과 시의 본체가 이성적 사로(思路)나 언어적 논리와 무관하다는 뜻이기도 하다. 그래서 선은 '불락언전(不落言詮: 언어적 논리에 떨어지지 마라)', '불섭이로(不涉理路: 이성적 분석이나 비교를 하지 마라)'를 강조한다. 시나 선의 '무성'은 인간의 심령으로 감수(感受)하는 것이지 설명이나 논리적 분석을 통해 지해(知解)하는 것이 아니다.

나무에 뿔을 걸고 공중에 뜬 채로 잠을 자는 영양은 발자국을 남기지 않는다. 이른바 '영양괘각(羚羊卦角)'이라는 화두이다. 이 화두는 언어적 논리에 떨어지지 않고 성외지성(聲外之聲), 상외지상(象外之象)의 본체를 파악할 것을 촉구한다. 선과 시의 본체 감지는 오직 미묘한 체험을 통한 심령상의 계합[冥契]에 의해 이루어진다.

선과 심미시(서정시)는 언외지의의 심미 감정을 무성의 '성정'을 통해 전달한다. 선승의 참선 오도와 시인의 심미활동은 모두 형상을 빌려 드러낼 뿐 개념을 통해 전달되지 않는다. 피안의 불성을 차안의 인성을 통해 확증하는 데에서 선은 형상 즉 비개념적 객관 체험을 수단으로 삼는다. 참선을 통한 범아합일(梵我合一)의 체험은 물아쌍망적 심미 체험을 심화시킨다. 이러한 심미 체험의 심화는 세속의 홍진을 피하지 않은 채로, 심지어는 내심의 욕망과 번뇌까지 그대로 지닌 채로 '해탈'이라는 심미 경계에 도달할 수 있게 해 준다. 이것이 바로 남종선이 기치로 내세우는 돈오이며 번뇌가 곧 보리요, 보리가 곧 번뇌인 인간 해방이다.

지성과 사변을 떠나 감성을 배회하다가 다시 이성에 침잠하는 정신적 직각은 이성과 감성을 모두 초월한 융연묘연(融然杳然)이다. 선사들이 복숭아꽃을 보거나 대나무 소리를 들어서 깨닫는 것과 시인이 바깥 경계에 접촉하여 미감을 체험하는 것은 모두 비개념적 이해이자 직관적 지혜이다. 이는 선과 시의 돌출적 특징이기도 하다.

장자는 일찍이 '혼돈칠규(混沌七竅)'라는 우화를 통해 지적 몽매함을 포기할 것을 강력히 촉구하였다. 중앙을 지배하는 제왕 혼돈은 자주 남해의 제왕 숙(儵)과 북해의 제왕 홀(忽)을 초청하여 잔치를 베풀고 융숭하게 대접하였다. 그래서 숙과 홀은 혼돈의 후의에 보답할 궁리를 했다. 그들은 "사람에게는 7개의 구멍(眼·耳·鼻·口)이 있어 보기도 하고 듣기도 하며 먹고 마시기도 하는데 유독 혼돈만은 구멍이 없으니, 그에게 7개의 구멍을 뚫어 주자"고 했다. 그래서 숙과 홀은 혼돈의 얼굴에 하루 한 구멍씩을 뚫었는데 마지막 7일째가 되어 구멍을 다 뚫고 나자 혼돈은 이내 죽고 말았다.

시와 선의 본체는 이 우언(寓言) 속의 혼돈과 같다. 우언에서처럼 분석적 접근 같은 인위(人爲)를 가하게 되면 시와 선의 본체는 이내 사멸해 버리고 만다. 그러므로 시적 언어나 선적 언어에 대한 접근은 언제나 천연적 접근이어야 한다. 송대의 시인 장표신(張表臣)은 『산호구시화(珊瑚鉤詩話)』에서 "문장은 함축을 통해 자연스럽게 이루어진 것이 최상이고, 조탁을 가한 것은 하품이다. 양대년의 서곤체가 아름답지 않은 것은 아니지만, 그것은 인공적 조탁이 심한 까닭에 이른바 7일 만에 혼돈이 죽고 만 예와 같다"고 말했다.

선은 직관적인 영오(領悟)를 강조하기 때문에 어떠한 추상적 개념도 허용하지 않는다. 따라서 선은 추상적 본체를 말하지 않고 눈앞의 생활이나 풍경, 경우 등만을 설한다.

    3월이면 늘 기억나느니(常憶三月里)
    자고새 노래하는 곳에 온갖 꽃 향기롭다.(鷓鴣啼處百花香)

이 구절은 임제종 풍혈연소(896~973)의 화두로 선의 사물 인식 방법을 잘 보여주고 있다. 풍혈이 자고새 우는 봄철의 싱그러운 꽃향기를 인식한 방법은 비분석적·비추상적·비개념적인 직각 영감을 감지한 것이지 분석·추리·종합을 동원한 과학적 인식 방법이 아니다.

시 감상자의 심미 체험과 참선자의 진여본체 체험은 지성적 개념을 배격하고 비분석적이라는 점에서 일치한다. 선의 비이성적 사유는 사물의 인식에 '모호성'을 가져오며, 시인과 독자는 그러한 선의 사유 방식을 수용하여 자기가 감수한 인상·감각·정감을 표현해 낸다. 이것이 바로 선시의 작법이고 감상법이다.

③ 비논리적 언어표현

선의 목적은 깨달음[悟]이지 어떤 지식[知]을 얻는 것이 아니며, 시의 목적은 심미(審美)에 있지 과학적 진리[眞]를 탐구하는 데 있지 않다. 불가의 선오(禪悟)와 시의 심미는 논리주의를 단호히 거부한다. 선가의 '불립문자(不立文字)'란 진여의 본체는 문자를 떠나지도 않지만 문자 속에 있는 것도 아님[不離文字 不在文字]을 의미한다. 진여본체는 부득이 언어 문자를 빌려 말하기는 하지만 언어 문자로 본체를 완벽하게 설명하거나 이해시키는 일은 불가능하다.

불교 선종은 언어가 필요치 않은 심령적 해탈을 통해 무한한 자유를 얻고자 한다. 선종은 그러한 정신적 해방을 '통견불성(洞見佛性)'이라는 말로 강조하면서, 그 방법으로 스승과 제자 사이의 말 없는 심령적 접촉[心燈相接]을 통한 오도의 길을 제시한다. 다만 그 오도 체험의 전달에서는 부득불 언어 문자를 빌린다. 이것이 선문답이고 선어록이며 게송이다.

시의 심미 획득도 선종의 오도와 같다. 시인의 심미 의식은 무언적인 것이지만 예술품이라는 창작물을 통해 타인에게 전달된다. 시인은 이때 언어를 사용한다. 이에 대해 시승 교연은 "다만 성정만을 볼 뿐 문자는 보지 않는다[但見情性 不睹文字]"고 하였고, 사공도는 "문자를 쓰지 않고도 풍류를 다 얻는다[不着文字 盡得風流]"고 말했다.

선과 시는 다 같이 문자적 의미에 매달리지 말라고 한다. 선은 언어 문자의 허환성(虛幻性)을 강조할 때 모든 경전의 이론과 설법을 '마설(魔說: 마귀의 말)', '희론(戲論: 말장난)', '조언(粗言: 조악한 말)', '사어(私語: 사사로운 말)'라고 매도한다. 시 역시 마찬가지여서 비록 언어 문자의 은유적 기능을 차용하여 복잡한 의의와 미묘한 감각, 신비한 체험을 말하기는 하지만 여전히 언어 문자에 대한 축자적(逐字的) 해석이나 천착을 금기시한다. 이처럼 시와 선은 동공이곡(同工異曲: 겉만 다를 뿐 내용은 똑같음)으로 문자의 논리에 대항하고 있다.

언어 문자의 한계성(허환성)에 대해서는 먼 옛날부터 『노자』・『장자』・『주역』 등에서 명쾌하게 설파해 왔다. 노자는 "진리를 진리라고 말하면 이미 불변의 진리가 아니고, 이름을 이름이라 부르면 이미 불변의 본체적 이름이 아니다[道可道非常道 名可名非常名]"라는 말로 언어 문자의 한계성을 명쾌하게 설파하였다. 『주역』「계사상」에는 "글로는 말을 다 드러낼 수 없고 말은 뜻을 다 표현할 수 없다[書不盡言 言不盡意]"는 말이 있다. 역시 언어 문자의 한계성을 개탄하는 말이다. 도와 의(意) 같은 정신적 본체는 언어나 문자로 그 실체를 알려줄 수 없는 불가유성(不可喩性)을 가지고 있다는 것이다.

총명한 장자는 『장자』「외물(外物)」에서 "고기를 잡고 나면 통발을 버려야 한다(得漁而忘筌)", "토끼를 잡고 나면 올무를 버려야 한다(得兎而忘蹄)", "뜻을 얻으면 말을 잊어야 한다(得意而忘言)" 등의 설법을 통해 언어 문자는 논리를 표현하는 도구에 불과하기 때문에 '도'나 '의'에 대한 체험을 묘사하는 데는 부적절하다고 했다. 언어의 기능은 '의(意)'를 밝히는 데 있으므로 언(言)은 '의'에 대해 종속적인 지위에 있다. 따라서 '의'를 얻고 나면 더 이상 '언'에 구속될 필요가 없다. 이처럼 장자는 이해와 감상의 각도에서 '언'과 '의'의 관계를 탐구하였다.

선종은 노장(老莊)이나 『주역』의 '언부진의' 사상을 더욱 발전시켜 실천했다. 선은 『장자』와 현학에 대해 개념적 논리성을 벗어나지 못하고 사변적 추리를 일삼는 '지해종도(知解宗徒)'라고 혹독하게 몰아부치기까지 했다.

선은 언어의 한계를 극복하고 본체를 직접 파악하도록 하기 위해 '형상 직각의 방식'과 '상투적 언어 방식' 등을 사용하여 불가설(不可說)의 진여 본체를 설하고 전달했다. 선림을 진동시킨 방(棒: 주장자로 내려침)과 할(喝: 고함을 질러 놀라게 함), 희언(戲言)이나 반어, 날카로운 기봉(機鋒) 등은 '망언(忘言)'이나 '언부진의'를 넘어선 선종 특유의 본체 인식 방편들이었다. 여기서는 형상에 매달릴 틈을 전혀 주지 않는 불락적상(不落迹象: 자취나 형상에 얽매이지 않음)의 순간, 번개가 내리치는 듯한 신속한 문답과 기지로 진여의 본체를 직각적으로 깨닫게 한다.

당나라 때의 선승 설봉의존의 화두 '영양괘각(羚羊卦角)'도 직접적인 본체 파악을 강조한 것이다. 그는 학인들에게 "내가 서쪽에 길이 있다 하면 서쪽으로 우르르 몰려가고 동쪽에 길이 있다 하면 동쪽으로 우르르 몰려가는데, 만약에 영양이 뿔을 나무에 걸고 잠을 자서 그 발자국을 찾을 수 없게 된다면 너희는 어디서 영양을 찾을 것이냐?"라고 물었다. 이 '영양괘각' 화두는 오도적 체험에 대해서는 어떤 표술도 불가능함을 암시하고 있다.

만당의 시인 두순학은 〈두견새[子規]〉라는 시에서 "울어대며 아무리 피를 토한들 소용이 없네. 차라리 입 다물고 남은 봄을 보내는 것만 못하리(啼得血流無用處 不如緘口過殘春)"라고 읊조렸다. 선승의 오도 경계도 이와 같다. 선종은 언어적 논리의 궤적을 따라 불성을 탐구하는 일을 절대 금기시한다. 그래서 논리를 전개하는 화두를 '사구(死句)'라고 부르며 무시해 버린다. 그러나 '영양괘각'은 언어를 피하지 않고 오히려 언어가 갖는 다의성을 활용하여 언어의 오류성과 허환성을 극대화시킴으로써 일상의 논리와 규범을 완전히 뛰어넘고 있다.

선은 언어 문자를 희롱하는 '동문서답'과 주장자로 머리통을 내리치는 '방(棒)'을 통해 언어의 한계성을 일깨우며 진리 그 자체는 절대로 언어적 논리로 탐색하거나 더듬어서는 안 된다고 역설한다. 그래서 선종의 화두와 공안[禪問答]에는 논리성이 없다. 예컨대 "어떤 것이 부처냐?"고 묻자 "마른 똥 막대기(乾屎橛)"라고 답했던 운문문언의 '간시궐' 화두에는 논리가 전무하다. 이는 대도약적인 비유인 동시에 아무런 뜻이 없는 말(無意語)이기도 하다. 이처럼 비뚤어지고 견강부회적인 비유를 곡유(曲喩: conceit)라고 한다. 선은 자못 폭력적이기까지 한 곡유를 휘둘러 논리로부터 이탈할 것을 촉구한다.

법해행주(法海行周)는 한 학인이 "바람이 자고 파도가 가라앉았을 때는 어떠냐?"고 묻자 "바람이 불어 남쪽 담장이 무너졌다(吹倒南墻)"고 답했다. '취도남장'은 아무런 의미도 없는 무의어이다. 아직도 논리적 사고에 얽매인 학인에 대한 힐난쯤으로 해석할 수도 있겠지만, 문장 자체로는 그야말로 엉뚱한 대답이고 역설(paradox)이다.

선문답에서 한소식한 선사들의 답은 모두가 황당하고 기이하다. 선은 무의어와 모순어, 아이러니 등을 통해 논리에 대한 집착을 깨뜨려준다. 선에서는 오직 진리의 본체에 대한 직접적인 '체회(體會)'와 '영오(領悟)'만을 인정한다. 시 또한 논리적 사유 대신 형상 사유를 한다. 물론 시인의 상상과 연상에는 때때로 다소간의 이성적인 정신이 들어 있기도 하지만 언어 표현에서 선과 시는 일상의 상식적 논리와 배치된다는 공통점이 있다.

공안(公案)의 '기봉'은 상투적 비유를 타파하고 새로운 연상 작용을 유발시킨다. 이는 곧 선의 한 특징이기도 한 '불합리의 합리'이다. 운문의 '마른 똥 막대기'처럼 일상의 상식을 뒤엎어버리는, 전혀 연관성 없는 사물을 동원한 곡유도 역시 '불합리의 합리'이다. '간시궐' 화두는 부처도 깨치지 못했을 때는 쓸모없는 '마른 똥막대기'에 불과했다고 하는 '합리적 법문'일 수도 있고, 부처가 되겠다고 되뇌면서도 사변적 질문이나 늘어놓는 놈은 똥 막대기와도 같다고 힐난하는 '합리적인 할(喝)'일 수도 있다. 이러한 '불합리의 합리'를 이끌어내는 선의 설법은 예술적 변증법과 잘 부합한다.

시는 심미 관념을 표현하는 데 논리적 언어를 사용하지 않고 특수한 표현의 어상(語象)을 활용하여 언어가 극대의 탄력성을 갖도록 한다. 따라서 비규범적·비논리적 언어 형태를 취하는 시어는 늘 그 의미가 풍부하다. 시에 자주 등장하는 곡유와 풍자는 시가 언어의 돌출적인 양대 표현 방식이다.

전혀 연관이 없는 사물을 동원한 비유인 곡유를 통해서는 다음과 같은 두 가지 효과를 얻을 수 있다. 하나는 논리적인 복잡한 비유를 거듭 순환시켜 무한한 연상을 하다가(확대 비유) 몽롱한 의식에 떨어져서 불합리 속의 합리를 새로이 체득하게 되는 것이다. 다른 하나는 추상과 구상 사이의 비유를 통해 전혀 다른 영역의 경험 가운데로 밀어 넣음으로써(견강부회적 비유) 논리 판단의 사로(思路)를 끊어버리는 것이다. 이 순간 돌발적인 직각이 일어나서 시인(독자)은 본체를 찰나 간에 꿰뚫어 보는 영감의 돈오를 체험하게 된다.

곡유는 특히 황정견, 여본중을 중심으로 선시의 일가를 이룬 강서시파에서 즐겨 사용한 비유법이다.

> 나는 수심으로 매일같이 술에 취해 있는데(我自只如常日醉)
> 만천의 풍월이 사람의 수심을 대신해 주네.(滿川風月替人愁)

황정견의 시 〈밤에 분녕을 떠나며 두간의 노인에게 부치다(夜發分寧寄杜澗叟)〉에 나오는 시구다. '풍월(風月)'이라는 무정물이 사람의 수심을 대신해 준다는 것은 반어이다. 이처럼 풍자나 곡유는 반(反)논리성을 지니고 있다. 상리적(常理的)으로만 생각하고 판단하면 매너리즘에 빠질 우려가 있다. 그래서 시나 선에서는 곡유·풍자·반어 등을 통해 충격을 줌으로써 상식을 깨뜨리려 한다. 깨침이란 기존의 낡은 사유와 껍데기를 벗어던지고 대사(大死) 후에 새롭게 태어나는 정신적 부활이다. 강서시파가 시작에서 거듭 강조했던 '환골탈태(換骨奪胎)'도 이러한 선의 사유 체계와 맞닿아 있다고 볼 수 있다.

선림(禪林) 공안의 돌출적 특징의 하나는 '추상적 질문에 대한 구상적 대답'이다. 남악나찬의 〈낙도가〉에 나오는 "봄이 오니 풀이 스스로 푸르구나(春來草自靑)"나 조주 선사의 "뜰 앞의 측백나무(庭前柏樹子)" 같은 화두들이 구상적 대답의 대표적인 예이다. 이들 화두는 시가적 의상 언어를 사용하고 있다.

시에서도 상투적 어법은 효과가 없기 때문에 의상어를 즐겨 사용한다. 시의 창작과 감상에서 의상 언어는 순수한 형상 사유의 왕국이다. 의상 언어가 가지는 특징으로는 구상성, 다의성, 도약성 등을 들 수 있다. '구상성'은 곧바로 직각에 호소하여 독자들로 하여금 '알음알이의 이해[知解]'가 아닌 '감오(感悟)'에 이르도록 한다. '다의성'은 모호성이기도 한데, 여러 의상을 독립적으로 등장시켜서 이들 의상이 서로 모순적인 논리 관계를 가지도록 하여 다양한 해석이 가능하게 만든다. '도약성'은 압축된 어법으로 논리를 감추어 독자들이 어법상의 공백처(空白處)에서 임의적인 상상을 창조해낼 수 있게 한다.

『장자』는 우언을 사용하여 언어 문자의 한계성을 극복하였지만, 우언의 경우는 여전히 논리적 서술의 언어이다. 이에 비해 선의 활구(活句)는 의식적으로 언어의 논리적 기능을 파괴한다. 때로는 폭력적이기까지 하다. 그러나 선이나 노장이 강조하는 '논리 배격'은 실은 문자에 대한 집착을 버리고 문자외적인 신비 본체를 체험하기 위한 것이지 막무가내의 논리 부정이 아니다. 선과 시가 강조하는 언어의 비논리성은 세속의 논리를 뛰어넘은 '초 논리의 논리'이다.

④ 긍정성과 표현의 주관성

선종이 중히 여기는 지고무상의 가치는 '마음[心]'이다. 선종에서는 "마음이 일어나면 온갖 법이 생겨나고 마음이 사라지면 온갖 법도 사라진다(心生則種種法生 心滅則種種法滅)"고 말한다. 삼라만상의 실체는 '열반묘심(涅槃妙心)' 즉 '하나가 전체이고 전체가 곧 하나(一卽一切 一切卽一)'인 넓디넓은 포용의 마음이다. 이런 마음은 마치 허공과도 같아서 포용하지 않는 것이 없다. 이를 선가에서는 '심외무불(心外無佛: 마음 밖에 따로 부처가 없음)' 또는 '즉심즉불(卽心卽佛: 마음이 곧 부처)'이라는 말로 표현한다. 철학적 용어를 빌리자면 철저한 주관적 유심주의이다. 이는 예술 창작과 감상에 극히 중요한 가치가 된다.

선종의 주류가 된 혜능의 남종선은 중국의 개성 해방 사조와 밀접한 관련을 맺고 있다. 소농경제(小農經濟)에 뿌리를 둔 한문(寒門) 출신의 신진 사대부 및 농민을 배경으로 태동한 남종선은 인간의 정신적·육체적 해방을 종지로 하고 있었다. 이 종지가 당시의 시대사조와 맞물려 호응을 얻게 되면서 남종선은 북종선을 누르고 유력한 시대정신이 될 수 있었다.

시가와 회화, 음악 같은 낭만 예술은 자주적이고 해방된 '자아'를 무한히 높은 지위에 올려놓고 받든다. 이 가운데서도 전통적으로 시가의 주관정신이 가장 강하다. 심성론에서 선과 시가 일치하고 있는 점을 요약해 보면 다음과 같다.

첫째, 선과 시는 주관 정신을 강조하는 점에서 일치한다.

선과 시는 근본적으로 주관 심성의 표현이다. 선종은 "삼계는 오직 마음에 의한 것이며 삼라만상이 한 법에서 생겨난 것(三界唯心 森羅萬象 一法之所印)"임을 강조, 일체의 객관 세계가 주체 의식의 허망과 분별에 의해 생겨난 것이라고 설파한다. 이러한 선의 '심조만물(心造萬物)'은 시의 '의중지경(意中之境)'과 같은 구조이다. 시의 의경은 객관 세계에서 획득한 감성 경험이 주관적 정감과 융합하여 일종의 새로운 표상을 형성한다. 이 새로운 표상은 단순한 인지(認知) 반영과는 전적으로 다르다. 작가의 심미 취미와 주관적 표현의 요구가 객관 사물과 교융을 진행해 가는 과정에서 새로운 표상은 선택과 조합을 통해 하나의 객관 경상(景象)을 만들어 낸다. 독자들 앞에 나타난 이러한 객관 경상은 심령화된 의상이다. 다시 말해 마음이 곧 심미 경계이다.

시는 외재적 시각 형상을 작자의 심리 환상으로 변화시켜 표현해 낸다. 유우석은 『동씨무릉집기』에서 "일체의 예술 형상은 마음이 화로가 되고 붓이 석탄이 되어서 만들어낸 것"이라고 하여, 예술 형상의 창조를 선가의 '심조만물(心造萬物)'에 비유하였다.

둘째, 선종의 '직지인심(直指人心)'과 '견성성불(見性成佛)'은 송·원 이래 시단을 풍미해 온 '사심(寫心)' 또는 '사의(寫意)'의 이론과 상통한다. 선종은 마음[心]을 '자성(自性)'이라는 말로 바꾸어 심적 작용의 중요성을 강조한다. 인간의 자유 실현은 전적으로 자성에 의해 결정된다는 것이다. 당시(唐詩)가 강조하는 의경이나 경계는 선종에서 말하는 '마음'과 같다. 규봉종밀은 『선원제전집도서(禪源諸詮集都序)』에서 "마음은 홀로 일어나는 것이 아니라 경계에 의탁하여 두루 생겨나며, 경계는 스스로 생겨나는 것이 아니라 마음으로 말미암아 나타난다"고 말했다. 이는 왕창령이 『시격(詩格)』에서 말한 "상에서 찾아 정신이 경물과 계합하면 마음으로 인해 얻는 바가 있게 된다"는 정경교융(情境交融)의 표현과 같은 의미이다. 선학의 종밀과 시학의 왕창령이 동일한 맥락의 마음과 경(境)의 관계를 말하고 있는 것이다. 송대의 시론에서는 '마음이 곧 경계[心卽境]'였다.

셋째, 선종의 자성본자구족(自性本自具足: 자성은 본래 스스로 갖추어져 있음) 사상은 독창성·개성 해방 등을 강조하는 문예 사조와 상통한다. 중국 불교 선종은 유심주의를 극대화시켜 강조함으로써 중국 고대사상 가운데 가장 먼저 개체의 독립과 자유 정신을 고취시켰다. 혜능의 남종선은 '자성(自性)'을 영원하고 절대적인 우주의 근본이라고 천명하였다. 여기서의 '자성'이란 천지나 불조(佛祖)조차 초월한 '나[我]'를 말하는 것으로, 극단적인 유심주의다. 유가의 윤리도덕주의나 도가의 화해자연 사상과는 확연히 구분되는 이념이다. 자성의 본질은 독립자재(獨立自在)와 원만구족이다.

남종선은 자성을 천지간에서 가장 존엄한 것으로 여긴다. 자성의 강조는 곧 개인의 자유와 인간 존엄에 대한 고도의 긍정이며, 사회적으로는 봉건사상의 속박을 타파하는 데 목적을 두고 있다. 남종선의 자성은 석가모니가 설파한 '천상천하 유아독존(天上天下唯我獨尊)'과 같은 맥락으로서 개인의 존엄성을 절대 가치로 인정한다. 천평산 종의 선사와 한 학인의 선문답을 보자.

문: 어떤 것이 부처입니까?
답: 하늘과 땅을 가리키지 않는다.
문: 하늘과 땅을 가리키지 않으면 어떻게 됩니까?
답: 오직 나 홀로 존재한다.

부처와 역대의 수많은 조사들이 거듭 강조한 '유아독존' 사상은 혜능에 이르러 인간의 존엄성과 자아의식을 절대 가치로 긍정하는 자성 사상을 확립했다. 송대의 예술론 가운데 '독창성'을 강조하는 문예 사조는 바로 이런 선종 사상과 상통한다. 송대 양만리는 "의발의 전수가 영원불변인 것은 아니니, 선과 언덕은 단지 한 티끌일 뿐이네(衣鉢無千古 丘山只一毛)"라고 설파하여 예술[시] 창작에서 옛사람의 길만 따르지 말고 독창성을 추구할 것을 강조하였다. 만명(晩明) 시기에는 선종의 영향을 받아 자아를 긍정하고 정감을 추구하는 낭만적인 예술이 풍미하면서 심령의 자유를 무한대로 확장시킨 시가들이 많이 나왔다.

남종선의 종지 가운데 하나인 "이 마음 그대로가 곧 부처[卽心卽佛]"라는 말은 무념(無念)·무상(無相)·무주(無住)의 자유자재한 허공심이 바로 부처임을 선언하고 있다. 선은 형이상의 본체를 탐구하는 철학적 사변이 아니다. 선의 본질은 주체적 실체를 밝혀내는 데 있는 것이 아니라, '지금 여기(當下: Now and Here)'의 이 인생이 어떠한 의지함도 구속됨도 없이 자유자재한 생활을 영위할 수 있게 하는 데 있다. 시도 이와 같은 목적과 기능을 가지고 있다. 선과 시가 서로 제휴할 수 있는 접점이 바로 이처럼 '현실 인생'을 지향한다는 점이다. 다만 현실 인생을 행복하게 하기 위한 지향점에서 선은 반야 지혜를, 시는 창조력을 각각 강조한다.

선림 공간의 세계에는 문학적 재기가 번뜩이는 시의(詩意)가 충만하다. 선종 조동종 개산조의 한 사람인 조산본적의 화두 '정처려(井覰驢: 우물이 나귀를 엿본다)'에도 시의가 흘러넘친다. 우물에 비친 나귀의 그림자를 마치 무정물인 우물이 나귀를 엿보는 것처럼 시화한 것이다. 시의 심미 철학이 선가의 게송에 미친 영향은 아주 크다. 그래서 선철학은 일종의 '철학의 시화(詩化)'라고도 할 수 있다. 그렇다고 선가의 게송과 선시를 동일시해서는 안 된다. 둘 사이에는 다음과 같은 차이점들이 엄연히 존재한다.

첫째, 게송과 선시의 공능은 다르다. 게송은 종교적 측면에서 법을 들어 보여 깨달음으로 인도하는 데 목적을 두고 있다. 그러나 선시는 정감을 즐기며 심령의 해방과 자유를 누리는 적의(敵意)와 심미에 목적이 있다.

둘째, 창작 과정이 서로 다르다. 게송은 교육에 치중하기 때문에 '민첩함'을 생명으로 한다. 그래서 글자를 다듬거나 문구를 손질하는 등의 '공들임'을 무시하고 돈오로 이끄는 데에만 중점을 둔다. 그러나 선시는 시정이 넘치는 심미에 역점을 두고 한 글자 한 글자 공을 들여 다듬는다.

셋째, 언어의 풍격이 서로 다르다. 게송은 시에서와 같이 미려한 문장을 위해 언어를 다듬는 행위를 번잡한 장식이고 문자에 대한 집착이라 하여 혐오한다. 게송에서는 오직 감각적 종합을 순간에 완성해내는 '직각'을 중시한다. 그러나 시는 거친 게송의 언어와는 다른 절제되고 다듬어진 언어를 구사한다. 그래서 때로는 선어(禪語)의 유입이 시의 이해에 장애를 불러오기도 한다.

여기서 선시의 개념을 어렴풋이나마 정리해 볼 수 있다. 선시란 게송류의 철학시와는 달리 심령이 밖으로 나타난 형상 즉 경(境: 의경)을 갖춘 심미시로서 선리를 설파하고 선취(禪趣)를 드러내 보이는 시학의 한 범주인 것이다.

선시는 당대에 크게 성행하여 공령한 의경을 추구하는 데 열중했고, 송대에는 기지 넘치는 언어를 선택하여 선리를 설하였다. 송대에는 선을 빌려 시론을 전개한 사람들이 많았다. 대표적인 인물로는 엄우, 섭몽득, 여본중 등을 들 수 있다. 엄우는 『창랑시화』에서 선리를 빌려 '묘오설(妙悟說)'을 전개하였고, 섭몽득은 『석림시화』에서 운문 선사의 '삼구(三句)'를 빌려 두보의 시를 평했다. 황정견과 더불어 강서시파의 양대 거목이었던 여본중은 〈학시시(學詩詩)〉에서 "시를 배우는 것은 마치 참선을 공부하는 것과 같다"고 했고, 『동몽시훈(童蒙詩訓)』에서는 "글을 짓는 데는 반드시 깨달아 들어가는 부분이 있어야 한다"고 말함으로써 참선의 핵심내용이기도 한 '깨달음(悟)'의 문제를 시론에서 본격적으로 제기하였다.

선과 시는 서로가 상대방의 장기와 특점을 필요로 했기 때문에 선승과 사대부 간의 교유 가운데 별다른 거부 반응 없이 쉽게 교융할 수 있었다. 선과 시가 서로 주고받은 영향은 여러 방면에서 연구하고 살펴볼 수 있다. 이는 앞으로의 과제이다.

7. 선과 노장의 유사점과 상이점

하늘과 땅보다 앞서 한 물건이 있어(有物先天地)
형체도 없이 본시 고요하고 쓸쓸했네.(無形本寂寥)
능히 만상의 주인이 되어(能爲萬象主)
사시를 쫓아 시들지 않네.(不逐四時凋)

남북조 시대 부대사(497~569)의 오도송이다. 부대사(傅大士)는 '불심 천자'라고 칭송된 양 무제의 귀의를 받기도 했던 당시의 거물 선객 무주선혜 거사를 높여 부른 호칭이다. '대사(大士)'는 도심(道心)이 견고한 보살의 통칭으로 산스크리스트어 Mahāsattva의 음역인 마하살(摩訶薩)을 말하는데 대사로 번역된 것이다. 쉽게 말해 보살의 미칭(美稱)인데 부처를 제외한 중생 가운데 맨 윗자리에 있으므로 '대(大)'자를 더해 대사 또는 대유정(大有情)이라 칭한 것이다. 숭

(嵩) 두타에게 감오, 크게 깨달아 고승의 반열에 올랐고 출가자와 재가자의 존경을 받았다.

노자의 설법을 들어보면 부대사의 오도송을 쉽게 이해할 수 있다.

> 혼돈으로 이루어진 사물이 있으니 하늘과 땅보다 먼저 생겨났다. 고요하구나! 쓸쓸하구나! 홀로 우뚝 서서 변함이 없고 두루 행하여 위태롭지 않으니 천하의 어미가 될 만하다. 내 그 이름을 알지 못하여 글자를 붙여 도라 부른다.(有物混成 先天地生 寂兮! 寥兮! 獨立不改 周行而不殆 可以爲天下母 吾不知其名 字之曰道)
> – 『노자』 25장

노자의 설법과 부대사의 게송은 전적으로 똑같은 내용이다. 위의 부대사 오도송과 노자의 설법은 노장사상과 선불교가 합류한 전형적인 모습이다. 둘 다 한마디로 우주 존재의 근원이 '도'라는 얘기다. 노자의 귀착점인 자연[四時]과 선불교의 귀착점인 '법이여시(法爾如是: 자연의 도리)'는 동일하다. 우주만법의 이치는 봄·여름·가을·겨울의 사시(四時)가 운행하는 질서를 벗어나지 않으며 인간이 모델로 삼아야 할 도라는 것이다.

노자의 무(無)와 여래의 공(空)은 다 같이 어떤 것도 소유할 것이란 없다는 말이다. 노장의 무도 불언의 도이고 불교의 선도 불언의 법(法)이다. 인간 자신의 내적 특성 때문에 발생하는 상호의존적 짝 개념(예: 대소·귀천·장단 등)을 벗어나 사물을 제대로 볼 수 있는 유일한 방법은 개념적 사고를 버리고 순수의식만으로 사물을 그저 바라보는 방법뿐이다. 그래서 『장자』「제물론」은 "성인은 어떤 것에 의지하여 생각하지 않고 (개념적 의식을 하지 않고) 자연 그 자체를 가만히 비추어 본다(聖人不由 照之於天)" 했고, 「대종사」편에 나오는 '견독(見獨)'도 사물을 있는 그대로 보는 태도를 말한다. 비트겐슈타인의 "Don't think but look!(개념적 사유를 하지 말고 그저 바라만 보라!)"도 같은 맥락의 관조를 강조한 것이다.

> 생각 저 너머의 미묘한 뜻이나 글을 벗어난 은밀한 정취는 언어로는 설명할 수 없고 붓으로도 표현이 불가능하다.
> (思表纖旨 文外曲致 言所不追 筆固知止)
> — 유협 『문심조룡』

유협의 문론(文論)은 문학 표현에서의 언어 문자가 가지는 한계성을 말한 것이지만 그 이치는 노장과 선이 말한 불립문자와 같은 것이다. 불립문자의 참 뜻은 '책을 보지 말라'가 아니라 지식과 좁은 경험의 울타리 안에 갇혀 있지 말라는 말이다. 이 세계를 보여 지는 대로 보는 사람은 이 세계를 봐야 하는 대로 보는 사람을 항상 이긴다. 보여 지는 대로 보고 반응한다는 것은 세계의 변화에 딱 맞게 반응하는 것이고 이것이 바로 노자가 말하는 '무위'의 힘이다. 이념이나 신념과 같은 가치 기준을 따라 이 세계를 봐야 하는 대로 보면 자신의 뜻을 세계에 틀어넣으려만 하고 세계의 변화를 알려 하지 않기 때문에 그 변화에 적절히 반응하기 어렵다. 자기 자신의 내적 자발성이 전면에 드러나도록 하는 방식을 취하면 세계는 봐야 하는 대로가 아니라 보여지는 대로 볼 수 있게 된다. 지식과 경험에 갇혀 자신의 내면적 자발성이 거세되는 상황에 처하도록 방치하지 말라는 말이다. 보여지는 대로 보는 것이 이른바 '관조'다.

관조는 우주 진리를 깨닫기 위한 동태적인 살핌인데 시공간적인 동태 구조의 우주관이다. 사전적으로는 꿰뚫어보는 것, 사물과 우주의 본질에 대한 인식을 얻기 위한 관찰을 뜻한다. 관(觀)의 세 가지 방식은 ①위 아래로 멀리, 또 가까이 보기 ②이것을 통해 저것을 보기 ③표면을 통해 내면을 파악하기가 그것이다.

선과 노장의 유사점

① 선사상과 노장사상의 도는 일치한다

선과 노장은 결코 세속을 떠나거나 버리지 않는다. 노장사상은 중국 고대 사상이 모두 그렇듯이 세속을 떠난 세계에 대한 언급이 없다. 선도 그렇다. 도가 이루어지는 영역도 시간(天)과 공간(地) 안의 세계이고 그것을 체득한 성인·대종사로 신이 아닌 신적인 인간일 뿐이다.

② 다 같이 분별심을 금기시 한다

선림의 사유에서는 '분별심을 버리라'는 한마디로 수행 해탈의 관문을 제시한다. 세속의 시비 분쟁, 모든 번뇌가 만사를 대립적으로 분별해 선-악·귀-천의 한쪽만을 일방적으로 간택하는 데서 비롯된다고 보기 때문이다. 노장도 이 같은 사유에 철저하다.

> 지극한 도에 이르는 것은 어렵지 않다. 다만 분별하여 한쪽만을 선택하는 것을 삼가면 된다(至道無難 唯嫌揀擇)
> － 3조 승찬, 『신심명』

> 빛과도 조화하고 먼지와도 같이 한다(和其光 同其塵)
> － 『노자』 56장

노자의 화광동진에서 '화(和)'는 자아의 억제, '동(同)'은 만물의 존재 방식을 따름을 뜻한다. 노자는 분별심을 버리고 출-입·내-외의 경계를 넘어 둘 다를 동시에 포용하는 이중적 동거 양식을 취하는 것을 일러 '현동(玄同: 현묘한 하나됨)'이라 했다. 3조 승찬의 법문도 노자의 이 같은 사유와 같은 맥락이다. 성인의 도(노장·선)는 좋고 선한 것만을 찬양하는 택일주의를 선호하지 않는다. 노장은 현동을, 선은 대대법(對待法)을 통해 이러한 택일주의를 극복하고자 한다.

③ 존재론의 인식 사유체계가 동일하다.

노장은 관계와 변화, 선은 연기론과 제행무상이 존재론의 기본 인식 사유인데 단어가 다를 뿐 그 내용은 거의 동일하다. 선불교의 세계관은 만물의 상의상관성(相依相關性)을 전제로 한 입체론적 세계관, 즉 일체는 다양한 관계를 기초로 하여 성립되어 있는 유의 존재다. 불교는 모든 사물이 자성이 없이 연기에 의해서만 존재한다고 말한다. 실체로서 존재하지 않아 가유이지만 모든 존재가 서로 의존하면서 상호 작용하기 때문에 없다고 할 수도 없다. 이 같은 존재 인식은 노장과 전적으로 같은 맥락이다.

선에서는 극과 극이 하나이며 사물이 사물이면서 사물이 아님을 아는 것이 깨달음의 본질이며 해탈로 가는 길이다. 『노자』 58장은 "복 속에 화가 깃들어 있고 화 속에 복이 숨어 있다"는 설법으로 양극이 하나임을 일깨운다.

④ 낙관주의

장자는 도(자연)와 더불어 하나가 되는 체험을 적극 추구하면서 광활한 우주와 함께 하는 데로 나아가고자 했다. 그는 생사의 구별을 꿰뚫어 보고, 영욕의 득실을 잊으며, 초연히 스스로 즐거워하고 한가하게 마음대로 할 것을 주장했다. 이러한 낙관주의는 사람들에게 신기하고 차분하며 즐겁고 자유분방한 일종의 미적 감정을 제공하며 사람들로 하여금 현실 속의 모순 투쟁을 잊고 정신상의 쾌락을 얻어 향유할 수 있게 한다. 이런 낙관주의야말로 장자 철학이 끼친 큰 영향이며 많은 찬사를 받게 된 중요 원인의 하나다. 선수행의 내용과 목표도 이와 같은 맥락의 정신적 자유와 무소유의 쾌락을 향유하고자 한다. 운문 선사의 화두 '일일시호일(日日是好日: 날마다 좋은 날이다)'이 바로 이런 낙관주의를 대표한다. 견성한 사람은 현재의 삶에 충실하다. 결코 세상을 혐오하거나 포기하지 않는다.

선자(禪者)는 시끄러움 속에서 정적을 즐기고 고요 속에서 움직임을 보는 지혜로 날마다를 소중하게 살아간다. 수행자가 지향하는 세외지심(世外之心) 또한 이 세상 속의 삶에 있는 것이며 지구 밖이나 바다 끝에 있는 것이 아니다.

⑤ 무심이 곧 도다

『장자』「달생」편에 다음과 같은 목계(木鷄) 이야기가 나온다.

> 주 나라 선왕을 위해 싸움닭을 키우며 훈련시키는 기성자(紀渻子)라는 사람이 있었다. 임금이 40일이 지나 훈련이 다 됐느냐고 묻자 그는 자신 있게 대답했다.
> "이젠 됐습니다. 상대가 나타나도 미동도 하지 않습니다. 태도에 아무런 변화가 없습니다. 멀리서 바라보면 마치 나무로 만든 닭처럼 보입니다.(望以似木鷄) 그의 정신이 온전해진 것입니다. 다른 닭들이 감히 상대하지도 못하고 도망칩니다."

나무 닭은 자신을 흔드는 욕망과 집착에서 벗어났다. 마음을 비우고 싸운다는 의식에서조차 자유로워졌다. 닭이 마음을 비우고 그 빈 마음이 천지의 기운을 싣고 고요해지자 상대 닭들은 싸우기도 전에 도망쳤다. 텅 비우고 무위에 들어가면 자연의 도와 하나가 되어 이루지 못함이 없다. 이른바 노자가 말하는 '무위이무불위(無爲而無不爲)'다. 무릇 도에 이른다는 것은 저 높은 경지에서도 들뜨지 않고 고요해지는 것을 말한다. 이는 승패에 집착하지 않는 자야말로 무적의 강자요, '무심'만이 최대의 무기라는 것을 일깨워 준다.

수행이 최고의 경지에 이르면 선과 악 양면이 평정(平靜)해지면서 선을 생각하지도 악을 생각하지도 않는다. 6조 혜능이 자신을 추격해온 혜명 상좌에게 "선도 악도 생각하지 않았을 때(不思善 不思惡) 너의 본래면목을 바라보라"고 한 유명한 법문도 바로 이런 경계다.

선어록들에 목마(木馬)·목계·석녀(石女)·석인 등이 자주 등장하고 "목마가 울며 내달리고" "석녀가 아이를 밴다"고 한다. 이 때의 목마·석인 등은 무심 도인의 상징이다. 목계·석녀는 바로 마음을 비운 도인이다. 조사선이 누누이 강조하는 '무심이 곧 도(無心是道)'라는 법문 또한 장자의 나무닭 우화와 같은 맥락이다.

선과 노장의 상이점

선과 노장의 가장 뚜렷한 차이점은 노장사상은 도를 정치철학에 과감히 접목시켜 그 설법이 주로 정치 지도자(성인)를 대상으로 하고 있다는 점이다. 선사상도 부처의 세계와 중생의 세계를 이원화하지 않고 범성(凡聖)의 분별을 떠난 만민 평등을 강조해 당초(當初) 이후 보잘것 없는 소농 지주 가문, 즉 한문(寒門) 출신으로 과거제도를 통해 진출한 신진 사대부들이 그 같은 선사상을 배경으로 문벌 귀족에 대항하는 배경의 하나가 됐다는 분석도 있긴 하다. 그러나 돈오남종선은 적어도 표면적으로 적극적인 정치·사회철학을 표방하진 않았다.

선사상과 노장사상의 도는 일치한다. 그러나 양쪽 다 근본적인 도를 깨달은 수준에서는 사실상 같지만 노장이 그 도를 표면적으로 정치 철학화시킨 점은 선사상과의 현격한 차이점이다. 노자·장자가 설법의 우선 대상으로 삼는 자는 일반 백성이 아니라 정치 지도자다.

또 하나의 차이점은 선가의 도가 번뇌를 벗어나는 길을 제시, 자기 해탈에 중점을 두는 데 비해 노장의 도는 만물과 하나되는 길을 제시해 '우주 해방'을 강조한다는 점이다. 노장의 '무위'는 질서의 부정이나 해체가 아니라 더 높은 차원의 질서를 의미한다. 즉 본연의 상태로 귀환하는 우주적 해방을 뜻한다. 선사상도 이러한 측면이 없는 것은 아니지만 그 강도가 노장에 비해 약하다.

선과 노장은 '무아의 실천'을 거듭 강조한다. 이는 『주역』이 말한 '영허(盈虛)의 소식'이기도 하다. 소멸하고 태어나며, 가득 찼다 텅 비는 현상을 자연법칙 또는 우주질서라 한다. '영허'란 바로 이를 말한다. 선과 노장은 이를 도라고 말한다. 불교는 생로병사, 노장은 정동(靜動)으로 영허의 소식을 설명하기도 한다.

도는 구한다고 해서 얻을 수 있는 것도 아니며 절대로 밖에서 찾는 것도 아니다. 각자가 도(불성·본래면목)를 지니고 있기 때문에 스스로 깨달아야 한다. 쉽게 말해 자기 자신이 도이고 법이고 진리다. 그래서 도는 천하에서 가장 귀한 것이고 내가 곧 '천상천하에서 지극히 귀하고 높은 존재(天上天下唯我獨尊)'인 것이다.

> 높은 산꼭대기 한 간 초옥
> 노승이 반간 구름이 반간 차지하고 산다.
> 지난 밤 구름 몰고 와 휘몰아치고 간 풍우의 급함은

끝내 노승의 한담자적(閑談自適)과는 다르다.

(千峰頂上一間屋 老僧半間雲半間 昨夜雲隨風雨去 到頭不似老僧閑)

— 지지 선사

임제종 황룡파 지지 선사의 게송이다.

산꼭대기에서 한가로이 홀로 지내는 산거(山居)의 정경을 읊조린 시다. 지난밤 급히 몰아치고 간 폭풍우는 산의 푸르름을 더해 주었지만 풍우가 보여준 쾌질(快疾)이 어찌 노승의 한가로움과 자적함보다 값지다 할 수 있겠는가?

평범함 속에 함축된 심오한 심적 감오와 시정화의(詩情畫意)는 음미하면 할수록 안신입명처를 찾은 것 같은 희열을 느끼게 한다. 게송의 낙처(落處)는 제3·4구의 폭풍우의 질주쯤이야 노승의 한담자적과는 격이 다르다는 데 있다. 빨리, 빨리와 전철역 뜀박질 걸음이 세계적인 특징인 한국인들 한담자적이라는 이 같은 '느림의 미학'을 한번 곱씹어 볼 만하다 하겠다.

노장으로 읽는 선어록 (하)

초판 1쇄 인쇄 | 2019년 7월 18일
초판 1쇄 발행 | 2019년 7월 25일

지은이 | 이은윤

펴낸이 | 윤재승
펴낸곳 | 민족사

주간 | 사기순
기획편집팀 | 사기순, 최윤영
영업관리팀 | 김세정

출판등록 | 1980년 5월 9일 제1-149호
주소 | 서울 종로구 삼봉로 81 두산위브파빌리온 1131호
전화 | 02)732-2403, 2404 팩스 | 02)739-7565
홈페이지 | www.minjoksa.org
페이스북 | www.facebook.com/minjoksa
이메일 | minjoksabook@naver.com

ⓒ 이은윤 2019

ISBN 979-11-89269-38-8 04220
ISBN 979-11-89269-36-4 (전2권) 세트

※책값은 뒤표지에 있습니다. 잘못된 책은 바꿔 드립니다.
※저작권법에 의하여 보호를 받는 저작물이므로 무단으로 복사,
  전재하거나 변형하여 사용할 수 없습니다.